THE STORY OF
K-PORK

대한민국 돼지 이야기

이 책은 실로 꿰매어 종이를 엮는 사철 방식으로 만들어졌습니다.
사철 방식으로 제본된 책은 오랫동안 보관해도 손상되지 않습니다.

기원전 8,000년부터 시작된 이야기

= THE STORY OF =

K-PORK
대한민국 돼지 이야기

최승철·김태경 지음

돼지는 어쩌다가 우리 밥상과 술상에 매일 오르게 되었을까

pan'n'pen

우리나라 사람은 소고기와 닭고기보다 돼지고기를 더 많이 먹는다. 2019년 우리나라에서 한 사람이 먹는 돼지고기 양은 28kg 정도로서, 2000년의 17kg에 비해 크게 늘었다. 이 소비량은 살코기만을 얘기한다. 족발, 순대 등 부산물 소비량을 포함하면 훨씬 더 많다. 그만큼 돼지고기를 참 좋아한다.

1960년대와 70년대 시골 할아버지·할머니 댁이나 외가댁에는 소 한두 마리, 마당을 쪼며 돌아다니는 닭 몇 마리, 그리고 꿀꿀거리는 돼지 몇 마리가 있었다. 돼지우리 안에는 어린아이 눈에는 집채만 해 보이는 어미 돼지가 옆으로 누워 있고, 그 옆에는 새끼 돼지가 줄줄이 붙어서 젖을 빨던 모습도 눈에 선하다.

돼지 먹이는 주변 군부대에서 얻어오는 잔반이나 집에서 먹다 남은 음식, 술지게미, 비지 등이었다. 돼지를 잡으면 그 마을은 며칠 동안 잔치판이었다. 아니 마을 잔치를 위해 직접 잡아 고기를 나눴다. 어르신들은 생비계를 한 조각 베어 소금에 찍어 바로 생식하고, 간(肝)을 그렇게 먹기도 하였다. 어린 소년의 눈에는 그것은 경이로운 광경들이었다. 어머니 심부름으로 김치찌개용 돼지고기를 사러(주인에게 "비계 좀 많이 주세요" 하라는 주문도 빠지지 않았다) 정육점에 한두 번 갔다 온 것이 아니었다. 정육점 주인이 붉은색 전구 아래서 서걱서걱 고기를 잘라 며칠 전 신문지에 돌돌 말아 건네주면 그걸 들고 한달음에 집으로 달려왔던 기억, 어머니가 도마 위에 고기를 놓고 썰 때 흰 비계에 신문의 글자가 까맣게 찍혀 있던 장면도 생생하게 떠오른다.

　그런 돼지의 고기와 비계와 껍질은 구이로 수육으로, 때로는 찌개 재료로 남김없이 이용됐다. 창자와 피마저도 순대로 만들어 먹었으니 돼지가 얼마나 쓸모 있는 존재였는지를 많은 이들이 유년 시절부터 경험했다. 아마도 다른 고기보다 돼지고기를 가장 많이 접했고, 또 맛있었던 고기로 머릿속에 각인돼 있을 것이다.

　우리 돼지는 우리 민족과 5천 년 역사를 같이해온 가장 가깝고 친근하고 고마운 동물이다. 소와 닭과 마찬가지로 집 울안에서 같이 살았으니 익숙하고 편하게 여겨질 수밖에 없었다. 아무것이나 잘 먹고 새끼를 주렁주렁 낳아 재물과 복을 상징하는 동물이었다. 동물성 단백질을 함유한 맛 좋은 고기를 제공해주고, 농경사회에서 돼지 분뇨는 퇴비로 요긴하게 쓰였기에 돼지만큼 유용한 동물도 그리 많지 않았다.

　돼지는 우리 민족이 한반도에 정착하고 농경 생활을 시작하면서 줄곧 함께해왔다. 과거에 돼지 기르는 일은 집 안의 여인이 담당할 부업으로 간주되었다. 돼지고기는 관혼상제의 필수 음식으로 마을 공동체 사람들이 돈을 모아 돼지를 사서 함께 나누어 먹는 추렴 생활의 소재였다. 그리고 돼지는 사람들이 먹고 남은 음식물을 처리하고 퇴비로 쓰이는 분뇨를 배출해주는 삶의 동반자로서 우리 아버지의 아버지, 어머니의 어머니 바로 곁에서 꿀꿀 하면서 돌아다녔다.

　돼지고기는 한민족의 긴 역사 속에서 맥적(貊炙)이라는 요리의 주인공이었다. 그럼에도 고려와 조선시대를 거쳐오면서 제사 용도와 외국 사신 접대용 외의 기록을 거의 찾아볼 수 없는 것은 아쉬운 일이다. 음식은 그 나라 문화의 척도라고 할 수 있다. 하지만 시간이 지날수록 우리 고유의 음식이 사라지거나 현대화 또는 서구화하면서 퇴색한다는 생각을 떨칠 수 없다. 돼지고기가 단지 잔치(작게는 회식) 음식으로, 또는 풍요의 상징으로 소비되더라도 '태극기 날리는 곳에 대한의 맛'이 있고 주식 메뉴로서 매일의 밥상에서도 만나길 기대한다.

우리가 다시 만나게 될 돼지는 어떤 모습일까? 왜 우리는 돼지를 좋아하고 가깝게 여길까? 돼지와 돼지고기와 관련된 이야기는 세계의 나라마다 비슷하면서도 각기 다른 특색을 지닌다. 이 책에서는 우리나라 역사 속에 살아 있는, 친근하면서 고마운, 그래서 사랑받는 돼지를 만나기 위해 돼지에 관한 문화 변천사와 옛 문헌에서 발견된 돼지에 관한 기록, 전래 설화나 민담 등을 살펴본다.

아무쪼록 이 책을 통해 우리가 몰랐던, 우리가 더 알고 싶었던 돼지와 돼지고기에 얽힌 식품영양학적 상식과 인문학적 지식을 좀 더 알게 되고, 나아가 돼지에 대한 애정이 더 다양한 각도에서 깊어지기를 바란다.

2021년 8월 최승철·김태경

일러두기

· 현재의 우리에게 생소하거나 어려운 용어는 괄호 안에 뜻풀이를 쓰거나 한자를 함께 써두었습니다.

· 책 이름은 『OOO』, 논문 이름은 〈OOO〉, 신문 기사 제목이나 강조하고 싶은 단어 등은 'ΔΔΔ' 기호로 구분했습니다.

· 본문 내용 중 부연 설명이 필요하다고 생각되는 부분에는 각주( )를 달아 해당 페이지 아래에 수록하였습니다.

· 본문 내용 중 인용이나 출처를 밝힐 필요가 있는 자료는 미주(숫자)를 달아 해당 장의 마지막에 따로 정리해두었습니다.

돼지는 농장에서 키우는, 살아 있는 축산 동물이다. 돼지고기(豚肉, 돈육)는 농장을 떠나 정육점이나 마트, 그리고 식탁에서 접하는 대상이다. 식용(食用)으로 하는 돼지의 고기를 말한다.

우리나라에서 돼지 사육은 소나 말과 마찬가지로 매우 오래됐다. 돼지는 우리 생활에서 소와 더불어 식육 공급원의 주를 이룬다. 돼지는 기후 풍토에 대한 적응성이 강하고 잘 자란다. 새끼로 태어나 묵은돼지(성돈)가 돼서 도살될 때까지 6개월쯤 걸린다. 체중이 하루 평균 600g씩 증가해서 사료 효율성이 좋다. 1년에 두 번 정도, 임신 4개월 만에 보통 10마리 이상의 새끼를 낳는다. 그만큼 번식력이 왕성한 동물이다.

돼지의 육질은 부드럽고 결이 가늘다. 돼지고기 역시 소고기처럼 도축 후 일정 시간이 지난 것이 가장 맛있다고 한다. 고기 색깔은 대부분 옅은 선홍색을 띤다. 운동량이 많은 근육 부위나 넓적다리는 약간 짙은 색이다. 돼지고기의 단백질 함량은 15~17%이고, 지방은 10~44%이다. 지방은 삼겹살에만 무려 44%나 들어 있다. 이러한 지방은 에너지원으로 우수할 뿐만 아니라, 뇌의 인지 활동에도 필수 요소다. 돼지고기의 비타민B1 함량은 소고기보다 10배나 많다.

돼지고기는 육류 중에서 햄(Ham), 베이컨(Bacon), 소시지, 순대 등 가공품으로 이용도가 높다. 소고기 스테이크(Beefsteak)는 두껍게 손질하여 가열해도 좋지만, 돼지고기는 포크커틀릿(돈가스)의 경우 두께 1cm 정도가 알맞다. 제육을 양념해서 구이나 볶음을 하고, 갈비나 족으로는 찜을 하며, 머리는 삶아서 편육으로 요리해 먹는다.

한국인의 대표 메뉴 삼겹살구이

삼겹살에 소주 한잔! 돼지고기 하면 역시 삼겹살을 빼놓을 수 없다. 한국인이 즐겨 먹는 일등 돼지고기 요리가 삼겹살구이이기 때문이다. 삼겹살은 돼지 몸통에서 등심 아래 복부 부위 중 갈비를 떼어낸 부분에서 뒷다리까지 해당한다. 국어사전 뜻풀이로 삼겹살은 '돼지의 갈비에 붙어 있는 살. 비계와 살이 세 겹으로 되어 있는 것처럼 보이는 고기'이다. 살코기와 지방이 세 겹을 이뤄서 붙은 이름이다. 원래는 '세겹살'이라고 불렸다.

방신영 교수의 『조선요리제법』(1931)에 세겹살이란 말이 있다. 1934년 동아일보에도 세겹살이란 말이 나온다. 일제 강점기에는 돼지 뱃바지(배에 있는 고기), 삼층저육(三層猪肉)으로도 불렸다. 광복 이후에 삼겹살이란 단어가 등장했는데, 1980년대 초반까지도 '세겹살'이란 말이 가끔 사용됐다. 삼겹살은 1994년에야 국어사전에 표제어로 실렸다. 삼겹살이란 말은 1980년대 중반부터 온 국민이 돼지고기를 구워 먹는 방식으로 즐기기 시작하면서 널리 퍼졌다.

과거에 삼겹살은 돼지고기 가운데 인기가 없는 한낱 비곗덩어리로 인식되었다. 이 삼겹살을 가장 맛있는 살코기 부위로 둔갑시킨 것이 장사 수완이 좋기로 유명한 북한 개성 사람들이라는 설이 있다. 살코기에 그냥 비곗덩이가 붙어 있도록 돼지를 기르지 않고, 비계 끝에 다시 살이 생기고, 또 그 살 끝에 다시 비계가 붙는 식으로 육질을 개량했다는 것이다˙. 또한 원래 '세겹살'이라고 불리던 것을 개성 사람들이 인

˙ 개성 출신의 동화작가이자 미식가이던 마해송이 1957년에 저술한 『요설록(饒舌錄)』에는 "개성산 삼층(三層) 제육을 제육으로 치는 것은 정평이 있는 일이지만, 개성산이라고 모두 삼층이 되는 것은 아니다. [서]양돼지 아닌 순종을 그것도 소위 양돈장 같은 대규모로 기르는 것이 아니라, 과부댁 같은 데서

삼의 본고장인 개성의 '삼(參)'을 세겹살의 '삼(三)'과 연관 지어 삼겹살이라고 불렀다는 설도 있다.

1983년 늦여름, 우리나라 시중에서 돼지고기 포장육이 등장했다. 이때 돼지고기는 불고기용, 삼겹살, 일반 고기와 같이 세 가지로만 구분되었다. 이전까지 우리 식문화에서 돼지고기 요리는 주로 삶는 방법으로 만들었고, 1970년대 중반까지 삼겹살은 구이보다 편육, 조림, 찜으로 많이 이용됐다.

돼지 삼겹살구이는 조리서와 외식시장에서 다른 양상을 보이기 시작했다. 1988년까지만 해도 조리서 『한국음식』에서는 삼겹살의 용도가 오늘날과 같은 구이용이 아니라 '다진 고기 요리, 조림'으로 되어 있다. 그리고 "돼지고기구이에는 다리살이 적합하다"라고 했다. 1970년대 후반부터 외식시장에서는 삼겹살구이 전문점이 생겨난 것으로 보인다. 중앙일보 1978년 2월 10일 자에 실린 무허가 식품접객업소 명단에 '성북구 삼선동 2가 4 돼지 삼겹살구이집'이 포함되어 있다. 경향신문 1983년 10월 27일 자에는 "유행의 중심지인 명동이나 삼겹살 골목인 삼각동, 낙지 골목인 무교동에 삼겹살구이집이 몰려 있다"는 기사가 실려 있다.

2000년 이후 한국의 육류구이 문화는 '삼겹살구이 전성시대'라 해도 과언이 아니다. 이미 2002년 미국 육류수출협회의 설문조사에서 '한국인이 가장 즐기는 고기 요리는 돼지 삼겹살구이'로 나타날 정도로 삼겹

집에서 기르는 것이다. 뜨물을 얻어다가 먹이는데, 얼마 동안은 잘 먹이고 그다음 며칠 동안은 뜨물을 주지 않는다. 잘 먹을 때에 그것이 살이 되고 못 먹을 때는 기름이 된다고 한다. 그래서 살, 비계, 살, 이렇게 삼층 제육이 된다는 것이다. 고소하고 맛 좋은 품이 양돼지에 비할 바 아니다"라는 이야기가 실려 있다. 현재 축산학에서는 거의 불가능한 이야기이다.

살구이는 우리나라의 대중적인 음식이 됐다. 불판 위에서 노릇노릇하게 익은 삼겹살을 마늘, 청양고추와 함께 상추에 올리고 쌈장을 얹어 먹는 방식은 우리나라의 독특한 음식 문화로 국내외에 많이 알려지게 됐다.

2019년 우리나라 축산통계에 따르면, 한국인이 가장 많이 먹는 육류는 돼지고기이다. 2019년 한 해 한국인 1인당 육류 소비량은 55.8kg이다. 이 중 돼지고기 소비량은 28kg으로 한국인이 섭취하는 고기의 절반을 차지한다. 돼지고기 중에서도 한국인이 가장 많이 찾는 부위는 삼겹살이다. 2017년 농촌진흥청이 발표한 돼지고기 소비 실태에 따르면, 한국인이 가장 좋아하는 돼지고기 부위는 삼겹살로서, 선호 비중이 61%에 달했다. 2위인 목살의 33%보다 약 두 배 높은 선호도를 보인다. 최근엔 돼지 뒷다리살(후지) 소비가 부진하여 냉동창고에 적체되기도 한다. 이에 따라 (사)대한한돈협회는 돼지 뒷다리살 소비 촉진을 위한 마케팅을 전개하여 어느 정도 성과를 거두었다. 돼지 한 마리 전체가 균일하게 소비될 수 있음에도 소비자는 특정 부위를 특별히, 아니 과도하게 좋아하면서 나타난 현상이다. 돼지에 얽힌 이야기가 온전히 알려지지 않은 결과이다.

돼지는 2000년 이상 인간과 인연을 맺어왔다. 대단한 역사다. 그에 어울리는 매력과 맛과 향, 정(情)을 가진 것이 돼지고기이다. 돼지고기는 돼지의 큰 일부이고, 적지 않은 부위로 나뉘어진다. 우리와 긴 인연을 가진 돼지를 온전히 이해한다면 편중된 돼지고기 소비가 해소될 것

---

* 축산물 특히 육류 소비량을 얘기할 때 육류는 보통 정육(살코기)을 의미한다. 그러나 내장(곱창, 대창 등), 머릿고기, 족(족발)과 같은 부산물 소비량이 적지 않은데, 이들을 포함하면 소비량이 더 많아진다.

이다. 『대한민국 돼지 이야기』는 돼지에 관한 새로운 발견과 이를 해석하는데 도움을 주고자 한다. 돼지 이야기는 먼저 우리에게 친숙하고도 소중한 돼지의 고대 모습은 어떠했는지, 고대 국가들의 신화 또는 설화, 옛 문헌을 통해 살피면서 시작한다.

신 의 가 축

선사시대 ― 통일신라시대

야생 돼지의 가축화

돼지는 다른 가축과 달리 한배에 10마리 이상의 새끼 돼지를 낳고, 우수한 어미 돼지는 1년에 두 번, 모두 25마리 정도의 새끼 돼지를 생산한다. 또한 발육이 빨라서 우수한 개체는 성장기간 중 하루에 1kg 이상 자랄 수 있다. 돼지고기는 단백질, 비타민 등 각종 영양소가 풍부하고 맛이 좋아 일상생활에서 중요한 식품이면서 가장 많이 소비하는 축산물이다.

현재 우리가 기르는 집돼지는 모두 야생 멧돼지(Sus scrofa *)의 일부가 순치된 것이다. 우리나라에서 돼지의 가축화는 신석기시대에 시작된 것으로 알려진다. 야생 멧돼지는 아직도 유럽, 아시아, 북아프리카 등 여러 나라에서 서식하고 있고, 북아메리카에는 살고 있지 않다. 멧돼지와 현재의 개량된 집돼지의 체형을 비교하면, 멧돼지는 상대적으로 머리가 크고, 네 다리가 길며, 앞몸 부위가 발달해 있다. 이는 야생에서 상위 육식 포식자의 공격으로부터 생존하기 위해 적응한 결과이다.

이처럼 야생 멧돼지와 집돼지의 체형이 크게 달라진 것은, 인류가 멧돼지를 집돼지로 개량할 때 고기를 생산하는 능력을 특화하면서, 돼지

---

* 또는 Wild boar, Wild swine, Common wild pig, Wild pig라고도 불린다.

의 이용 가치가 변화를 거듭한 결과이다. 이에 따라 집돼지는 멧돼지와 비교해 체형이 달라졌을 뿐 아니라, 한배에 낳는 새끼의 수도 훨씬 많아졌다. 돼지를 길러 더욱 많은 이익을 얻기 위해 한배의 새끼 수가 많도록 개량해온 것이다.

서아시아에서는 기원전 7000년경에 야생 멧돼지가 가축화했거나, 최소한 이 시대에 처음 야생 멧돼지의 가축화에 관심을 가졌을 것으로 추측된다. 인류의 초기 정착 농경민이 양과 염소를 가축으로 사육하기 시작한 것과 같은 시기에 멧돼지 사육이 시작됐을 것이다. 같은 시기인 중석기시대 유럽의 북부와 서부 지역에서는 야생 멧돼지가 붉은 사슴과 함께 식육의 주된 공급원이었다. 기원전 2000~3000년 후반, 이들 서아시아 농경민이 동쪽에서 유럽으로 이주하면서 이들이 가축화한 돼지를 전파했다. 가축화 초기에는 돼지와 소가 양이나 산양보다 더 성공적으로 번성했다. 그 이유는 사육되는 지역이 산림이 울창하고 그곳의 환경요인이 염소와 같은 동물보다는 돼지나 소 사육에 적합했기 때문이다.

돼지는 소나 염소보다는 개와 사람에 가깝다. 습성 역시 초식동물과 육식동물의 중간형이면서 인간이 조성한 환경에 잘 적응하는 우제류(偶蹄類, Artiodactyla)로 볼 수 있다. 무엇이든 잘 먹어서(omnivorous) 사람이나 개가 먹고 남긴 찌꺼기로도 살 수 있기 때문이다.

돼지는 집단의 다른 구성원과의 신체 접촉을 즐기는 성질이 있다. 이

---

* 최근 주요 다국적 종돈회사의 우수 품종이 한배에 낳는 새끼 돼지 수는 평균 17마리 정도이다. 이는 2000년 전후 0.3마리씩 개량된 결과이다. 현재 우리나라에선 어미 돼지 1마리당 1회 분만에 평균 11.11마리를 낳는다(한돈팜스 2020년 현재 통계).

** 소, 돼지, 양, 염소, 순록 등 발굽이 둘로 갈라진 동물군을 통칭한다.

러한 특성은 그들의 번식 특성과 관계가 있을 것이다. 돼지는 보통 1회 분만으로 10여 마리의 새끼를 낳는 데 비해, 다른 우제류는 겨우 1마리 또는 많아야 3마리가 보통이다. 돼지의 또 다른 특징은, 보금자리와 잠자리를 꾸미는 습성이다. 돼지는 코로 땅을 파거나, 모래나 진흙 위를 뒹굴어 움푹 파인 구덩이를 만든다. 이렇게 암컷은 새끼를 낳아 기를 보금자리를 꾸민다.

고대에서 오늘날에 이르기까지 돼지 사육법은 크게 두 가지로 나뉜다. 그중 하나는 사람의 감시하에 돼지 떼를 숲속에서 자유롭게 놓아 기르는 방법이다. 다른 하나는 오늘날에도 널리 행해지고 있는 것처럼 돼지우리에 가두어두고 기르는 방법이다. 로마시대와 이 시대를 전후한 최소 1000년 동안에는 숲에서 방목하여 사육된 돼지는 털빛이 진하고 사지가 길었다. 체구는 몹시 작아서 아마도 현재 돼지의 절반 정도였을 것으로 추정된다.

이 당시 돼지우리에서 사육한 돼지는 놓아기른 돼지보다 몸집이 컸고, 가죽이 매끄럽고, 살갗이 희었다. 더군다나 살이 너무 쪄서 제대로 서 있기가 곤란할 지경이었다. 고대 로마인들 사이에서는 '돼지는 자연이 인간에게 베풀어준 만찬'이라는 말이 떠돌았다.

역사적으로 돼지는 항상 가난한 사람들의 가축이었다. 중세 이후 영국에서는 지방질이 많은 베이컨이 가장 경제적인 부위이고 일반적인 식육원이었다. 거의 모든 가정에서 돼지우리에 돼지를 가두어 길렀고, 가족들이 먹고 남긴 음식 찌꺼기를 먹었다. 이렇게 길러 생산된 돼지고기는 생고기, 베이컨 등 다양한 용도로 이용했다. 선사시대 중국의 많은 자료에서 알 수 있듯이, 우리 선조들도 돼지를 키우면서 맥적을 비롯해 다양하게 돼지고기 요리를 즐겼다.

돼지 사육, 북한 지역이 남쪽보다 1000년 이상 빨랐다?

한반도에는 여전히 야생 멧돼지가 서식하고 있어서, 유적에서 발견된 돼지의 뼈를 통해 야생 멧돼지와 가축화한 집돼지로 분류해서 돼지의 가축화 연대를 측정하기는 매우 어렵다. 남북한 고고학자 간에는 집돼지 사육 기원을 두고 1500년 이상의 차이를 보인다. 이는 실제 남북 간 집돼지 사육 시기에 차이가 있기 때문일 수 있다.

신석기시대는 기원전 8000~1만 년에서 기원전 2000~1500년 기간을 말하는 것이다. 북한 학자들은 우리 민족이 돼지를 사육하기 시작한 시기를 기원전 2000년 이전으로 추정한다. 반면 한국 학자들은 기원전 2~3세기의 경남 사천 사남면 방지리 유적에서 출토된 예를 가장 이른 것으로 보고 있다. 사천 늑도 유적과 충남 아산 갈매리 유적에서 출토된 몇몇 예를 제외하고는 통일신라시대에 이르기까지 사육의 증거를 확인하기 힘들다는 주장도 있다. 즉 영남 지역에서는 초기 철기~삼국시대 전기에 사육된 돼지가 소수 존재하는 것으로 보고 있다.

철기시대 전기는 기원전 300년에서 기원전 1년까지이다. 철기시대 전기를 기원전 300년으로 볼 때, 남북한의 돼지 사육 시기는 1000년 이상의 시간적 차이가 있음을 알 수 있다. 이는 남북한 지역 고고학자 간의 학술적인 의견 차이라기보다는, 한반도 내에서 돼지의 가축화 시기가 남북한 간에 차이가 있을 수 있음을 보여주는 것이다.

사육 초기부터 종자를 선별한 선조들

기온이 따뜻하고 농사에 적합한 평야와 언덕, 계곡과 분지가 전개되어 있는 중국 지린(吉林), 창춘(長春) 지방의 쑹화강 중류와 랴오허강 중·하류 이남 지역에서는 목축업을 발전시키는 것보다 농사를 짓는 것이 더 유리했다. 이 지역에서 가축 사육이 돼지 위주였다는 것은 유적에서 나온 가축 뼈의 압도적인 다수가 돼지뼈였다는 사실로 알 수 있다.

그 당시의 유적에서 나온 돼지뼈를 보면, 돼지 주둥이가 짧아지고 있다는 것을 알 수 있다. 이것은 이 당시 우리나라에서도 이미 돼지에 대한 종축 작업이 겉모양을 토대로 실시되었다는 것을 보여준다. 지금 돼지 겉모양 평가에서 주둥이의 길이는 돼지의 고기 생산성 평가에서 하나의 징표로 되어 있다. 주둥이가 가늘고 길면 거친 사양 관리조건에 적합하지만, 고기 생산성이 떨어지므로 종축으로 고르지 않고 있다. 주둥이가 짧으면 성질이 온순하고, 먹성이 좋다 보니 고기 생산성이 높아서 종자 돼지로 고르고 있다.

이상의 내용은 청동기시대 말경에 이미 우리 선조들이 돼지 겉모양을 보고 기르기 좋은 돼지를 골라, 좀 더 생산성이 높은 돼지로 개량하는 작업이 이뤄졌음을 실증해준다. 돼지 고르기가 실시됐다는 것은, 그 당시 방목 위주의 유목민식 돼지 관리가 아니라, 돼지를 우리에 가두어서 집 주변에서 관리하는 형태였다는 것을 의미한다.

새끼 돼지는 왜 돼지 새끼인가?

돼지는 돼지속(屬)의 동물로, 영어로는 Pig, Hog, Swine 등으로 쓰인다. 수퇘지는 Boar, 암퇘지는 Sow로 표현한다. 한자어로는 저(猪), 시(豕), 돈(豚), 체(彘), 해(亥) 등으로 적는다.

소의 새끼는 송아지, 말은 망아지, 개는 강아지 등과 같이 가축의 새끼는 성축(成畜)의 명칭에 새끼를 뜻하는 접미사 '-아지'가 합성되어 불린다. 돼지는 성축을 나타내는데, 왜 돼지의 새끼는 유독 '돼지 새끼'라고 하는가?

우리나라는 돼지와 관련된 지명(地名)에 돼지 저(猪)뿐만 아니라, '돌', '돈', '돗' 자가 들어간 것이 많다. 즉 돼지가 많았거나 땅 모양이 돼지 모양이면 돼지골, 돌골, 돈골, 돗골, 돼지고개, 돌고개, 돈고개, 돗고개, 돌재, 돌섬(猪島), 돌귀동(猪耳洞), 돌오름, 돌올림산(도드람산) 등으로 부르

고 적고 있다. '돌섬'은 경남 창원시 마산합포구 구산면에서 남해로 돌출한 구산반도의 서쪽 해상에 있으며, 섬의 모양이 돼지가 누워 있는 모습과 비슷하다고 하여 저도라는 이름이 붙었다가, 점차 돌섬으로 지명이 바뀌었다. '돌귀동'은 제주시 대정읍에 소재한 마을로, 마을 형태가 돼지(돗)의 귀와 같아서 돗귀동이라고 하던 것이 변한 것이다. 여기서 돼지의 고어가 '돌(돈)'임을 알 수 있다.

돼지의 한자어는 '시(豕)', '저(猪)', '돈(豚)'이다. 각기 다른 한자어임에도 모두 '돼지'라고 하는데, 현재 돼지는 다 자란 성체(成體)를 나타낸다. 그런데 이 성체를 뜻하는 돼지는 원래 시(豕)의 우리말 고어인 돗, 돈, 돌이었다. 아직도 일부 지역에서는 성체 돼지를 돌(돈)이라고 부른다. 그러면 왜 지금 우리는 돌을 돼지라

고 하는가? 알다시피 동물의 새끼를 칭할 때 소는 송아지, 말은 망아지, 개는 강아지라고 한다. 이는 성체인 소, 말, 개에다가 새끼를 나타내는 접미사 '아지'가 붙은 것이다. 이같이 돼지의 새끼는 어른 돼지의 고어인 '돝'에 '아지'를 붙여 '돝아지'라고 할 수 있다. 이 돝아지가, 도아지→되야지→돼지로 변화한 것이다. 즉 돼지는 원래 '새끼 돼지'를 뜻하는 말이다. 하지만 '돝'이 현재 더는 쓰이지 않으면서 돼지는 어른 돼지를 의미하게 되었고, 새끼 돼지는 어쩔 수 없이 돼지 새끼가 되어버렸다.

한편 송아지나 망아지는 태어나서 성축이 되기까지 자라는 기간이 길고, 성축이 되어서도 가축으로서 활용하는 기간이 길다. 반면 돼지 새끼와 돼지는 이들 가축과 비교해 활용도나 사육기간이 짧다.

즉 새끼 돼지가 태어나서 포유를 시작한 뒤 젖을 떼고(보통 생후 4주), 성축이 되자마자 출하(보통 생후 6개월)하여 도축을 하니 돼지 주인이나 돼지를 키우는 사람이 새끼 돼지를 굳이 '아지'를 붙여 부를 시간과 이유가 없을 것이다.

우리 민족의 오랜 민속놀이의 하나인 윷놀이 명칭에 도, 개, 걸, 윷, 모가 있다. 이들 명칭은 곧 동물의 명칭인데, 이때 도가 곧 돝이다. 현대 국어의 돼지는 도아지에서 모음 축약으로 '돠'의 형태로 변해 모음 간 충돌을 피했고, 다시 모음의 역행동화(돠 + I)에 의해 '돼'가 형성됐다고 볼 수 있다. 돼지는 어른 돼지 즉 돼지의 성축이고, 갓 태어나거나 어린 돼지는 돼지 새끼이다.

돼지는 파충류의 천적

집 가(家) 자는 갑골문에 나타나 있는데, 家가 사람이 사는 집을 뜻하는 것에 대해 여러 설이 있다. 역사가 오랜 가축(개, 소, 말, 닭, 양, 돼지) 중에서 사람이 사는 집 면(갓머리, 宀) 자에 하필이면 돼지 시(豕)의 형상을 추가해 집 가(家) 자를 만든 이유는 다음과 같이 생각해볼 수 있다.

집 가(家)자의 고대 문자인 갑골문자를 보면 긴 지붕(갓머리) 아래에 돼지 모양이 있다. 지붕 아래에 돼지가 한 마리 있기도 하고, 두 마리가 위치하기도 한다 (그림 1). 인류가 주거 생활을 하는데 인류를 괴롭히는 동물 중에 파충류가 있었다. 특히 독사는 사람의 생명을 위협하는 존재이므로 뱀의 천적인 돼지를 발견하게 되었고, 잠자는 동안 안심하기 위해서는 사람이 주거하는 공간 아래에 돼지를 놓아둠으로써 뱀의 접근을 막았기 때문에 돼지가 집 안에 위치하게 된 것이다.

과거 우리나라 제주도와 영남, 호남 오지의 뒷간 아래에 돼지를 기른 풍속이 있는데, 이는 사람이 사는 곳에 돼지를 길렀던 고대 풍속의 연장선으로 볼 수 있다.

〈그림 1〉 『서예대자전(書藝大字典)』의 해당 갑골문을 해송 김중업이 한지에 쓴 것.

돼지와 인연이 깊은 부여

서기 1세기 중국 후한(後漢)의 사상가 왕충(王充)이 쓴 『논형(論衡)』에는 부여의 건국신화가 기록되어 있다. "옛날 북방의 탁리국(橐離国)에서 왕의 시녀가 아이를 낳았는데, 왕이 아이를 죽이려고 돼지우리에 버렸으나, 돼지가 입김으로 아이의 몸을 녹여주어 죽지 않았다." 여기서 탁리국의 돼지가 살려준 아이가 곧 부여(夫余)를 건국한 동명(東明)이다. 부여의 건국신화와 유사한 고구려의 건국신화에도 돼지가 등장한다.

부여는 돼지와 인연이 깊은 나라이다. 부여는 말, 소, 개, 돼지 등의 이름을 따서 마가(馬加), 우가(牛加), 구가(狗加), 저가(猪加)의 관명(官名)을 만들었는데, 이 가운데 돼지 이름을 딴 이름이 저가(猪加)이다. 우가, 마가라는 것은 도대체 무엇인가?

『삼국지』「위지(魏志) 동이전」에는 "나라에 군왕이 있고, 모두 여섯 가축의 이름으로 관직을 명하니, 마가, 우가, 저가, 구가, 대사, 대사자, 사자가 있다(國有君王, 皆以六畜名官, 有馬加·牛加·猪加·狗加·大使·大使者·使者)"라는 구절이 나온다. 가(加)는 다른 부여 계열의 직제에도 나타나 있다고 하는데, 이는 대인을 지칭하는 것이니 원래는 씨족장, 부족장을 뜻하는 말이었다. 즉 가(加)는 처음 족장의 명칭에서 시작해서 대관, 장관의 직명으로 변했다. 이와 같은 가(加)에 더하여 마(馬), 우(牛), 저(猪) 등의 가축의 이름이 사용된 것은 역시 고유색을 띤 것으로, 목축 경영 시대의 축군자본별(축산별)에 의한 족장의 칭호가 그대로 계급에 이용된 것이다. 지금으로 보면 장관직과 같이 높은 관직명으로 사용됐다는 것은 그만큼 가축을 중요시했다는 것을 의미한다.

부여는 소, 개, 말과 함께 돼지를 길렀는데, 가축을 잘 키우는 나라로 알려져 있다. 특히 부여 관련 기록에 돼지가 자주 등장하는 것은 부여 지역이 돼지를 키우기에 적합했기 때문이었다. 돼지는 본래 숲 지대나 그늘진 강둑에 사는 동물이다. 나무 열매 또는 과일, 식물 뿌리 등을 먹으며 산다. 부여가 위치했던 만주 지역은 지금도 중국에서 가장 많은 목재를 생산한다.

644년에 진나라(晉, 265~419) 역사를 적은 『진서(晉書)』의 '숙신씨(肅愼氏)' 기록에는 "이 나라에는 소와 양은 없고 돼지를 많이 길러서, 그 고기는 먹고 가죽은 옷을 만들며 털은 짜서 포(布)를 만든다"라고 했다. 이 기록은 『구당서(舊唐書)』 '말갈(靺鞨)' 기록에 나오는 "그 나라에는 가축으로 돼지가 많아 부유한 집은 수백 마리가 되며, 그 고기는 먹고 가죽으로는 옷을 지어 입는다"라는 내용과 거의 같다.

정착하고 농경을 시작하는 과정에서 인간은 대자연에 대해 인간의 힘으로 어찌할 수 없는 영혼의 존재를 인식하고 여러 제사 의식을 거행했다. 그 시대는 권력자가 천하를 잡으면 자기 자신을 하늘의 아들이라고 하며 제사를 올렸으며, 이때 반드시 올리는 희생물로서 동물(소, 돼지, 양, 개 등)을 사용했고, 제사가 끝나면 참석자들은 희생물의 피와 고기를 나누어 먹고 서로 간의 융합과 일치를 다짐했다. 부여의 제천 행사로 영고가 있었는데 이 제사에 필요한 제물로 가축을 키웠으며, 제사가 끝난 뒤에 식용으로 이용했다.

사실 제사의 목적은 신령의 보호를 구하기 위한 것으로 볼 수 있다(왕런샹). 『시경(詩經)』의 「소아(小雅)」 편에 실려 있는, 종묘에 제사를 모시는 모습을 묘사한 '초자(楚茨, 무성한 가시나무)'라는 제목의 시에 "신이 음식을 즐기니 너에게 백복(百福)을 줄 것이고, 신이 음식을 좋아하니 군자를 오래 살게 한다"라는 구절이 있다. 이것은 "귀족이 제사를 지낼 때 지녔던 마음가짐을 엿볼 수 있는 것으로, 만약 신령이 음식을 매우 좋아한다는 것을 알고 맛있는 음식을 정성스럽게 신령에게 올린다면 신령은 당신에게 만복과 장수를 줄 것"이라는 의미이다(왕런샹).

귀바오쥔(郭宝鈞, 1893~1971)은 『중국 청동시대』에서 "제사는 본래 인간이 신령에게 뇌물을 주는 일종의 수단이다"라고 했다. 그에 따르면 "신령에게 바치는 모든 제물은 희생물이기도 하지만, 결국 신령은 그것을 사용하지 못한다. 오히려 대부분은 하나의 예외도 없이 사람들이 신령을 대신해서 그 희생물을 처리하는 노고를 겪어야 한다. 즉 사람들은 이들 제물을 먹어 치우고서 도리어 이것을 신령이 내린 복이라고 한다"는 것이다.

희생과는 의미가 약간 다르지만, 가축을 어떤 가치 있는 것을 얻고 그 대가로 지불하는 것으로 보는 견해도 있다. 『삼국지』 「위지 동이전」에는 "여자를 친정에서 데려가려면 소나 말을 주어야 내주게 마련이다. 형이 죽으면 형수를 동생이 아내로 삼는데, 이 풍속은 흉노의 것과 같다. 이 나라에서는 제사용 소를 잘 기르고, 이름난 말(그리고 붉은 옥, 아름다운 구슬도)이 난다(女家欲得, 輸牛馬乃与之. 兄死妻嫂. 与匈奴同俗. 其国善養牲, 出名馬…)"라는 내용이 나오는데, 여기서 가축을 대가로 지불하는 물건으로 보는 인식의 일면을 엿볼 수 있다.

고대 탐라국(제주도)인 주호의 돼지

『삼국지』 「위지 동이전」에는 탐라국으로 보이는 '주호(州胡)'에 대한 기록이 있다. 마한 서쪽 바다의 섬에 있는 주호국의 생활 풍습을 소개한 것이다. 그 기록에는 "그 섬에 사는 사람들은 키와 몸집이 작고 머리는 깎은 채 부드러운 가죽으로 만든 옷을 입는데, 위의 것은 있으나 아래의 것은 없다. 소와 돼지 기르기를 좋아한다. 배를 타고 왕래하여 한

(韓)과 교류를 한다"고 돼 있다. 이로 미뤄볼 때 3세기에 이미 제주도에서 소와 돼지를 키우고 있었음을 알 수 있다.

또한 그 기록에 따르면, 주호국에서는 사람들이 가죽을 이용해서 옷을 만들어 입었다. 돼지를 집에서 사육함으로써 파충류의 접근을 막았을 뿐 아니라, 분뇨를 이용해 농토의 지력을 유지하고 증대했던 것도 짐작된다. 돼지뼈나 이빨은 일상생활에 도구로 이용됐을 것이다. 또한 묘지의 12지신으로 등장하는 돼지상, 돼지 꿈, 돼지 그림, 업돼지 전설 등에서 보듯 돼지는 신통력을 지닌 신성한 동물로서 가정을 지켜주고 복을 가져다주는 길상(吉祥)의 근원이자 집안의 재산을 늘려주는 재물신을 상징하기도 했다.

고대국가 읍루와 돼지

『삼국지』「위지 동이전」에 옛 숙신씨(肅愼氏)*의 땅이라는 읍루(挹婁)**에 관한 기록이 나오는데, "돼지를 많이 길러서 고기는 먹고, 가죽으로는

---

* 기원전 6~5세기 중원 북계를 비롯한 산동반도와 만주 동북부 지역에 살았던 종족. 중국의 고전인 『사기(史記)』, 『회남자(淮南子)』, 『좌씨전(左氏伝)』, 『일주서(逸周書)』, 『산해경(山海経)』 등에 그 이름이 나온다. 식신(息慎), 직신(稷慎)이라고도 하며, 싸리나무 화살과 돌화살촉을 사용한 종족으로 알려져 있다. 조선(朝鮮)이라는 왕조명을 갖기 이전에 고조선인들을 부르던 호칭으로 보기도 한다. 또한 숙신의 후손으로 한(漢)대의 읍루(挹婁), 후위(後魏)대의 물길(勿吉)과 수·당대의 말갈(靺鞨), 발해 멸망 후의 여진(女真) 등의 종족이 꼽힌다.

** 고대 만주 지역에 거주한 부족으로, 본거지는 목단강(牧丹江)과 두만강 유역에 이르는 지역이었다. 부족 자체의 정치적 통일은 이루지 못했고, 읍락(邑落)마다 추장들이 있어 통치했다. 부여족과는 다른 특유한 언어를 사용했고, 산이 많은 곳에 살았기 때문에 물자가 부족하여 이를 조달하기 위해 자주 인접한 북옥저(北沃沮)를 침공하기도 했다. 한대(漢代)에 부여에 속했으나, 부여의 경제적 착취에 항거하여 여러 차례 부여의 영향권에서 이탈하려고 했다. 주위의 부족들에 비하여 문화적으로 대단히 낙후해 있었으나, 그들이 사용하던 활과 화살은 중국에까지 널리 알려져 상고시대 숙신씨(肅愼氏)의 후예로 간주되기도 한다.

옷을 만들어 입었다. 그 기름은 몸에 발라 추위에 대처했다(其俗好養豬, 食其肉, 衣其皮. 冬以豬膏塗身, 厚数分, 以禦風寒)"고 적혀 있다. 이런 문헌상 기록에 따르면, 한반도 북쪽의 옛 거주민들은 돼지를 식용으로만 먹은 것이 아니라, 돼지기름을 방한(防寒) 목적으로도 이용했다.

겨울철에 돼지기름을 몸에 바른다는 뜻은 무엇일까? 우선 겨울에 많이 잡아먹었다는 말이다. 열량이 많은 돼지고기로 추위를 이기고자 했을 것이다. 최근까지 여름 돼지고기는 그리 환대받지 못한다. 겨울 피부는 거칠고 트게 마련이므로 피부 보호용으로 돼지기름을 발랐을 테고, 이는 추위를 막아주는 방한 효과도 있었을 것이다. 또 죽은 사람을 관에 넣고 돼지를 잡아 그 위에 쌓아서 죽은 사람의 양식이라고 했다는 기록도 있다. 제사의 희생물로 쓰일 뿐 아니라 산 사람들의 좋은 음식이 되고 사망자의 양식이 되기도 했으니, 돼지가 인간 생활에서 얼마나 중요한 역할을 해온 동물인지는 짐작이 가고도 남는다.

읍루에서는 돼지를 길러서 털을 뽑아 천을 만들었다는 기록도 있다. 돼지털을 이용해서 옷감을 만든 것은 문화가 더 진전했다는 의미이다.

오늘날에도 마을 제사, 기우제, 시산제를 올리거나 무당굿을 할 때 반드시 돼지머리를 올린다. 돼지머리가 돼지 한 마리를 의미한다고 보면, 돼지가 제사에 꼭 필요하고 중요한 희생물이라는 것을 알 수 있다. 신이나 죽은 자에게 돼지가 제물이고 양식이라는 것은 어제오늘의 역사가 아니다.

관청에서 돼지를 기른 고구려

고구려 지역에서 돼지 사육과 돼지고기 소비가 활발했고, 신라와 백제는 기록이 많이 남아 있지 않으나 돼지 사육과 식용에 관한 기록은 발견된다. 고구려 시기에는 돼지를 민간에서뿐 아니라 관청에서도 길렀다.

　제사에 쓸 돼지를 기르는 관청에는 장생(掌牲)˙이라는 제사 지내는 관리를 두었다. 고구려에는 하늘과 땅에 제사를 지낼 때 제물로 사용하는 돼지인 교시(郊豕)와 관련된 기록이 있다. 『삼국사기』에는 "유리왕 19년(기원전 1년) 8월에 교시가 달아나므로 왕이 탁리(託利)와 사비(斯卑)라는 자로 하여금 뒤를 쫓게 했더니, 장옥택(長屋沢)에 이르러 돼지를 찾아 다리 근육을 끊었다. 이 사실을 왕이 전해 듣고 '하늘에 올릴 제사의 제물을 어찌 상하게 한 것이냐'며 두 사람을 구덩이에 넣어 죽였다"라는 기록이 있다.

　이를 통해 고구려에서는 제사를 지낼 때 필요한 희생물을 관리하는 관리가 따로 있었으며, 희생용 돼지를 매우 귀하게 여겼음을 알 수 있다.

＊　제사용 희생 동물을 관리하는 직책.

고구려 왕도를 정해준 돼지

제단에 바쳐진 돼지가 또 줄을 끊고 달아나는 일이 2년 뒤인 유리왕 21년(서기 2년) 3월에 벌어졌다. 『삼국사기』 13권 「고구려 본기」 유리왕 21년 3월 기록에는 "교제(郊祭, 제사)에 쓸 돼지가 도망쳤는데 왕이 장생 설지에게 명령하여 이를 쫓아가게 했다. 위나암(尉那巖)에 이르러서 돼지를 붙잡아 성내 사람의 집에 가두어두고 기르게 했다"고 씌어 있다. 그런데 그곳(위나암)을 둘러보니 여간 산수가 빼어나지 않았다. 이에 설지는 유리왕에게 돌아와 "제가 돼지를 잡으러 간 위나암은 산세가 깊고 험하며 농사짓기에 좋고, 사슴과 물고기들이 많았습니다. 대왕께서 이곳으로 도읍을 옮기시면 백성이 살기 좋을뿐더러 전쟁 걱정도 면하게 될 것입니다"라고 아뢰었다.

유리왕은 이 말을 듣고 그해 9월에 직접 위나암을 둘러보고는, 이듬해인 유리왕 22년(서기 3년) 10월 도읍지를 졸본에서 위나암으로 옮겼다. 돼지가 찾아준 이 도읍지에서 고구려는 424년 동안 동아시아의 최강국으로 군림할 수 있었다.

제천 의식용으로 쓸 돼지를 국가 차원에서 관리를 두어 기르면서, 그 돼지가 궁중 사육장을 벗어난다는 것은 국가적 문제이고 위기를 조성할 것이라 여겨서 왕이나 담당 관리는 돼지가 도망가는 것을 불길하게 여겼다. 돼지가 사라지면 새로운 돼지로 대체하는 것이 아니라, 그 교시(郊豕)를 꼭 찾아서 써야 했다. 만약 사람이 그 돼지를 상하게 하거나 죽게 한다면 하늘이 진노하고 나라에 재앙을 불러일으키기 때문에, 그 사람은 중죄를 지은 것으로 간주하고 벌을 받는다. 유리왕 19년 8월에 그런 사례가 있었다.

이러한 인식은 돼지가 곧 하늘이고 국가라는 등식이 바탕에 있기 때문이다. 이는 곧 돼지의 이동=하늘의 뜻=국가 수도의 이동이라는 뜻으로 진전하고, 사직(社稷)의 이동을 의미하였다. 왜 수도를 옮기는가? 새로운 수도의 의미는 오곡이 풍성할 땅이어서 백성의 풍요를 가져오기 때문에 경제와 직결되고, 곧 직(稷, 오곡의 신)과 관련되고 단군신화의 주곡(主穀)을 의미한다. 또한 외세의 침략을 막을 수 있다고 보기 때문에 국방, 즉 사(社, 토지신)와 관련되고 단군신화의 주명(主命)에 해당한다. 이러한 사직(社稷)은 오늘날 국방과 경제, 영토와 국민이라는 국가의 주요 요소이다. 『삼국사기』에 따르면 하늘이 지상 국가의 운명을 좌우하고, 이러한 하늘과 지상의 국가 간의 매개자가 제사에서 희생물로 바치는 돼지이다.

돼지는 수도 곧 왕도를 정해주었다. 제사에서 돼지가 희생하는 목적이 국가의 발전이라고 본다면, 국가의 발전은 국토를 지키고 넓히며 백성이 배불리 먹고 편해야 이뤄지게 된다. 왕은 국가 발전을 위해 그 소임을 다해야 하는데, 그러기 위해서는 왕도를 잘 정해야 할 것이다. 왕이 제사를 통해 하늘에 바라는 바가 이러한 목적이라면 돼지의 의미와 용도가 뚜렷해진다. 돼지가 가지는 의미는 하늘의 뜻을 지상(의 왕)에 전하는 영물인 셈이다. 오늘날 돼지는 살찌고 잠을 많이 자고 미련하다, 돼지꿈을 꾸어서 돈이 생길 것이라는 식의 의미와는 달리, 당시의 돼지는 왕의 메신저요 국가와 국민의 염원을 전하는 매개체였다. 또다른 의미는, 곡식을 먹어 인간의 식량을 축내는 돼지가 아니라, 풍년이 들게 해주고 퇴비를 제공하여 땅을 비옥하게 해주고 사람들이 배부르게 해준다는 것이다.

옛날이나 지금이나 국력은 인구와 영토와 밀접한 관계가 있다. 입지조건이 좋은 수도가 국력과 국가 발전을 가져온다는 점에서, 돼지가 인구를 늘리고 국토를 확장할 수 있는 수도를 정해주었으니 소중하지 않을 수 없다. 인구가 증가한다는 것은 그만큼 인재(人才)가 많아질 수 있다는 말도 된다. 이처럼 돼지가 지니는 의미는 다산성, 대식성, 건강성에 더해 인구의 증가, 국력의 확대, 사직의 안정과 연결되는 것이다.

고구려 왕자를 낳을 왕비를 계시하다

『삼국사기』에 다음과 같은 내용이 있다. 고구려 산상왕은 왕자가 없는 형 고국천왕의 아우로서 왕이 되었다. 그러다 보니 그는 왕자라는 후계자가 얼마나 중요한지 잘 알고 있었다. 산상왕은 왕이 되는 과정에서 형수이면서 고국천왕의 왕비인 우(于) 씨가 적극적으로 지지했고, 후에 형수인 우 씨와 혼인을 했다.

이 우 씨는 고국천왕 2년에 왕비가 됐다. 고국천왕이 19년을 재위했으니 18년간 왕비로 있었지만 자식을 얻지 못했다. 고국천왕 사후에 우 씨는 산상왕의 왕비가 되었으나, 7년이 넘도록 왕자를 얻지 못했다. 불임의 원인은 왕후에게 있었던 것으로 보인다. 그렇지만 왕은 새 아내를 얻지 않고 우 씨를 계속 왕후로 삼았다. 산상왕 즉위 7년 3월에 왕은 자식을 얻기 위해 산천에 기도하던 중, 보름날 저녁 하늘로부터 새 작은 왕후를 통해서 왕자를 얻게 해주겠다는 약속을 받았다. 그러나 그때까지 새 작은 왕후인 소후(小后)가 없었다. 번민과 기대 속에서 5년이 흘러 즉위 12년에 드디어 소후가 생기게 되는데 그 계기를 돼지가 마련한 것으로 보는 것이다.

산상왕 12년(서기 208년) 11월 어느 날, 제사상에 올린 돼지가 도망쳤다. 희생용 돼지인 교시가 도망가서 담당 관리가 잡으러 갔지만 쉽사리 잡히지 않았다. 마침 주통촌이라는 곳에 당도했는데 20세의 아리따운

여자가 웃으면서 돼지를 잡아주었다. 교시를 찾아온 신하는 왕에게 자초지종 이야기를 했고, 왕은 그 여인을 찾아가서 잠자리를 같이했다. 이를 안 왕후 우 씨가 질투하여 죽이려 했으나 주통촌 여자가 임신한 것을 알고 죽이지 못했다. 그 여자는 왕자를 낳고 소후가 되어 궁중에 들어왔다. 돼지가 중매를 서서 왕자를 얻은 것이다.

이는 하늘의 뜻이 돼지로 발현된 것이므로 돼지가 곧 하늘(또는 하늘의 메신저)인 셈이다. 산상왕은 즉위 13년(209) 만에 후계자를 정해 오랜 소원을 풀게 되자 왕자의 이름을 아예 돼지라고 불렀다. 한자로는 교체(郊彘)이다. 이 돼지 왕자가 11대 동천왕이다. 동천왕은 산상왕 17년에 태자가 되고, 30년에 왕위에 올랐다.

이 이야기는 하늘의 뜻으로 동천왕이 태어났다는 것을 말한다. 만물은 인연을 전제로 해서 존재한다. 돼지가 달아난 것은 여인이 있는 주통촌으로 관원들을 유인하기 위한 것이다. 또한 관원들이 잡지 못한 돼지를 젊은 아가씨가 쉽게 잡을 수 있었던 것은 그 여인도 돼지가 지닌 신성함을 가진 특별한 존재임을 암시한다. 산상왕은 이러한 암시를 눈치채고 그 여인을 소후로 취한 것이다. 이 이야기는 신성한 돼지의 일면을 보여줌과 동시에 이러한 돼지에 의해 태어난 동천왕이 다른 왕들과는 달리 하늘이 내려준 특별한 왕이라는 것을 또한 암시한다.

두 번째로 고구려 수도 이전을 이끈 돼지

동천왕이 태어난 209년, 그해에 고구려는 수도를 환도성(지금의 집안, 集安)으로 옮겼다. 돼지 때문에 왕도를 옮기는 사건이 고구려 유리왕 이후에 또 생긴 것이다. 천도 이후 돼지의 다산성이 의미하는 인구의 증가는 물론, 국가 경제와 국방력의 증대가 이뤄졌다. 나라의 안정과 번창, 즉 국운을 돼지가 이끈 셈이다.

산상왕이 어렵게 얻은 왕자는 후에 우위거(優位居)라는 정식 이름을 갖고 있다가 대를 이어 동천왕이 됐다. 그는 성품이 대단히 너그러웠다. 그 당시 고구려 백성은 너그러운 왕, 그러나 중국에 대해서는 강경한 왕을 기대했는데, 동천왕은 이 기대를 충족한 것이다. 이렇다면 돼지는 민심을 상징하는 면도 없지 않았다. 돼지는 하늘, 왕, 백성이라는 국가의 구성 요소 모두에 긍정적으로 작용한 것을 알 수 있다.

오늘날 우리가 생각하는 평범한 돼지가 아니라 신통력을 가진, 거의 신화적이고 정치적인 위력을 가진 것이다. 수도를 새로 정해주고, 동천왕을 탄생할 수 있게 했으니, 고구려에서 돼지는 신성한 동물이라고 여길 만했다.

고구려의 대표 음식 맥적

고구려에서 육류는 목축과 수렵으로 얻을 수 있었다. 고구려에서 목축으로 기른 대표적인 가축은 소, 말, 그리고 돼지이다. 소는 역축(役畜, 농사를 짓거나 수레에 짐을 실어 나르는 등의 사역에 이용하는 가축)으로서 농사 활동에서 주 동력원이었다. 말은 군사용으로 사육됐고, 군마의 숫자는 곧 국력과 직결됐다. 하지만 돼지는 주로 식육(食肉) 용도로 길렀다.

고구려를 대표하는 고기 음식인 맥적(貊炙)은 멧돼지 또는 돼지고기로 만든 음식으로 보는 견해가 많다. 중국의 책 『수신기(搜神記)』에 "맥반(貊盤)이라는 식탁과 맥적이라는 고기구이 음식이 귀족 집안과 부잣집에서 즐겨 잔치에 나오는 그릇과 음식"이라는 기록이 전해진다. 여기서 맥적은 고구려인들이 즐겼던 불고기 음식이다.[7]

맥적은 (멧)돼지를 간장에 절여 항아리에 넣어둔 것을 꺼내서 마늘과 아욱 등으로 양념을 한 후 숯불에 구워 먹는 것이다. 이는 간이 깊게 배어 있고 구워낸 맛이 고소해서 중국에도 전해졌다. 고구려인들은 노루, 소, 개 등의 고기를 좋아했지만, 돼지고기를 특히 즐겨 먹었다. 『수신기』에서는 또 "맥적은 하찮은 다른 민족의 먹거리이거늘 태시(太始) 이래 중국인이 이것을 매우 귀하게 여겨 중요한 잔치에 이 음식을 내놓는데, 이는 융적(戎狄) 즉 오랑캐가 침략할 징조이다"라는 내용도 있다. 맥적은 고구려 고유의 음식이며, 이웃 나라에도 알려져 일부 계층에 퍼졌음을 알 수 있다. 오늘날 우리나라 고유의 음식(전통 음식)이 외국에 알려지고, 외국의 전통 음식(Ethnic foods)이 우리나라에 유입되는 현상과 같다.

『후한서』에 맥(貊)은 고구려를 가리킨다. 맥은 그들(중국) 입장에서는 동이족이다. 그리고 적(炙)은 "꼬챙이에 꽂아서 불 위에 굽는 것"이라고 설명했다. 의례에서는 모든 적은 무장(無醬)이라 하고, 이미 조미해둔 것이라고 했다. 중국의 고기 요리는 전통적으로 미리 조미하지 않고 굽거나 삶아서 조미료를 가미해 먹는 데 반해, 적은 미리 조미하여 굽기 때문에 일부러 조미료를 가미해 먹을 필요가 없으니 무장(無醬)이라 한 것이다.

따라서 맥적이란 미리 조미하여 직접 구운 맥족의 고기 요리를 가리킨다. 맥적은 고기에 부추나 마늘을 풍성히 넣고 미리 조미하여 구워 먹는 것이니 미리 조미한 현대 불고기의 원조라 볼 수 있다.[8] 하지만 어떤 이는 '불고기는 한국 것이 아니고 일본 것'이라고 한다. 이렇게 단정

[*] 주영하, 『음식전쟁 문화전쟁』, 사계절출판사, 2001, p.115. 저자는 8·15 광복 이후 당시 전통적으로 소고기를 구워 먹지 않는 일본에서 재일교포들이 생계를 위해 식당을 운영하면서 야키니쿠(燒肉)를 팔기 시작했고 이때부터 일본에 불고기가 유통되었다고 주장한다. 저자는 일본 민족학자 아사쿠라 도시오

적으로 주장하는 배경은, 먼저 맥적이 양념을 했기 때문에 특별하고 좋아했다고 보는 견해가 있었고[9], 그 양념의 정체를 파헤치면서 우리에게 알려진 불고기가 우리 것이 아니라고 한 것이다. 『음식전쟁 문화전쟁』이란 책에서 저자(주영하)가 현대의 불고기가 일본 것이라고 주장하는 이유는 다음과 같다. 즉 맥적은 고기를 간장으로 조미했는데 당시 맥적에 이용한 간장은 지금과 같이 단맛이 나는 간장이 아니었을 것이다. 우리가 알고 있는 조선시대의 '너비아니'는 짠맛과 은근한 맛을 내는 조선간장으로 조미한 것이다. 현재 우리에게 익숙한 달짝지근한 불고기는 고기를 왜간장, 설탕, 양파, 파 등으로 양념하여 재운 것이다. 이것은 맥적이나 너비아니라고 알려진, 『산림경제』에 소개된 불고기와는 판이한 맛을 낸다. 한국 전통 음식을 대표하는 불고기의 맛이 전통 간장 맛이 아니라 일본식 간장 맛이 지배하게 됐다는 것이다.

이러한 맛의 지배 논리는 단편적으로나마 역사적으로 해석할 수 있다. 일제 강점기인 1930년대 간장 공장이 들어서면서 본격 보급된 일본식 아미노산 간장은 우리나라 사람들의 입맛에 충격을 주었다. 또 1950년에 발발한 6·25전쟁을 겪으면서 전통 간장 제조가 어려워졌고, 1960년대 중반 라면이 도입되고 생산이 늘어나면서 왜간장 생산도 증가했다[10]. 여전히 조선간장의 명맥은 유지되어오지만, 단맛이 나는 왜간장은 특히 젊은 층의 입맛을 사로잡았고, 그 맛에 많은 사람들이 길들여졌다.

지금의 불고기는 달짝지근한 맛 또는 일본식 간장 맛이 지배한 '현대

(朝倉敏夫)의 책 『일본의 불고기, 한국의 사시미』(人間選書, 1994)를 인용하여 이 일본인 민족학자가 일본의 불고기가 한국의 것과 다르다고 했다는 주석을 달았지만, 여전히 '불고기는 한국 것이 아니고 일본 것'이라는 입장에서 벗어나지 않아 보인다.

식 불고기'라 할 수 있다. 맛을 근거로 진정한 불고기를 가린다면, 지금의 불고기는 맥적의 전통을 이은 정통 불고기라고 할 수는 없겠다. 우리는 모두 정통성(authenticity)을 원한다. 정통성(또는 진정성)을 제대로 이해하려면 정통하지 않은 것이 무엇인지 짚어내고 그 반대로 이해할 필요가 있다.[11] 불고기의 정통성을 이야기하자면 과거에 있었고 현재도 존재하는 것이어야 할 것이다. 불고기의 원조는 맥적이고, 조미하는 방식이 달라졌다 하더라도 현재에도 존재하고 있다. 비록 정통성이 희석되기는 했지만, 불고기가 일본의 것이라고 할 수는 없다.

그러나 '불고기'는 당연히 '한국 것'이다. 광복 이후 일본에 거주하는 한국인에 의해 한국의 불고기가 일본에 널리 퍼졌고, 이주민의 문화가 현지(문화)에 동화(同化, Accomodation)하듯 불고기의 조리법과 맛 또한 동화한 것이다. 현재 우리에게 친숙한 '불고기'의 '맛'은 일본인이 개발하고 보급한 왜간장 맛 때문에 원래의 맛에서 변질한 것이다. 불고기는 맥적, 너비아니를 잇는 한국 전통의 고유한 음식으로, 불고기에 대한 재해석과 함께 세계인의 입맛에 맞는 '한국 것'으로서의 불고기 맛을 창조할 필요가 있다.

당(唐)나라 때 역사가 장초금(張楚金)이 660년경에 편찬한 사류부(事類賦)인 『한원(翰苑)』에는, 고구려인이 "허리에 백색 띠를 두르며 왼쪽에는 갈돌을 달고 오른쪽에는 오자도(五子刀)를 패용한다"라고 했다. 안악3호 고분의 벽화에는 부엌 옆에 고기를 꼬챙이에 걸어둔 육고(肉庫) 그림이 있는데, 꼬챙이에 걸린 그림에서 사슴과 돼지고기를 볼 수 있다. 벽화에 등장한 푸줏간과 걸려 있는 돼지고기를 통해 민간에서 기른 돼지가 많았다는 것을 짐작할 수 있다.[12] 현재와 마찬가지로 돼지를 사육하는 데 가장 중요한 것은 먹이(사료)이다. 콩 껍질이나 줄기와 같은 농업 생산 부산물, 인분이나 남은 음식물과 같은 농가의 부산물이 돼지를 기르는 데는 중요한 사료였다. 따라서 이때 농업 생산량이 증가하면 돼지 사육 마릿수도 증가할 수 있었을 것이다.[13]

중국 당(唐)나라 때 역사서인 『북사』를 보면, 고구려에서는 "젊은 남녀가 서로 사랑하면 바로 시집가고 장가드는 혼례를 치른다. 그때 남자의 집에서 돼지고기와 술을 보낼 뿐 재물을 보내는 예는 없다"라고 소개하고 있다. 이처럼 고구려에서는 관혼상제 중 결혼식에도 돼지가 중요한 역할을 하면서 고구려인의 생활과 친밀했음을 알 수 있다. 『신당서』에는 645년 고구려가 당나라와 전쟁을 할 때, 안시성 안에서 닭과 돼지 소리가 많이 들렸다는 기록이 있다. 당나라의 재상(宰相) 두우(杜佑, 735~812)가 편찬한 제도사(制度史) 『통전』에는 "고구려에는 가축으로 소와 돼지가 있다. 돼지는 흰색이 많다"라고 되어 있다. 이로써 고구려 시대에는 흰(색) 돼지도 키웠음을 알 수 있다.

화식은 불에 익히거나 굽는 음식이다. 굽는 방법은 여러 가지이나 대표적인 것은 직접 굽는 번(燔), 싸서 굽는 포(炮), 나뭇가지 등에 꿰어서 굽는 적(炙)이 있다. 이 같은 방법 가운데 고구려에서는 꿰어서 굽는 '적'이 유명했다. '적'은 본래 불 위에 식재료를 놓고 굽는 것으로서, 긴 막대에 고기를 꿰어 불에 돌리면서 굽는 형태를 취한다. 이때 식재료를 절단해서 굽는데, 육류나 어류를 비롯한 모든 것이 식재료가 될 수 있다. 미리 양념을 해서 굽기 때문에 찍어 먹는 (양념)장이 별도로 필요하지 않다. 이를 통해 우리 민족 고유의 적은 맥적이고, 이는 곧 고구려의 대표 음식이라 할 수 있는 것이다.

특히 맥적의 특징은 일반 적과는 달리 잘게 자르지 않고 육류를 통째로 양념하여 굽는 것이다. 현재 간혹 맥적이 고구려의 음식이 아니라는 주장이 제기되고 있지만, '맥적'이란 음식명은 '맥족'의 구이 음식이기 때문이라는 걸 유념해야 하겠다. 맥족 계열에 고구려가 포함되고, 맥적은 고구려 고유의 구이 음식이다.[14]

신라의 설 명절과 돼지

신라의 시조 박혁거세의 탄생 신화에는 말(白馬)이 나온다. 신라의 김알지 신화에는 닭이 나온다. 이는 고구려의 돼지 이야기와 차이가 있다. 신라인들이 쇠던 설의 기원을 설명할 때 쥐, 소와 더불어 돼지가 나온다. 신라 21대 소지왕(재위 479~500)이 궁중의 불길한 일로 생명이 위태로웠는데, 이 세 동물의 도움을 받아 무사했다. 왕은 은혜를 갚기 위해 정월의 첫 자(子), 牛(우), 亥(해) 일을 기신일(忌愼日, 근신하여 경거망동을 삼가는 날)로 정했다. 신라에서 설날이 이렇게 시작되었고, 여기서 돼지(亥)가 관련되었다는 사실은 쥐, 소와 함께 돼지가 그만큼 신성시됐다는 것을 뜻한다. 신라는 고구려처럼 권력 유지에 돼지가 깊숙이 관련되지 않았어도 일상에서는 돼지를 신성시했던 것으로 추측된다.

『삼국사기』에는 신라 문무왕 대에 목장이 174곳 있었으며, 목장을 나누어 관리하게 했다는 기록이 있다. 이는 비록 말 목장 사례이긴 하지만, 목축이 정책 차원에서 체계적으로 이루어지고 있었음을 알 수 있다. 이 당시 널리 사육된 가축이 말, 소, 돼지, 닭 그리고 개로 짐작된다. 농경사회가 진전될수록 수렵의 비중은 급격히 줄고, 개, 돼지, 소, 닭 같은 가축 사육이 상대적으로 증가했다. 가축의 사육 목적으로는, 말과 소는 역축(役畜)으로 주로 활용하였고, 역축으로서는 쓸모가 없는 돼지, 개, 닭은 축산물을 생산하는 용도로 이용되었다.

하지만 『삼국유사』에는 서기 488년 신라 소지왕이 돼지 두 마리가 싸우는 것을 구경했다는 기록이 있고, 『신당서(新唐書)』 '신라' 조에 "재상의 집에는 소, 말, 돼지가 많다"라는 기록이 있는 것을 미루어볼 때, 신라시대에도 귀족들의 육식 욕구를 충족시켜줄 돼지를 길렀던 것으로 짐작된다.

백제, 제사용과 식용 돼지를 기르다

『수서(隋書)』 '백제' 조에는 "백제에 소, 돼지, 닭이 있다"라는 기록만 존재할 뿐 돼지와 관련된 상황을 파악하기 힘들다. 백제 역시 신라와 같이 불교가 축산 발전의 저해 요인으로 작용한 것으로 보인다. 백제 법왕 원년(599) 12월에는 살생금지령을 내렸을 뿐만 아니라, 민가에서 기르던 사냥용 매를 풀어주고 어렵(漁獵) 용구를 다 태워버렸다.

백제에서 말은 국가의 목장 또는 귀족계급이 소유했을 뿐 일반 백성이 사육하고 이용하기가 극히 어려웠을 것이다. 소는 주로 농사용으로 사육됐다. 일반 백성은 닭, 돼지 등을 길러 제사용으로 이용한 후에 식용으로 했을 것이다. 사냥과 고기잡이도 못 하는 상황에서 집에서 기른 가축을 직접 식용으로 삼는다는 것은 상상할 수 없었을 것이다. 따라서 살생금지령이 내려진 이후 백제의 축산은 더욱 위축되고 후퇴를 면치 못했을 것으로 추측된다.

발해 사람들이 집집이 돼지를 기른 까닭

발해는 고구려가 멸망한 지 30년이 지난 698년부터 926년까지 만주 동부 연해주와 한반도 북부에 걸쳐서 존재했던 나라다. 발해는 말갈계의 고구려 사람으로 추정되는 대조영에 의해 건국됐으며, 만주 지방의 숙신(肅愼)족, 고구려 유민인 예맥(濊貊)족을 국가의 구성원으로 드넓은 지역을 영역으로 두고 있었다. 발해는 지금의 평양을 경계선으로 한반도의 북쪽과 북만주 일대를 차지하고 있어, 이 시기 우리 민족은 크게 남쪽의 통일신라, 북쪽의 발해로 양분된 때이다. 고대 우리 역사 속에서 발해 구성원인 말갈족이 목축과 돼지 사육을 했다는 기록이 전해지는 것으로 볼 때, 발해에서도 돼지를 많이 사육했을 것으로 추정된다.

발해에서는 막힐부(발해의 지방 행정구역인 15부의 하나)의 돼지가 유명했다. 발해는 계절에 따라 추운 겨울과 따뜻하지만 짧고 습한 여름의 구분이 명확하고, 봄가을은 기후가 대체로 건조했다. 영토는 동쪽으로는 연해주에 접하고, 남쪽으로는 대동강과 원산만에 이르며, 북으로는 흑룡강에 이르다 보니 겨울이 길었다. 한겨울에는 오전 9시가 되어야 날이 밝고 오후 4시쯤이면 어두워졌으며, 기온도 매우 낮아 겨울에는 영하 30℃ 이하로 내려갔다. 산림은 무성하여 침엽수와 활엽수의 혼합림이 울창했다. 이러한 지역의 발해인이 즐겨 먹은 음식 중 첫 번째가 돼지고기였을 것이다. 지역의 특성상 돼지 사육 여건이 적당하다 보니 대부분의 발해인은 집마다 돼지를 길렀을 것이다. 추운 지역에서 겨울 추위를 이겨내려면 지방 섭취가 많아야 했기에 돼지고기를 선호했다고 볼 수 있다.

돼지와 불교 그리고 살생유택

통일신라시대(676~935)에는 불교의 영향으로 육식을 꺼린 것으로 알려졌으나, 살생유택이란 가르침으로 육식에 대해 합리적인 사고를 가졌고, 귀족들은 호사스러운 생활 속에서 육식을 즐겼다. 가축은 주로 섬 지역에서 사육했다. 가축 사육은 노예나 천민이 담당했을 것으로 짐작된다. 통일신라시대의 축산은 대중적인 성격이라기보다는 일부 상위계급만을 위한 축산, 귀족 축산의 성격으로 볼 수 있다.[15]

통일신라에서도 관 주도로 제사에 쓸 돼지를 길렀다. 711년 신라의 33대 성덕왕(재위 702~737)은 도살(屠殺)을 금지하는 명령을 내렸다. 이때의 도살 금지는 가축을 함부로 죽여 육식하지 말라는 의미로 보인다. 불교가 도입된 이후 살생을 금지하는 법이 생겼지만, 당장 육식 소비가 줄었다고는 볼 수 없다. 신라의 원광법사는 불교보다 앞서는 것이 국가 즉 신라인이라고 하면서 살생유택을 교육했다.

원광법사는 구체적으로 살생유택을 설명했다. 육체일 즉 매월 8, 14, 15, 23, 29, 30일 여섯 날과 춘·하일 즉 동물 번식기에는 살생하지 말라고 했다. 꼭 필요할 때만 하되 너무 많이 죽여서는 안 된다고 했다. 신라 사람들에겐 육식 엄금이 아니었다. 이로써 식물성·동물성 식품을 균형 있게 섭취할 수 있었고, 건강함을 유지할 수 있었을 것이라 생각된다.

1   J. C. 블록, 『인간과 가축의 역사』, 새날, 2004, p.133.

2   『서예대자전(書藝大字典)』, 후시미 추케이(伏見沖敬), 교육출판공사, 1985, P.576.

3   강면희, 『한국 축산 수의사 연구』, 향문사, 1994, p.55.

4   왕런샹, 『중국 음식 문화사』, 주영하 옮김, 민음사, 2010.

5   『삼국사기』, 「고구려 본기」, 제1, 유리왕.

6   『삼국사기』, 「고구려 본기」, 제1, 유리왕.

7   이성우, 『식생활과 문화』, 수학사, 1992.

8   이성우, 『식생활과 문화』, 수학사, 1992.

9   윤서석, 「한국 식생활 문화의 역사」, 한국음식대관 제1권 『한국음식의 개관』,
      서울:한국문화재보호재단, 1997.

10   주영하, 『음식전쟁 문화전쟁』, 사계절출판사, 2001, p.110~111.

11   앤드류 포터, 『진정성이라는 거짓말』, 노시내 옮김, 마티, 2016.

12   북한사회과학원 역사연구소, 김일성종합대학 역사학부, 한국과학사 편찬위원회 편저, 『한국과학사』,
      여강출판사, 2001.

13   박유미, 『고구려 음식문화사』, 학연문화사, 2017, p.144.

14   박유미, 〈맥적의 요리법과 연원〉, 한국고대학회, 2013.

15   강면희, 『한국 축산 수의사 연구』, 향문사, 1994.

민중의 가축
그리고 식용 고기

고려시대 — 조선시대

『고려도경(高麗圖經)』을 인용하면서 고려 전기에는 육식 문화가 위축되었다는 해석이 있지만, 고려시대에는 그 나름의 뛰어난 도축법이 마련되었고, 뇌물로 진상한 고기의 양이 적지 않았다. 이 시기에 궁중에서는 제수용 가축을 사육하는 장생서(掌牲署)가 돼지를 다수 사육하고 있었다. 고려시대에는 숭불 정책에 따라 여러 차례 도살금지령이 내려지면서 육식을 거의 하지 않았다고 짐작하겠지만, 실제 이 시대 사람들도 육식을 즐겼다.

고려의 수도를 정해준 용궁 돼지

『고려사』의 첫 대목인 '고려세계(高麗世系)'는 시조 왕건의 건국 위업을 담았는데, 여기에 돼지가 수도를 정해준 내용이 들어 있다. 이 부분을 보면, 신라 말 명궁(名弓) 작제건(作帝建)이 당나라로 가다가 풍랑을 만나 표류하는데, 이때 한 노인이 나타나 자기는 서해의 용왕인데 여래상을 한 늙은 여우가 자신을 괴롭힌다고 여우를 없애달라고 요청했다. 작제건이 노인(용왕)의 청을 받아들여 늙은 여우를 물리치니 용왕은 작제건에게 칠보를 주었다. 그러자 할머니가 나타나 용왕의 딸에게 청혼하라고 말하고는 사라졌는데, 그 말대로 청혼을 하여 용왕의 딸(용녀)에게 장가를 들었다. 후에 용왕으로부터 버드나무 지팡이와 돼지를 선물로 받고, 돼지를 앞장세워 귀국했다.

귀국한 후, 돼지와 1년을 같이 살았음에도 돼지가 돼지우리에 들어가지 않자, 돼지에게 "여기가 맘에 안 들면 네가 가는 곳이면 어디든 따라가겠다"고 했더니 돼지는 이튿날 아침 송악산 남쪽 기슭에 가서 드러누웠다. 이에 작제건도 용녀와 함께 그 산기슭에 터를 잡고 살았다. 이후 용녀는 아들 용건을 낳고 나서 용이 되어 서해로 돌아갔다. 용건이 뒤에 한 씨와 결혼하니 한 씨가 왕건을 낳았고, 왕건이 왕이 된 후에 돼지가 정해준 터를 수도로 정하고 궁궐을 지었는데, 그곳이 개성 연경궁 봉지전 자리이다.

고려 건국 시조의 조상과 수도를 정해준 용궁 출신 돼지의 이야기는 고구려 유리왕 때의 교시와 유사하다. 여기서 작제건의 돼지는 희생 돼지라기보다는 바다를 뜻하면서 가족을 형성하는 데 일조하는 돼지이다. 서해 용왕의 딸을 아내로 얻고, 아내 덕분에 돼지를 얻고, 또 그 돼지 덕분에 집터와 수도를 정할 수 있었기 때문이다.

작제건의 손자인 왕건이 건국하여 영토를 정하고 인구를 늘리고 경제를 발전시키고 수도를 정하는 등 강력한 국가로서 고려의 기틀을 다졌다. 용궁에서 온 신비한 돼지가 조부와 손자인 왕건을 하나로 묶어주었다. 여기에 등장하는 돼지의 출처가 하늘이 아니라 바다로 바뀌었을 뿐, 돼지가 건국과 수도 결정에 관여한 것은 고구려 건국신화 내용과 같다. 고구려 둘째 왕인 유리왕도 건국 초기이므로 건국 시조라 해도 무방하다. 돼지가 고구려 시조 고주몽 이후에 등장한 것이나, 고려 시조 왕건 이전에 등장한 것이나 모두 건국신화의 한 부분을 담당한 것이다. 또한 작제건이 신라 말 명궁이라는 것은 고구려 시조 고주몽이 명궁이라는 것을 답습한 것으로 보인다. 유리왕 또한 고주몽(동명성왕)

에 못지않은 명궁이라는 기록이 여러 군데에 나타난다.

돼지가 고구려와 그 고구려를 계승한다고 자처한 고려 건국신화에 등장하는 것은 돼지가 우리 민족에게 신성하면서도 친밀한 동물이란 것을 확인하면서 강조하는 것이다. 물론 이처럼 신성시하고 친밀함이 재차 강조된 배경에는, 돼지가 역사적으로 가장 유익한 동물이었기 때문일 것이다. 인간에게 유익한, 그것도 가장 유익한 동물이다 보니 인간은 돼지에 호감을 느낄 수밖에 없고, 인간 생활 속에 돼지와 관련한 이야기가 다양하게 이어져온 것이다. 시대가 바뀌고 시간이 흐르면서 돼지의 쓸모가 변하였고, 쓸모의 변화에 따라 돼지는 유익한 동물, 신성한 동물, 초월적인 존재, 친밀한 존재 등으로 이야기 속에 다양한 소재로 변모해오고 있다.

고려 왕건의 선조에 대한 설화에서 돼지는 전설 속 존재이자 예언자적 행동으로 한 나라의 왕과 집터를 정하는 역할을 했다. 고려 때까지 설화 속에 등장하는 돼지는 하늘과 바다의 뜻을 전하면서 건국신화의 한몫을 차지하고 있다. 즉 미래를 예견하는 초월적 존재이면서, 현실에서 우리에게 도움을 주는 대상이라고 볼 수 있겠다.

가축 사육이 한층 발전하는 시대

고려시대 가축 사육은 크게 두 가지 형태로 이루어졌다. 국가가 운영하는 목장에서 사육하는 형태와 민간 차원에서 수요를 충족하기 위해 사육하는 형태이다. 국영 목장에서 사육한 말, 소, 낙타, 노새들은 전쟁이나 물자 운반 등에 이용되었고, 민간이나 농가에서 사육한 부림소(役牛), 부림말, 돼지, 양, 닭, 개 등 가축은 역축(役畜) 또는 고기와 알 생산 목적으로 이용되었다. 국영 목장 가운데 비교적 규모가 큰 목장은 지금의 황해도 청단군의 용매도 말 목장을 비롯해 황주, 청주, 개성, 광주, 봉천, 철원 등에 있었다. 이 밖에 철산의 백량목장을 비롯한 비교적 규모가 작은 목장들이 전국 각지에 설치되어 운영되었다.

고려시대에 이미 큰 목장 운영에 적합한 가축 사육 기술은 물론, 수의(獸醫) 방역과 가축 우리 설치, 번식 등에 관한 기술이 상당히 발전한 것으로 추측된다. 고려시대에 대규모 국영 목장에서 소, 말, 낙타 등은 사육한 것으로 나타나지만, 돼지를 이들 목장에서 길렀다는 자료가 없는 것으로 보아 돼지는 전국에 걸쳐 민간이 주로 사육한 것으로 보인다. 1150년에 제정된 '가축 하루 먹이량 기준'에도 돼지에 대한 자료는 없다. 고려시대에 돼지와 관련한 기록이 많지 않은 것은 농가 등 민간에서 집마다 돼지를 키워 자체적으로 소비가 이루어졌기 때문이라 판단된다.

단, 『고려사』 권77 백관지 2의 전구서(典廐署, 고려시대와 조선 전기에 목축의 일을 맡아보던 관아) 조에 "잡축 사육을 담당했다"라는 말이 나오는데, 여기서 잡축이란 당시 아무 먹이나 잘 먹는 가축, 즉 돼지를 말한다. 돼지의 이러한 소화 생리적 특성을 이용하여 고려 사람들은 집마다 돼지를 기르면서 뜨물이나 농업 부산물 등을 먹였던 것으로 짐작된다. 농경사회 초기에 가축으로 기르기 시작한 이래, 돼지 사육은 가정에서 아낙네가 담당했을 것으로 추정된다.

고려 초기의 육식 절제

고려시대 초기에는 살생을 금하는 불교의 번성으로 도축금지령이 비교적 잘 유지됐다. 『고려도경』에서 살생을 꺼리는 풍조 때문에 도축이 서툴러 고기 맛을 버린다고 할 정도로 고려시대 전반기에는 육식이 절제

돼 육식 문화가 위축되었다. 그러나 고려가 불교 국가여서 육식(특히 소고기)을 즐기지 않았다고는 하지만, 968년 광종을 시작으로 988년(성종 7년), 1066년(문종 20년), 1107년(예종 2년) 등 몽골 간섭기 이전과 이후인 1310년(충선왕 2년), 1352년(충숙왕 2년), 1371년(공민왕 20년) 등의 시기에 도살금지령이 내려진 사실로 볼 때, 소고기에 대한 우리 민족의 기호도 역시 그만큼 컸다는 것을 알 수 있다.

『고려도경』 제23권 잡속2 도재(屠宰, 도축)에 따르면, "고려는 정치가 심히 어질어 부처를 좋아하고 살생을 경계하기 때문에 국왕이나 상신(相臣, 정승)이 아니면 양과 돼지의 고기를 먹지 못했다. 또한 도살을 좋아하지 않으나 타국의 사신(使臣)에게는 미리 양과 돼지를 길렀다가 도착 시기에 사용하였다. 도축과 처리 방법은 네 발을 묶어 타는 불 속에 던져 숨이 끊어지고 털이 타 없어지면 물로 씻는다"라고 하였다.

백정, 양수척 등 도축과 관련된 역사 기록에 의하면, 당시 도축을 업으로 삼았던 사람들은 전쟁 포로로 잡혀온 이민족이라는 설이 있다. 귀주대첩은 1019년(현종 10년)에 강감찬(姜邯贊)이 고려를 침입한 거란군을 귀주에서 무찌른 전투를 말한다. 이때 살아 돌아간 거란 병사가 수천이고, 수만 명의 거란군은 포로가 됐다고 한다. 이 수만 명의 거란 병사들이 고려에 남아 소나 돼지를 잡는 일에 종사했을 것으로 짐작된다.

1980년대까지 닭이나 개, 돼지는 간혹 마을에서 마을 사람들 스스로 잡아 함께 나누어 먹는 '추렴'이 있었다. 고려시대에도 소 이외에는 딱히 도축을 전담하는 전문가가 없었기 때문에 도축 경험이 있는 사람이 도축을 맡았을 것으로 생각된다. 물론 궁에서 제례나 빈례로 쓰이는 돼지 등의 가축은 전담 관청에 소속된 전문 인력에 의해서 도축됐을 것이다.

『고려도경』 제21권 조례 방자(房子, 고려시대에 중국 사신과 수행원이 머무는 숙소에서 허드렛일을 맡아보던 잡직) 편에는, "평상시에는 고기 먹는 일이 드물고, 중국 사신이 올 때가 마침 더운 대서(大暑)의 계절이라 음식이 쉽사리 상해서 냄새가 지독한데도 먹다 남은 것을 (방자에게) 주면 거리낌 없이 먹어버리고 먹고 남은 것은 집으로 가져간다"고 서술하고 있다. 이는 지금의 로스구이 원조 격인 방자구이(소금구이)를 간접적으로 설명하는 부분이다. 방자라 불리는 하인은 박봉으로 채소 등을 수령하고, 간혹 윗사람이 먹다 남긴 고기 찌꺼기를 비록 조금 변질하여 냄새가 나더라도 달게 먹고 집에 가져가기도 한다고 했다. 방자구이는 소금만 뿌려서 굽는 것이므로 특별한 양념 재료나 조리 기술 없이도 누구나 쉽게 조리할 수 있고, 식품이 가지고 있는 자체의 맛과 향을 즐길 수 있다. 먹을 때는 날파나 상추 겉절이를 곁들여 먹기도 했다.

서긍의 고려시대 육식에 대한 묘사에서도, 이 당시에는 평상시 고기 먹는 일이 드물다고는 했지만 못 먹었다고는 표현하지 않는다. 당시 하급 관리가 고기를 마음대로 먹을 수 있는 사회 환경은 아니었을 것이다. 여기서 방자는 관청에서 식재료 검수를 담당하던 직책으로, 납품된 고기의 상태를 확인하기 위해 고기를 구워 소금에 찍어 먹었다는 설도 있다.

고려 초기에 과연 일반 민중들은 불교를 숭상했기 때문에 돼지고기

---

* 서긍의 『고려도경』 도재 편 등으로 고려 초기에 육식이 위축되었다고 음식학자들이 해석하고 있으나, 『고려도경』 이자겸 편에는 당시 권력자인 이자겸의 생일 선물로 고기가 너무 많이 들어와 썩어서 버렸다는 대목이 나온다. 보통 권력자의 생일 선물로 귀한 것을 보내는데, 고기가 너무 많았다는 건 고려 초기에도 고기에 대한 수요와 인기가 많았음을 알 수 있다. 이같이 『고려도경』에 고려 초기 고기에 대한 긍정적인 측면과 부정적인 측면의 내용이 다 들어 있음에도 유독 도재 편만으로 육식이 위축되었다고 해석하는 건 일본인들에 의한 식민사관적 해석이라고 생각된다.

를 먹지 않았을까? 일반 백성들은 아마도 종교적인 이유보다는 경제·사회적인 이유로 육식이 제한적이었을 것이다. 『고려도경』 제26권 연의(燕儀) 편을 보면, "술은 맛이 달고 빛깔이 진한데 사람을 취하게 하지는 못한다. 과일과 채소는 풍성하고 실했는데 대부분 껍질과 씨를 제거했고, 안주로는 양육(羊肉)과 제육이 있기는 하지만 해물이 더 많다"고 나온다. 이는 연례에 술과 안주가 나오는 것을 이야기하는데, 분명양육과 제육, 즉 돼지고기 안주가 있었음을 이야기하고 있다.

고려 초기 육식 문화가 위축됐다고 판단하기엔 무리가 있다. 어떤 근거인지는 몰라도 몽골 간섭기에 몽골인들에 의해서 우리 민족의 육식 문화가 부흥된 것처럼 이야기하고 있다. 삼국시대에 불교가 들어오고, 육식 금지가 600~700년 동안 지속되면서 단절된 요리법이 특정 시기(몽골 간섭기)에 다시 부흥했다는 주장은 상식 밖이다. 따라서 맥적 등 고조선부터 발전했던 우리 민족의 육식 문화와 전통을 제대로 이해하고 전승하려면 『고려도경』 등 옛 문헌에 관한 연구와 함께 고려 초기 육식 문화를 재조명할 필요가 있다.

육식 금지는 불교의 영향?

광종은 도살하는 것을 금지했을 뿐 육식 자체를 금하지는 않았다. 고려시대 사람들은 육식 자체를 피한 것은 아니었다. 오히려 이자겸(李資謙)과 같은 권신은 뇌물로 고기를 받았고, 고기가 수만 근이나 들어와서 다 못 먹고 남은 썩은 고기를 버려야 했을 정도였다고 한다. 다만 왕공, 귀인 정도의 경제력이 아니면 고기를 먹기 힘들었으며, 민간에서는 버릴 정도로 상한 고기라도 귀하게 여겨 먹었다. 그러므로 고기를 먹을 기회가 있으면 불교를 숭상하는 것과 별개로 경제 사정이 허락하는 한

먹었을 것이다. 그렇다면 고려시대에는 숭불 정책으로 말미암아 고기를 먹지 않았다고 생각할 만큼 많은 육식 금지 사례는 왜 그리고 어떻게 나타났을까? 『고려사』에는 국가에 의해 육식을 하지 못하게 한 사례(不食肉)가 육식 금지(禁肉食), 도살 금지(禁屠殺), 살생 금지(禁殺生) 등으로 다양하게 표현된다. 그런데 이것들이 뜻하는 바는 조금씩 다르며, 반드시 불교의 영향은 아니라고 여겨진다.

　육식 금지나 도살 금지는 근신할 일이 있을 때 가축을 대상으로 관례로 행하는 경우가 많다. 즉 가뭄이 오래되면 도살을 금지하고, 왕은 반찬, 특히 고기 반찬을 줄여 스스로 반성하는 모습을 보였다. 고려시대에는 가뭄이 군주의 부덕에 기인하는 것으로 생각하여 군주는 가뭄이 들면 자신의 부덕함을 반성하고 잘못된 정사를 시정하는 등 노력을 기울였다. 그러한 노력의 실천으로 반찬 가짓수를 줄이고 도살을 금지하는 등의 명령을 자주 내리게 되는데, 반찬 수를 줄이는 것과 도살을 금지하는 것을 비교적 자주 실행했다. 이것이 고려시대에 육식 금지와 관련한 가장 흔한 사례이다.

　한편 농우(農牛)가 감소하여 농사 활동에 필요한 소를 확보할 필요성이 있을 때도 도축을 금지하였다. 이런 경우는 고려 후기에 자주 나타났는데, 원나라의 수탈과 외적의 침입으로 농우가 많이 줄어들었기 때문이다. 조선시대의 우금(牛禁)은 자연재해나 민간인들에 의한 도축, 도적에 의한 남살(濫殺) 등으로 농우가 부족하여 농사 활동이 우려될

---

* 성종 10년 7월, 현종 2년 4월, 현종 16년 4월, 덕종 1년 4월, 정종 2년 5월, 문종 1년 4월, 공민왕 17년 6월, 우왕 7년 5월 등의 사례가 있다.
** 『고려사』, 백관(百官)2에 따르면, 금살도감(禁殺都監)은 공민왕 11년(1362)에 설치했는데, 홍건적이 개경을 함락하고 우마(牛馬)를 거의 다 도살했으므로 도살하는 것을 엄히 금지하게 된 것이다.

때, 그리고 우역(牛疫)이 발생했을 때 실시된다.[2] 그러므로 육식 금지와 도살 금지는 숭불 사상과는 크게 관련성이 없는 듯하다.

반면 살생 금지는 부처의 자비가 모든 생물에 미치는 것으로서, 산 것을 죽이지 않는다는 가르침에 따라 가축의 도축뿐 아니라 어로, 수렵까지도 금지하는 것을 말한다. 즉 살아 있는 모든 것의 살생을 금지한다는 측면이 강해 불교 사상과 깊이 관련된다고 할 수 있다. 그런데 고려시대에는 명시적으로 불교적인 이유로 살생금지령을 내린 예는 거의 없다. 다만 성종 7년 12월에 부도법(浮屠法)에 따라 정월, 5월, 9월을 삼장일(三長日)로 정하고 도살을 금지한 예가 있으며, 문종 20년 정월에 그해부터 3년간 조정과 민간에 걸쳐 도살을 금지하는 명령을 내린 일이 있다. 이때의 도살금지령 이유는 알려지지 않았지만, 고려시대에는 불교의 영향으로 고기를 먹지 않은 것이 아니라 다양한 이유에서 고기를 먹거나 혹은 먹지 않았다.

고려시대 사람들은 육식을 즐겼다. 또한 이 시대 육식 문화와 관련하여 몽골의 영향을 자주 거론하고 있지만, 몽골 침입의 영향으로 일부 고기의 종류나 조리법에 변화가 발생했을 뿐 고려시대 식생활을 크게 바꿀 만한 것은 아니었다. 이 시대에는 소 대신 먹을 수 있는 돼지, 오리, 닭, 개 등의 가축 사육을 장려했고,[3] 가축 사육을 통해 고기 수요를 충족하였으며, 수렵을 통해서는 노루와 사슴, 꿩, 고니가 공급됐다.

많은 돼지를 제사용으로 사육

『동국이상국집』 권25 기록에 의하면, "고려 목종(재위 997~1009) 때 왕

『고려사』, 권3, 세가(世家), "成宗 七年 十二月 乙丑朔 依浮屠法, 以正五九月爲三長月, 禁屠殺."

륜사로 장육상(丈六像)을 옮기려고 큰 수레에 그것을 실었는데 이 수레를 끄는 사람이 무수히 많아 도로를 가득히 메웠으니, 돈시(豚市)의 상인들 또한 즐거운 마음으로 힘을 합쳐 수레를 밀었다"고 한다. 그 당시 큰 불상을 운반하는 데 돼지 시장의 상인들이 기꺼이 도왔다고 하는 이 기록을 통해, 개성 안에 돼지 거래를 위한 시장이 형성되었고 돼지 유통 상인이 존재했음을 짐작할 수 있다.[4]

여기서 돈시가 돼지고기를 팔고 사는 소매시장일 수도 있으나, 돼지 생축을 팔고 사는 가축시장이었을 가능성도 있다. 즉 돈시가 있었다고 여겨지는 저교(猪橋)를 지나면서 근처를 흐르는 앵계(鸎溪)가 조천(鳥川) 또는 흑천(黑川)이라는 오수(汚水)가 된다는 점에서, 돈시는 가축을 도축하고 가공하면서 오수를 발생시키는 가축시장이었을 것으로 볼 수 있는 것이다.[5] 고려시대에 돼지가 많이 거래되고 소비되었다는 것을 짐작할 수 있는 대목이다.

중국의 경우는, 주요 돼지고기 시장이 도시의 중심에서 조금 벗어난 지역(수의방, 修義房)에 모여 있었고, 돈시라 불리던 장소에 수백 곳이나 되는 도살업자의 점포가 모여 있었다[6]고 한다. 역사학자들은 가축시장과 돼지고기를 판매하는 시장(소매시장)을 분리해서 설명하고 있다. 하지만 그런 설명은 설득력이 부족하다. 현대의 경우를 보면, 서울에서는 마장동에 1958년 가축시장을, 그리고 3년 후인 1961년에 도축장을 개장했다. 1974년에는 서울시내에서의 가축 거래를 금지하면서 가축시장을 폐쇄할 때까지 마장동에는 도축장과 가축시장이 공존했고, 1998년에 도축장도 폐쇄되었다. 이러한 최근 역사를 감안하면, 냉장·냉동시설이 전혀 없었던 고려시대에는 살아 있는 돼지의 거래와 도축, 돼지고기 판매가 같은 장소에서 이루어졌을 것으로 추측된다. 고려시대 개경에서 돼지가 상업적으로 유통되고 있었다는 건 놀라운 사실이다.

『고려사』를 보면, 충숙왕(재위 1313~30, 32~39)이 1325년 교서를 내려 "닭과 돼지를 기르지 아니하고 소와 말을 잡는 것은 심히 인자하지 못한 일이다. 지금부터 닭, 돼지, 거위, 오리 등을 길러서 제사에 쓰고 말과 소를 잡는 자에게는 죄를 부과하라" 하여 식용보다는 제사용으로 이들 가축을 사육할 것을 장려했다. 고려시대 전기에는 농사에 이용하는 소와 군용 또는 체신 등 교통수단으로 이용되던 마필 이외의 가축은 그렇게 많이 기르지 않았던 것으로 보이고, 사육하는 목적도 식용보다는 제사용으로서의 비중이 더 컸던 것으로 생각된다.[7]

고려시대의 양돈은 어땠을까?

양돈에 관한 기록은 고려 초인 태조 때부터 등장한다. "태조 12년(929) 5월 서경(西京) 백성인 능배(能盃)의 집에서 돼지가 새끼를 낳았는데, 머리는 하나에 몸통이 둘이었다(能盃家猪生子 一身二首, 『고려사』 권53)." 여기서는 돼지를 표시하는 한자로 삼국시대의 교시(郊豕)라는 시(豕) 대신에 저(猪)를 사용하고 있다. 조선시대 말까지 사용됐던 저(猪) 자는 고려 초부터 쓰이기 시작한 것 같다.

돼지는 대체로 일반 민가에서 길렀지만, 궁중에서 제사용 가축을 관리하는 장생서에서도 다수 사육하고 있었다. 이 당시 돼지는 지금은 볼 수 없는 우리나라 고유의 품종이었다. 이는 재래종의 원시형이었을 것으로 판단되고, 성질은 순치가 잘되지 않은 탓에 상당히 사나웠다.[8] 고려 제23대 고종(재위 1213~1259) 15년 기록에 "장생서에 수감된 죄수 가운데 여인이 1명 있었는데, 얼굴이 아름다웠다. 서리(署吏)가 저녁에 당직을 서다가 그녀를 겁탈하려고 하자 그 여인은 완강하게 저항하며 말하기를, '나도 또한 대정(大正)의 아내인데 어찌 다른 사람을 따르 겠는가?'라고 했다. 서리가 강제로 그 여인을 겁탈하고 돼지우리에 가 두자 돼지 떼가 마구 물어뜯었다. 그 여인이 다급하게 부르짖었지만 서 리는 거짓으로 그러는 것이라 여겨 내버려두고 구하지 않았는데, 다음 날 아침에 보니 뼈만 남아 있었다"고 한다. 돼지의 성질을 극명하게 설 명하는 내용이다.

고려시대 의식(衣食) 문화나 농업과 관련한 문헌이 많지 않고, 특히 양돈 사육 기술에 관한 내용은 『고려사』를 비롯한 문헌에서 찾아보기 어렵다. 그만큼 양돈을 중요시하지 않았다는 증거가 될 수도 있다. 또 한 고려는 불교가 국교인 나라이다 보니 지배계급층에서 행하던 육식 생활에 대한 기록을 남기지 않았을지도 모른다.

---

* 강면희, 『한국 축산 수의사 연구』, 향문사, 1994, p.167. 고려사는 1449년(세종 31)에 편찬하기 시작해 1451년(문종 1년)에 완성된 고려시대 역사서로서, 고려시대의 정치, 경제, 사회, 문화, 인물 등의 내용을 전통적인 역사 서술법(기전체, 紀傳體)으로 정리한 사서이면서 고려시대 역사 연구의 기본 자료이다. 이는 정치적 목적을 가지고 조선조에서 쓴 책으로, 고려시대의 생활상을 제대로 담아내지 못했을 것 이다.

돼지는 제례(祭禮)와 빈례(賓禮)용으로 왕실에서 특별히 관리하는 잡축이었다. 조선 초기에 당저(唐猪)를 수입해서 거세해 제례용으로 키웠다. 이때 제례와 빈례용 돼지를 전담해서 키우던 기구가 있었다. 조선시대 돼지 한 마리의 가치는 높은 편으로 소 한 마리 가격의 곱절이었다. 조선시대 민간에서의 양돈 형태는 집에서 1마리 정도를 기르는 정도로, 부엌에서 나오는 음식 찌꺼기와 쌀뜨물, 인분 등을 써서 사료 마련에 특별한 비용이 들지 않았다.

조선 후기 한양에 상업이 발달하고 인구가 늘면서 돼지고기 소비도 늘어나서 돼지고기를 판매하는 저육전(豬肉廛)이 많이 생겨났다. 조선시대 전기에는 왕족과 양반층을 중심으로 소고기가 인기 있는 육류였으나, 자급자족으로 생활하는 농촌에서는 돼지고기를 선호했다. 조선시대 돼지는 고기만을 공급하기 위해 키우는 가축이 아니라, 농업 생산에 중요한 퇴비를 생산하는 역할이 컸다. 이 시기 돼지는 마을의 잔치 때나 추렴으로 잡아먹는 가축이었다. 즉 돼지는 거래를 목적으로 농가에서 키운 것이 아니라 청소 동물, 퇴비를 생산하는 채비(採肥) 동물로서의 기능이 더 컸다.

축산은 매우 중요한 일

국가 차원에서 중시되는 제례˚와 빈례˚˚에 많은 수의 가축이 필요했기 때문에 조선시대에서 축산이 매주 중요하게 여겨졌다. 가축 가운데 역축(役畜)으로 사용되던 소와 말이 중요했지만, 제례의 희생물과 사신(使臣)의 식용으로 널리 사용된 양과 돼지 역시 국가 차원에서 관리해야 하는 중요한 가축이었다.

가축은 통상 소, 말, 양, 닭, 돼지, 개를 포함하며, 이를 육축(六畜)이라 했다.˚˚˚ 이들 중에서 소와 말은 역축(役畜)이라 했으며, 역축의 기능을 하지 않는 다른 가축은 잡축(雜畜)이라 불렀다.[10] 조선시대 잡축에 관한 기록은 『조선왕조실록』에서 발견할 수 있다. 잡축 중에서 돼지는 제례와 빈례를 위해 국가 차원에서 관리하면서 왕이 사는 궁궐에서 키웠다. 돼지를 단순한 식용뿐 아니라, 제사와 손님 접대를 위해 사육한 것이다. 잡축은 소와 말에 비해 큰 관심을 가지지 못했지만, 조선시대에는 건국 직후부터 나라에 필요한 잡축을 사육하는 기구를 두고 특별히 관리했다. 기구는 사육 목적에 따라 이원화되었는데, 이러한 잡축을 사육하는 기구로는 제례용 희생물로 가축을 기르는 전생서(典牲署)와 빈례용 가축을 기르는 사축서(司畜署)가 있었다. 전생서는 나라의

˚   제사 지낼 때의 예절로, 조상 숭배 의례의 하나.

˚˚ 빈례는 중국의 명(明)과 청(淸), 일본, 유구국(琉球國)에서 온 사신을 접대하는 예를 말한다. 전통 시대에 우리나라가 주변 나라들에 취한 외교정책을 흔히 '사대교린(事大交隣)'이라는 네 글자로 표현한다. 중국(명·청)에는 사대 정책으로, 일본이나 유구 등의 나라에는 교린정책을 폈다는 것이다. 이는 주변국 간에 정치적 혹은 군사적으로 생기는 긴장 관계를 완화하고 상호 공존하기 위한 외교정책이었다(『한국민족문화대백과사전』, 한국학중앙연구원).

˚˚˚ 기원전 16세기경, 중국 상나라 초기 유적에서 이 당시 육식 공급원으로서 소, 돼지, 양, 말, 개의 뼈가 적잖게 발견되었다. 이 중 소와 돼지의 수가 가장 많았는데, 후세 사람들이 말하는 '육축(六畜)'이라 하는 소, 돼지, 양, 말, 닭, 개가 이때 이미 있었다(왕런상).

각종 제사 의식에 쓸 양이나 돼지를 기르는 일을 맡은 관아로서 세조 6년(1460)에 전구서를 전생서로 변경한 것인데, 이는 고종 31년(1894)에 폐지됐다. 한편 사축서 역시 잡축을 기르는 일을 하던 관아인데, 세조 12년(1466)에 예빈시(禮賓寺) 아래의 분예빈시(分禮賓寺)를 독립시킨 것으로 영조 때 호조(戶曹)에 예속됐다.

그런데 건국 초에는 나라에서 쓰는 잡축은 사육기구를 구분하지 않고 전구서에서 일괄 사육했다. 전구서는 태조 1년(1392)에 설치되어 축양(畜養) 즉 가축을 기르는 일을 맡았다. 전구서의 인적 구성은 종7품의 영(令) 1명, 종8품의 승(丞) 2명, 그리고 사리(司吏) 2명으로, 5명이 축양을 담당했다[11]. 전구서에서 사육하는 가축은 소, 양, 염소, 돼지, 닭, 오리, 거위였다[12].

사실 조선의 전구서는 고려의 전구서를 답습한 것이다. 고려 말기에는 전구서가 제례에 쓸 희생물을 관장하였는데, 이는 고려시대 궁중에서 제사용 가축을 관리하던 장생서의 역할을 통합한 것이다. 조선시대의 전구서에서 기르는 가축에 제례용 희생물인 소, 양, 돼지와 빈례용으로 쓸 잡축이 섞여 있는 것으로 볼 때, 전구서는 고려 말 전구서의 역할을 이어받아 총괄적으로 잡축을 사육하는 기구였음을 알 수 있다. 다만 식용으로 쓸 소와 말을 기르는 사련소(司臠所)*가 있기는 했다. 사련소는 도축을 담당하는 기구였다. 역축이라서 도축을 금지한 소와 말을 빈례나 잔치에 제한적으로 사용하기 위해 이들 가축을 사육한 것이지, 정식 축양기구는 아니어서 여전히 잡축 사육은 전구서에서 담당

---

* 조선 초기, 도축(屠畜)을 맡아보던 관아. 세조 6년(1460)에 분예빈시와 합하여 사축소(司畜所)라 했다가, 세조 12년에 사축서(司畜署)로 고쳤다.

했다. 이처럼 건국 초기 잡축 사육은 전구서에서 담당했지만, 태종 때 제례와 빈례 절차에서 유교적 의례가 본격적으로 도입되면서 가축을 구분할 상황이 되었다. 이에 따라 제례용 희생물은 전구서에서 전담하고, 빈례용 가축은 다른 부서에 맡겨 기구를 이원화하는 식으로 재편되어갔다.[13]

조선시대 돼지는 농촌과 농업 생산 환경에 적합한 가축이었다. 우리나라 재래돼지는 극소형 품종으로 사료 소비량에 비해 단위 증체량이 적어서 살찐 돼지로 키우려면 비용이 많이 들었다. 이런 이유로 제례용 돼지는 당저(唐猪), 즉 중국에서 수입한 돼지를 사용했다.

제례용 돼지는 당나라에서 수입

『국조오례의서례(國朝五禮儀序例)』[*]에는 33종의 제사가 수록되어 있다. 이들 제사 일정을 구체적으로 살펴보면, 연중 174차례로 매달 15차례가 시행되는데 비정기적인 제사까지 포함하면 그 횟수는 훨씬 많을 것이다.[14] 돼지는 모든 제사에 희생물로서 한 번에 1~5마리 정도를 썼는데, 이틀에 한 번꼴로 제사에 사용됐기 때문에 국가에서는 대량으로 사육해야만 했다. 조선 후기 학자 황윤석(黃胤錫)의 유고인 『이재난고(頤齋亂藁)』에 의하면, 제사에 이용된 돼지의 수는 정기적인 제례에 334마리, 비정기적인 제례에 201.5마리 등 총 535.5마리를 썼다. 1808년(순조 8년)에 편찬된 『만기요람(萬機要覽)』에는 총 521마리가 나타난 것으로 볼 때, 조선 후기 1년 동안 제례에 사용된 돼지의 숫자는 521~535.5마

---

* 1474년(성종 5)에 신숙주, 강희맹 등이 왕명에 의하여 편찬된 국조오례의를 시행하는 데 필요한 참고 사항을 규정하여 만든 책.

리였던 것으로 보인다.

　재래돼지는 대부분이 흑돼지로서, 우리나라 기후 풍토에 잘 적응되어 체질이 강하고 번식력이 양호한 편이다. 그러나 재래돼지는 돼지 품종 중에서 가장 작은 극소형 종에 속한다. 재래돼지의 체구는 체중이 22.5kg부터 큰 돼지의 경우라도 고작 32.5kg 정도로 왜소하고 비육 능력이 떨어졌다(그림 1). 돼지는 원래 조숙한 가축인데, 재래돼지는 만숙종이다 보니 경제적인 가치가 떨어지는 비우량종이었다. 이러한 점에서 재래돼지는 제례의 희생물로 쓰기에는 적합하지 않다고 여겨졌다.**

〈그림 1〉 재래돼지(왼쪽)와 당저(오른쪽) 모습(두산세계대백과사전).

---

* 　이익, 『성호사설』 권6, 만물문, 금수색에 "심지어 돼지까지도 생긴 털은 반지레한 것이 물을 칠한 듯하고 빛깔도 다 검게 됐으니, 이는 수기(水氣)를 받아 나는 짐승이란 것을 의심할 것 없다. 간혹 흰 점이 박힌 돼지가 있으나 또한 많지 않고 천 마리건 백 마리건 다 빛깔은 같다"라고 했다. 『시경(詩經)』에는 "그 돼지는 발굽이 희다" 했고, 다른 사료(史料)에도 "이 돼지는 이마가 희다"라고 했다. 이는 모두 흰 돼지가 드물다는 말이다

** 　재래돼지의 특성에 대해서는 『조선농업편람』(1920), 『조선총독부 권업모범장 성적 요람』(1927) 등 일제 강점기 기록에 전한다(농촌진흥청, 『재래돼지』, 2011, p21). 조선에서는 돼지 품종 개량에 노력하지 않아 조선시대 말까지 재래종 그대로 전래했다(강면희, 『한국 축산 수의사 연구』, 향문사, 1994).

조선시대에는 이와 같은 문제를 해결하기 위해 중국의 우량종을 도입했다. 『태종실록』에 의하면, "전구서와 예빈시에서 기르는 염소(羔), 양(羊), 당저(唐猪), 기러기(雁), 오리(鴨), 닭(鷄) 등을 사육하는 데 쌀과 콩이 너무 많이 드니, 이제부터 한결같이 『농상집요(農桑輯要)』의 법에 따라 사육하고, 또 당저는 적당히 요량하여 남겨두어 기르고, 나머지는 외방 각 도로 보내라"고 했다.[15]

중국에는 토산종 돼지만 100종이 넘는데, 조선에서 수입한 당저는 중국의 동북·화북 지방에서 기르던 민즈후(民猪, Min pig, 민돼지)라는 품종으로 추측된다. 민즈후의 특징을 살펴보면, 성체 기준으로 평균 몸길이가 수컷 148cm, 암컷 141cm, 어깨높이는 수컷 86cm, 암컷 87.5cm, 몸무게는 수컷 195kg, 암컷 151kg이다. 머리는 중간 크기이고 주둥이는 곧다. 귀는 크고 처져 있으며 허리는 평평하다. 털빛은 검은색이고, 털은 굵고 길며 거칠다. 발육은 느린 편이고, 춥고 건조한 기후와 열악한 영양 섭취에도 잘 견딘다. 질병 저항성이 강하고 번식력이 우수하다. 고기에 기름이 많지만 맛은 좋다. 도체율(屠體率, 도살하기 전 가축의 몸무게와 도살 후 발목·머리·내장 등을 제거한 도체의 무게를 비교한 비율)은 72.2%, 살코기 비율은 46%, 등의 지방 두께는 32mm이다. 생후 3~4개월이 지나면 첫 짝짓기를 할 수 있고, 한배에 15~16마리의 새끼를 낳는다. 이는 중국 돼지품종 중 화북형(華北型)에 속한다. 화북형은 동북아 지역에서 주로 기르는 돼지로 사육기간이 길고 방목하기 때문에 운동량이 많아 체구가 웅장하며, 가죽이 두껍고 털이 거친 것이 특징이다.[16] 이 품종이 제례용으로 적합했다.

조선에서는 중국산 돼지와 재래돼지를 구분하여 키웠다. 제사에 쓰이는 중국 돼지가 재래돼지와 섞여 잡종이 태어나다 보니 몸집은 작고 살이 찌지 않아서 제사용으로 합당하지 않게 되자 품종을 보존하려는 조치였다. 당저가 축사 밖으로 벗어나 재래돼지와 섞이는 경우가 발생하여 당저의 특질을 상실하게 되는 일이 발생하면 중국에서 다시 당저를 들여와서 품종을 유지했다. 당저는 다른 품종과 교잡할 때 후대에 양호한 결과를 가지기 때문에, 유전적으로 우수한 당저를 선발하고 이를 종돈으로 이용하면 재래돼지를 개량할 수 있었다. 그런데도 조선에서는 우량종 보존에만 힘쓴 것이다.

품종의 특성상 전구서에서 가장 사료값이 많이 드는 품종이 당저였고, 이는 곧 전구서의 재정 부담을 늘렸다. 사료 공급을 위해, 전구서에서 돼지를 키우는 데 필요한 사료는 경기도민이 공물로 바치게 했다. 경기에서는 전구서의 돼지 사료로 생초(生草), 곡초(穀草)와 함께 사료를 끓이는 데 필요한 땔나무를 공물로 바쳤다. 경기 고양현에는 돼지 사료 농장까지 설치되는 등 당저 사육을 위해 경기도가 바치는 사료의 양은 상당했다.

당저가 워낙 번식력이 좋다 보니 전구서와 예빈시에서 돼지를 키우는 데 필요한 쌀과 콩의 양이 상당했다. 결국 태종 대와 세종 대에는

---

* 『세종실록』 107권, 세종 27년(1445) 1월 18일, "의정부에서 호조의 정문에 따라 아뢰기를, '요동(遼東)에 들어가는 사람이 있을 때마다 염소와 돼지를 사서 가져오게 하고, 또 통사(通事)로 하여금 먹여 기르고 거세(作騸, 작선)하는 법을 배워 익히게 하여 그들을 분예빈시(分礼賓寺) 별좌(別坐)로 삼아서 그 먹여 기르는 것을 감독하게 하고, 또 전에 기르던 제사 소용의 중국 돼지는 토종과 잡종이 되어 몸이 작고 살찌지 않아서 제향에 합당하지 아니하오니 함께 사서 오게 하사이다' 하니 그대로 따랐다."

* 『세종실록』 29권, 세종 7년(1425) 8월 22일, "전구서, 예빈시에서 양과 돼지 사료 때문에 고양(高陽)현에다가 농장을 설치했습니다. 그러나 그곳에 소용되는 종자와 인부들의 식량 때문에 비용은 많이 들면서 수확은 오히려 적습니다. 또 수확한 것은 모두 고을 백성을 시켜 운반하게 하는데, 운반한 것이 모자라면 곧 추징합니다. 이런 것은 딴 고을에는 없는 일이며, 본 고을만이 폐를 받으오니, 이제부터는 고을 백성이 운반하는 것은 면제하고, 두 관청 노자(奴子)를 시켜 운반하기를 청합니다."

당저의 일부를 외방으로 보냈는데, 그 경위는 다음과 같다. "전구서에 암퇘지 508마리가 있사온즉, 그 어미 돼지의 수효가 너무 많사오니, 그 중에 크고 살이 쪄서 새끼를 많이 번식시킬 만한 300마리만 골라서 남기고 나머지 200마리는 자원하는 자에게 시세대로 팔아서 집집이 두루 기르게 하여 번식시키지 않는 자가 없게 하여, 늙은이를 보양하고 선대를 제사하는 소용에 갖추도록 하게 하소서" 하는 청에 따라 시행된 것이다. 이러한 조치는 사료비 부담을 줄이기 위한 목적도 있지만, 돼지와 같은 잡축을 민간에게 기르게 하여 제사나 노인 봉양에 도움이 되는 결정이다.

빈례용 돼지는 재래돼지로

태종 대에 예빈시에서 돼지를 키우기 시작한 것은 중국 사신 접대와 연회의 용도로 쓰기 위해서였다. 중국에서 육(肉)은 곧 돼지고기를 가리킬 정도로 중국인들이 가장 선호하는 육류였으니,[17] 이것이 빈례용 희생물로 돼지를 쓴 이유이다.

중국 명나라 사신이 조선에 오면 조정에서는 한성에 도착할 때 다섯 차례, 돌아갈 때 두 차례 총 일곱 차례의 연회를 베풀었다.[18] 이때 중국 사신단의 규모는 사신 외에도 무역을 목적으로 따라온 북경 상인인 두목(頭目) 숫자만 38~200명, 기타 수행원까지 포함하면 수십~수백 명

---

* 『세종실록』 28권, 세종 7년 4월 20일, "礼曹拠典厩署呈啓 : '稽諸古文, 鷄豚狗彘之畜, 無失其時, 七十者可以食肉. 以此観之, 則閭閻無不畜養, 以備養老奉祭之需, 今中国率循是法. 本朝鷄豚稀少, 故凡養老祭先, 率用市裏蠱敗之物, 有違《家礼》用牲之義. 今本署雌猪五百八口, 其母猪之数過多, 択豊肥体大可以孶息者三百口留養, 其余二百口, 従自願随直和売, 家家無不周養蕃息, 使備養老, 祭先之需.' 従之."

에 이르렀다.[19] 사신단이 머무는 동안 일상식으로 제공하는 것까지 포함하면, 제례용 돼지가 한 번에 1~5마리 정도 이용된 것에 비해 빈례용 돼지는 한 번에 수십 마리 이상 되었을 것이다.[20]

이같이 중국 사신 접대에 필요한 돼지를 지방의 공물로 배정하여 중앙의 가축 사육기관에 상납하게 했다. 이때 빈례용으로 쓰는 돼지 품종은 재래돼지였는데, 이는 재래돼지가 비경제적인 품종임에도 불구하고 공물로 상납을 받았기 때문이다. 제례는 정기적으로 이루어져서 그 물량을 예측할 수 있어서 중앙기구에서 사육하면 수급 조절이 가능했다. 하지만 빈례 대상인 사신은 비정기적으로 방문하고, 한번 방문할 때 대량의 돼지가 필요했다. 원만한 행사를 위해서는 불규칙한 수요량을 제때 제 물량을 공급해야 하는데, 다 자랄 때까지 일정 기간의 시간이 필요한 가축 생산의 특성상 빈례용 돼지를 관리하기가 쉽지 않았을 것이다.

그런데 빈례가 본격적으로 시작된 세종 대에는 필요한 돼지를 공물에 의존하기보다는 분예빈시에서 돼지를 사육하여 자체적으로 조달하려고 힘썼던 것으로 보인다. 분예빈시에서는 본시(本寺)와 잉화도(현재의 여의도)의 목장에서 각각 돼지를 사육했다. 본시인 홍제원동의 분예빈시에서는 새끼 돼지를 기르고, 잉화도에서는 다 큰 돼지를 방목하는 등 자돈과 성돈을 구분해 키운 것으로 짐작된다.[21] 돼지는 본래 물에서 자라는 풀을 매우 좋아하고, 이 수초를 돼지에게 먹이면 잘 크고 살찐다고 했다. 무악 일대 못으로 추정되는 홍제원동의 수연과 한강을 낀 잉화도에서 돼지를 키운 이유이다. 이는 『농상집요』에 돼지의 생리적 특성을 고려한 사육방식이 있는데, 이를 따른 것으로 보인다.

빈례용 돼지 부족으로 시행한 정책

예조(禮曹)에서는 사신을 접대하는 데 쓸 돼지가 빈번히 모자란다고 했다.[22] 분예빈시에서 사신 접대에 쓸 재래돼지를『농상집요』에 따라 사육하고 있었으나, 체구가 작은 재래돼지의 특질 때문에 사신 접대에 필요한 양을 충분히 공급하지 못한 것이다. 게다가 예빈시에서는 백성들로부터 돼지를 공물로 받아서 분예빈시에 보냈는데, 이 과정에서 돼지의 수가 적거나, 야위고 약한 것은 점퇴(点退), 즉 되돌려보내는 등의 농간이 심해 공물을 바치는 과정에서 폐해가 발생했다. 이러한 돼지의 방납 문제로 말미암아 경기와 충청도에 양축장을 만들자는 의견까지 등장한 것으로 보면 분예빈시의 돼지 사육은 사실상 민간의 공물에 의존하면서 제 역할을 다하지 못한 것으로 짐작된다.[23]

세종은 백성들이 돼지를 공물로 바치는 부담을 줄이기 위해서 많은 조치를 취했다. 세종 16년(1434)에는 분예빈시에서 기르는 돼지의 사육 규모를 정했다. 예조에서 말하기를, "분예빈시에서 따로 기르던 돼지 400마리를 100마리로 줄이고, 늘 기르던 새끼 돼지를 580마리에서 180마리를 감하여 합계 700마리를 정액(定額)으로 삼게 하옵시되, 만일 액수에 모자라게 되면 외방의 각 고을로 하여금 수를 채워 상납하게 하시고, 번식시키는 수가 넘게 되면 경기의 각 고을로 하여금 나누어 기르도록 하소서" 하니 그대로 시행했다.[24] 즉 당시에 분예빈시에서

* 『세종실록』 56권, 세종 14년 4월 17일, 1432년 "사신을 접대하는 염소와 돼지는 먼 도(道)의 각 고을에서는 수를 채워 바치기가 쉽지 않아서 어떤 때에는 면포 7, 8필과 의복까지 겸해 주고 겨우 사서 바치게 됩니다. 그 폐단이 적지 않사오니, 청컨대 경기 좌·우도에 적당한 땅을 선택하여 양축장을 4, 5곳 설치하고, 또 충주와 직산의 두 곳에 양축장을 설치하여 예빈시, 전농시의 노비로 목자(牧子)를 정하고, 또 부지런하고 검소한 품관(品官)을 골라서 감고(監考)로 임명한 뒤에, 염소와 돼지를 나누어 방목하게 하고 보살펴 길러서 번식하게 하여, 먼 도(道)의 폐해를 덜어주게 하소서."

기르던 숫자는 980마리에 달했는데, 이후에 잉화도에서 기르는 성돈을 400마리에서 100마리를 감축하여 300마리로, 분예빈시에서 기르는 새끼 돼지를 580마리에서 180마리를 줄여 400마리로 하여, 총 700마리를 적정 사육 마릿수로 정한 것이다. 돼지 공급이 부족하거나 넘치는 일이 발생하지 않도록, 돼지 수요와 공급의 균형을 꾀하는 수급 안정 장치이다.

그러나 이와 같은 적정 사육 마릿수 조치에 보조 조항을 따로 두다 보니 본래 취지가 무색해졌다.[25] 즉 분예빈시의 돼지 숫자가 과다하면 경기의 각 고을에 나누어주도록 한 것은 별공(別貢)과 다름없고, 이럴 경우 다른 도와 달리 예빈시에 생곡초와 땔감을 납부하던 경기로서는 이중 부담을 지는 것이다. 반대로 돼지가 모자라면 각 고을에서 상납받는다는 조항은 분예빈시가 굳이 돼지 700마리를 사육할 필요가 없도록 만든 독소 조항이었다.

세종 20년에는 사신 접대에 필요한 돼지를 전국에 걸쳐 기르도록 했다. 의정부에서 예조의 공문에 의하여 말하기를, "분예빈시에서 따로 기르는 돼지 100마리와 상시 기르는 돼지 150마리로는 중국 사신과 인국(隣国) 객인(客人)의 공대(供待)가 넉넉지 못할 것 같사오니, 각 도 각 고을로 하여금 상정(詳定)에 사육하는 수효 내에서 목관(牧官) 이상

별공(別貢)은 별복정공물(別卜定貢物)이라고도 한다. 공물에는 지방의 특산물을 진헌하는 물종, 수량이 매년 일정하게 책정되는 상공, 관부의 수요에 따라 수시로 부과되는 별공이 있었다. 그런데 고려시대 이전에는 이와 같은 공물제도의 분화는 없었고, 다만 조·용·조(租庸調)의 구별만 있었을 뿐이다. 그 뒤 고려시대로 오면서 처음에는 일정한 제도가 마련되지 못하고 공물의 규정도 수시로 정했다. 비로소 949년(광종 즉위년)에 이르러 각 주(州), 현(縣)에 세공(稅貢)이 정해지고, 1041년(정종 7년)에는 각 도의 주(州)와 부(府)에도 매년 세공이 결정되어 시행하게 됐다. 그리고 품목과 수취 방법에 따라 상공과 별공으로 나누었다(『한국민족문화대백과사전』, 한국학중앙연구원).

은 15마리, 지관(知官) 이상은 10마리, 현관(縣官)은 5마리로 정하되, 경기의 경우는 목관은 8마리, 지관은 4마리, 현관은 3마리로 수효를 정하고, 따로 길러서 적당하게 상납하여 사객을 공대하게 하고, 그 돼지를 사육하는 근만(勤慢)에 대하여는 그 계수관(界首官)으로 하여금 이를 규찰하게 하옵소서"라고 했고, 이는 곧 시행되기에 이르렀다.[26]

가축 번식을 장려한 세종과 세조

조선시대 민간에서의 돼지 사육 마릿수는 많지 않았다고 한다. 세종은 민간에서 돼지를 많이 키우지 않아서 상납 과정에서의 폐해가 심하다고 판단했고, 전국 각 고을 단위로 양돈을 확산시켜 가축 사육 환경을 조성하고자 했다. 의정부가 호조의 공문에 의거하여 "요동(遼東)에 들어가는 사람이 있을 때마다 염소와 돼지를 사서 가져오게 하고, 또 통사(通事)로 하여금 먹여 기르고 거세하는 법을 배워 익히게 하여 그들을 분예빈시 별좌로 삼아서 먹여 기르는 것을 감독하게 하고, 또 전에 기르던 제사 용도의 중국 돼지는 토종과 잡종이 되어 몸이 작고 살찌지 않아서 제사를 모시는 데 합당하지 않으니, 함께 사서 오게 하사이다"라고 했고, 이는 그대로 실행되었다.[27]

『농상집요』에도 돼지 사양법과 거세법이 나오지만, 이는 오래된 방식이어서 명나라의 최신 양돈 기술을 익히고자 한 것이다. 돼지의 경우 60일이 지난 새끼 돼지를 거세하면 비육 효과가 높기 때문에[28] 새로운 거세법은 재래돼지의 다육성을 향상하는 데 도움을 줄 수 있었다.

'돼지 사육을 잘하는 탐관오리'의 처벌에 관한 이야기가 있다. 단종 1년(1453) 4월에 별좌 이흥덕이 부패 혐의로 체포됐다. 사헌부에서 정한 벌은 곤장 100대에 3000리 밖 유배, 벼슬길 금지였다. 그런데 의정부에서는 '곤장 80대, 벌금, 파직하되 벼슬길은 열어준다'라는 걸로 형량을 줄였다. 그 이유는 "이흥덕은 중국을 드나들면서 양돈 사육 기술을 배웠고 세종대왕이 예빈시에서 일하도록 했다. 돼지 기르는 일에 힘썼고 공적도 있다"는 것이다. 이흥덕은 세종 때 중국에 가서 돼지 거세법을 배워온 인물이다.

가축의 번식 정책에서 가장 주목되는 점은 역축(役畜)으로 중시하던 우마(牛馬)뿐 아니라, 돼지도 중요하게 취급하기 시작했는데, 세종 대에 양돈 정책을 수립하고 선진 양돈 기술을 도입한 것이다 . 즉 국가가 나서서 돼지 사육을 확대하고, 서둘러 번식시켜야 한다고 인식하기 시작한 것이다. 특히 세조의 돼지 번식 정책은 세종 20년에 실시한 정책의 연장선상에서 민간에 돼지 사육을 확대하고, 사신 접대용으로 돼지를 키우는 가구를 따로 두는 것이었다. 당시 분예빈시의 후신인 사축서에 상납하는 돼지 방납 문제가 여전했다. 세조는 돼지 번식을 많이 한 종친과 군인에게 1자급(資級)을 더 주고, 가축 기르는 일을 등한시하는 재상을 추국하기도 했다.[29] 세조 8년 육축(六畜)을 번식시키기 위한 방안을 논의하여 가축 번식 정책을 수립했다. 이때 수립한 정책에 따라 한성부와 관찰사는 가축의 이름과 마릿수를 보고하여 가장 많이 번식한 자에게는 상을 주고, 가축 기르기에 힘쓰지 않는 자에게는 벌을 주며, 관리들도 축양(畜養) 실태를 조사해 상벌 조치했다.

소값보다 2배나 비싼 돼지

당시 돼지 한 마리 가격이 소 한 마리 가격의 곱절이었다.[30] 이는 돼지 4마리와 소 1마리에서 생산되는 정육량이 같다고 할 때, 돼지고기 가격이 소고기 가격에 비해 8배나 비쌌다는 걸 의미한다. 가격이 높고 낮음은 수요와 공급 측면에서 볼 때 수요가 공급을 초과하거나 공급이 수요를 초과할 때 발생한다. 돼지고기 가격이 상대적으로 비쌌던 이유로는, 이 당시 돼지고기 수요가 워낙 적거나, 수요에 비해 공급이 턱없이 부족한 경우로 볼 수 있다. 아쉽게도 세종과 세조가 실시한 양돈 장려책은 이 시기의 국내 축산 상황과 민간의 여건을 제대로 고려하지 않았던 것으로 보인다. 민간이 이윤 추구를 위해 자율적으로 축산물을 생산하려는 환경이 마련되어야 하기 때문이다. 돼지고기 가치가 높은 현상은 민간에게 돼지 사육 기회가 크다는 것을 의미하고, 시장 수요가 형성되면 이윤을 얻기 위한 돼지 사육 마릿수가 증가하고 미래 공급량도 더불어 확대될 것이다.

세조 8년(1462) 6월에도 돼지 사육을 권장하는 이야기가 있다. "우리는 닭, 돼지, 개 기르는 일을 잘하지 못한다. 따라서 손님 접대와 제사에 쓸 물량이 늘 넉넉하지 못하다. 한양 도성은 한성부, 지방은 관찰사가 직접 관리하라. 매년 그 숫자를 보고하고, 양돈 성적에 따라 상벌을 적용하라"라는 내용이다.

성종 대에는 여러 고을에 걸쳐 어미 돼지 숫자가 너무 많아서 민간이 소비해야 할 식량을 이들 돼지에게 먹여야 하는 문제가 발생했다. 이에 따라 호조(戶曹)에 명하기를, "듣건대, 여러 고을에 새끼 치는 어미 돼지의 수가 너무 많아서 백성들의 전곡(田穀)을 해친다 하니, 각 년의 새끼 친 돼지를 경중(京中)에 상납하는 것과 관가에 소용되는 것 외에는 모두 화매(和賣, 쌍방의 합의로 물건을 사고파는 것)하여, 원액(元額)을 넘지 말게 하라" 했다.[31] 이 당시 전국적으로 돼지 사육 마릿수가 증가하고 있었던 것으로 보인다. 조선 초에는 국가 차원의 양돈 장려 정책으로 돼지 사육 환경이 어느 정도 마련되기 시작한 것으로 보인다.

돼지는 조선 민중의 가축

조선시대 돼지는 아낙네의 부업 대상이고 그 고기는 민중(농민)의 먹거리였다. 학자, 왕, 권력자들의 고기가 아니라, 밑바닥 삶을 살아가는 민중과 함께한 가축이다. 돼지는 단순히 고기만을 위해 키우는 가축이 아니라, 농사짓는 데 없어서는 안 되는 퇴비를 공급하는 역할을 담당했다. 농가에서 돼지는 농업 생산과 인간 생활의 부산물인 쌀겨와 지게미, 풀, 인분 등을 먹여서 키우고, 마을의 잔치 때 추렴으로 잡아먹는 가축이었다. 이윤을 얻기 위해서 키우는 동물보다는 청소 동물이면서 채비(採肥) 동물로서의 기능이 더 컸다.

우리나라에서는 똥돼지와 관련한 문헌은 보이지 않으나, 『삼국지』「위지 동이전」'읍루' 조에 "사람들이 더럽게도 집 한가운데 뒷간을 만들고 그 주위에 모여 산다"는 기록이 있다. 우리나라 남원, 함양 등 지리산 주변 지역에는 뒷간이 돼지우리 바로 위에 높게 위치한 것이 발견된다. 그곳에서 사람들이 눈 똥이 돼지우리로 떨어져 돼지가 그걸 먹게 만든 것이다. 제주도에선 뒷간을 돼지우리 옆에 약간 높게 짓고 비스듬히 배출 구멍을 만들어 똥이 자연스럽게 뒷간 아래의 돼지우리로 떨어지게 만들었다.

똥돼지로 키우는 이유는 첫째, 돼지에게 특별한 먹이(사료)를 제공할 수 없는 상황에서 사람의 분뇨를 사료로 사용하기 위해서이다. 잡식성인 돼지의 특성을 최대한 이용한 것이다. 똥, 즉 인분은 돼지에게 고단위 영양식품이다. 인분은 사람의 체내에서 30% 정도만 소화가 되고 나머지 70% 정도에는 영양소가 여전히 남아서 돼지에게 영양가 높은 먹이가 될 수 있다. 둘째, 작물 생산을 위해 필요한 퇴비를 생산하기 때문이다. 뒷간 밑에서 사람의 똥을 받아먹기 위해 돼지는 이리저리 돌아다니면서 자신이 눈 똥과 집주인이 넣어준 짚을 발로 뭉개고, 시간이 지나면 뭉개진 똥과 짚은 서로 어우러져 양질의 퇴비로 탈바꿈한다. 셋째, 섬이나 산간 등지의 밭은 척박한데, 돼지는 이들 지역의 지력(地力)과 밀접하다. 밭농사에서 화학비료를 오랜 기간 사용하면 땅의 지력이 떨어진다. 그러나 돼지똥 거름은 땅을 비옥하게 만들고 지력을 향상시켜 지속적인 작물 재배가 가능하게 해준다. 제주도처럼 바람에 날리는 푸석푸석한 화산재의 보리밭에서 똥은 최상의 거름이었다.[32]

특히 청소 동물로서의 기능을 돼지가 수행하면서 농가에서는 적은 비용으로 돼지를 키울 수 있었다. 이 시대 돼지는 '고기 제공'이라는 역할이 상대적으로 적다 보니 생산성이 낮은 재래돼지의 개량에는 크게 신경을 쓰지 않았다. 반면 궁궐에서 제례나 빈례용으로 키우는 돼지나, 육류 소비가 많은 한양 같은 대도시 지역에서 상업적으로 키우는 돼지는 사료 비용이 상당히 부담스러웠을 것이다. 조선시대 왕궁에서 사용하거나 상업적 거래를 할 목적으로 비육하는 돼지에게는 소에게 사료를 끓여 먹이던 것과 같은 같은 방식으로 사료를 만들어 급여한 것으로 추측된다.

사료비 부담이 커서 상업적으로 사육하는 돼지 숫자가 적다 보니 돼지고기 가격이 소고기 가격보다 더 비쌌던 것이다. 또한 조선시대의 돼지고기는 웅취(雄臭)와 특유의 이취(異臭) 등 냄새가 심했다. 1980년대까지만 해도 돼지고기 냄새가 돼지고기를 꺼리는 주요 원인이었다. 현재 소비자들이 웅취가 없는 암돼지를 맛있는 돼지로 간주하는 것을 볼 때, 조선시대 돼지고기의 상태와 당시 소비자의 태도를 짐작할 수 있다. 물론 대안이 없고 선택권도 없는 소비자로선 고기의 냄새를 당연시하고, 그 냄새를 어떻게 최소화할 것인가를 고민했을 것이다. 반면 소고기는 부림소(役牛)였기 때문에 근육이 발달하여 고기는 매우 질겼지만, 다른 고기보다 청결하고 깨끗한 맛*을 가졌다. 이와 관련해서 조선시대 소고기 조리법 중 눈길을 끄는 것이 연육법(軟肉法)이다. 이 시기에 소고기를 연하게 하는 조리 방법이 자연스레 등장한 것이다.

조선의 맛집과 외식 문화

조선시대에는 돼지고기를 별로 선호하지 않은 것으로 중국에 알려진 것 같다. 절일사통사(節日使通事) 김을현(金乙玄)이 북경에서 돌아와 다음과 같이 말했다. "황제가 2월 13일에 남경에서 출발하여 5월 초하루에 북경에 도착해 어가(御駕)에서 내렸습니다. 황태자가 남경에 있었으므로 신 등이 남경으로 향해 가다가 숙주(宿州)에 이르러 황제의 대가(大駕)를 보았는데, 황제가 말하기를 '지금 오는 사신이 제비(諸妃)의 친척이 아니냐?' 하기에 신이 아뢰기를 '사신 정구(鄭矩)는 정비(鄭妃)에게

---

* 냄새와 관련한 일화가 있다. 대학 시절 여름방학 때 고향 친구와 구멍가게에서 우유를 사서 먹은 적이 있다. 각자 우유를 다 마신 후, 친구가 하는 말이 "우유 맛이 시네?" 포장 용기를 확인한 결과, 무더운 여름철에 유통기한이 훨씬 지나 산패한 우유였다. 저자는 유통기한을 확인하고 포장 용기를 개봉하고 냄새까지 확인한 뒤 마셨음에도, 친구에게 우유는 평소 잘 마시지 않았던 생소한 제품이고 그러다 보니 냄새나 맛에 대한 지식이나 정보가 전무하여 그 냄새나 맛을 당연시한 것이다. 스토리텔링은 제품이나 서비스의 정보를 '알리는 것'이고, 더 나아가 쉽게 이해시키면서 기억하게 하고, 공감을 이끌어낼 수 있다. 역사를 통해 스토리텔링의 필요성과 중요성을 재인식할 수 있다.

** 안대회·이용철·정별설 외, "18세기의 맛 : 조선의 소고기 환약", 『문학동네』, 2014, pp.183~184, "가나가키 로분의 소설 '아구라나베'는… 소고기 전골을 즐기는 서민들의 모습을 해학적으로 그린 소설이다. 그중 한 구절을 보면, A : 소는 정말 맛있군요. B : 이 고기가 퍼지면 모두 멧돼지나 사슴고기 따위는 더 이상 못 먹게 될 겁니다. 이런 청결한 것을 왜 이제까지 먹지 않은 걸까요? (중략) 위의 대화에서처럼 메이지유신 이후의 일본인들이 '청결한' 소고기를 먹게 된 것은 일본도 서양처럼 문명이 개화됐기 때문이다." 여기서 소고기는 청결한, 깨끗한 맛으로 표현하고 있다. 아마 조선의 소고기 역시 다른 육류보다 청결하고 깨끗한 맛이었을 것으로 추정된다.

동성(同姓)의 친척이 됩니다' 했더니, 황제가 내관 구아(狗児)를 불러 말하기를 '조선인은 돼지고기를 먹지 않으니 광록시(光祿寺)로 하여금 소고기와 양고기를 공급도록 하라' 하고, 왕의 행차를 따르라고 명하여 10일에 북경에 이르렀습니다."

시간이 지나 19세기부터 시중에서 돼지고기는 비교적 흔해진다. 순조가 궁궐에서 냉면을 '테이크 아웃'할 때 돼지고기가 등장한다. 조선 후기 실학자 영재 유득공의 『서경잡절』에도 "냉면과 돼지 수육값이 올라간다"라는 표현이 나타난다. 이 시기부터 돼지고기가 저잣거리에 흔히 등장한 것이다.

조선 후기 문인, 관리이자 미식가이던 효전(孝田) 심노숭(沈魯崇, 1762~1837)이 자신의 문집 『효전산고(孝田散稿)』에 쓴 음식 품평에 이런 내용이 있다. "서울에 살 때도 일찍이 맛있는 음식을 찾아 먹었는데 침교(沈橋, 현 서울 종로구 재동)에서 파는 돼지고기가 가장 맛이 좋아 서경(평양)의 오수집 돼지국과 같았다. 서경에서는 기름진 비계가 손바닥처럼 두꺼운데, 설편처럼 얇게 잘라 입에 넣으면 얼음이 녹는 듯했고, 불에 구워도 천하일미라고 할 만했다. 궁지에 있는 사람이라 음식 생각이 가장 많아서 이렇게 두루 말하거니와 우스운 일이다." 유배지에서 서울과 평양의 돼지국밥 맛을 적은 것이다.

조선시대에는 유명한 식당, 이른바 '맛집'이 즐비했다. 그중에도 서울 사대문 안에 위치한 개장국 전문점인 '군칠(君七)이집'이 유명했다. '군칠이집'의 인기에 힘입어 '여군칠이집', '남군칠이집'과 같은 분점을 냈다는 기록이 있고, 춘향전에도 '군칠이집'에 술 받으러 간다는 내용이 나온다. 맛집은 18세기 후반에 더욱 늘어났는데, 이는 정조의 시장 정책 영향이 크다.

정조는 오랫동안 독점적으로 영업하던 육의전 상인들을 겨냥해 경쟁적 시장 환경을 마련하고자 난전을 허용했다. 난전 상인들이 소규모 음식점을 시작할 수 있도록(그리고 술을 팔 수 있도록) 허용한 것이다. 이후 서울 종로 피맛골 주변에 선술집, 국밥집, 색주가 같은 음식점이 폭발적으로 늘었다. 다음과 같은 기록에서 음식점 증가를 짐작할 수 있다. "서울 시내 상점 절반이 술집이고, 서울에서 잡는 가축의 고기 대부분이 술안주로 쓰인다."

17세기에 들어 한양을 중심으로 상업이 발달하면서 한양의 인구도 급속도로 증가한다. 17세기 후반 이후 도시화에 따른 도시 모습은 인구의 급속한 증가와 도시 빈민의 형성, 그리고 도시 외곽 지역으로의 공간 확대와 도시 문제의 발생으로 집약된다. 1669년에서 1910년간의 한양 인구 변화는, 1669년 22만 명에서 1720년대에 25만 명, 1770년대 30만 명, 1820년대 35만 명, 1870년대에 33만 명, 1900년대 33만 명 수준으로 파악된다.[34] 이런 한양 인구의 증가는 육류의 수요 증가로 이어진다.

조선시대 한양에는 소고기를 파는 곳과 돼지고기를 파는 곳이 분리되어 있었다. 소는 현방(懸房)에서 팔았다. 현방은 소를 잡아 고기를 파는 곳이다. 반인(泮人, 성균관에 딸려 있으며 대대로 소고기를 팔던 사람. 관인이라고도 한다)이 파는 일을 맡았는데, 고기를 걸어놓고 파는 까닭에 현방이라 부른다. 현방의 분포를 보면, 중부 지역에 하량교, 이전(履廛), 승내동, 향교동, 수표교 등 다섯 곳이 있고, 동부에는 세 곳인데 광례교, 이교(二橋), 왕십리이고, 남부에는 네 곳으로 광통교, 저동, 호현동, 의금부이고, 서부는 일곱 곳인데, 태평관, 소의문 밖, 정릉동, 허병문, 야주현, 육조 앞, 마포이고, 북부에는 세 곳으로 의정부, 수진방, 안국방으로 총 23곳이다.[35] 정조 때 1개소가 더 설치되어 한양에 24개소의 현방이 있었다. 가장 현방이 많았을 때는 48곳에 달했다.

현방은 구한말까지 존재했던 것으로 보인다. 일제 강점기 자료에 "지금은 고기 파는 집을 수육판매소 또는 '관(館)집'이라 하지만, 전일에는 '다림방'이라 했다. 다림방은 한자로 '현옥(懸屋)'이니, 그때에는 소를 매달아서 잡는 까닭에 현옥이라 했다. 그리고 현옥도 제한이 있어서 경성에 전부 오현옥을 두었는데, 수표교 다림방이 가장 크다."[36]

돼지고기는 저육전(猪肉廛)이라는 전문 판매점에서 취급했다. 조선 순조 대인 1830년 유본예(柳本藝)가 저술한 서울의 인문지리지 『한경지략(漢京識略)』의 '시전(市廛)'에서 시전의 종류와 판매 물품을 자세히 소개하고 있는데, 여기에 서울 시내에서 판매되는 고기의 종류가 나온다. 소고기 이외 생치전(生雉廛), 건치전(乾雉廛), 생선전이 병문(屛門)에, 그리고 닭전(鷄廛)은 광통교에 있었다. 계란전도 이웃해 있었고, 저육전(猪肉廛)은 여러 곳에 있었다.

생치는 산 꿩, 건치는 말린 꿩이다. 당시 서울 시민은 이런 꿩고기와 닭고기, 돼지고기를 소비했는데, 꿩을 제외하면 지금과 크게 다를 바 없다. 다만 저육전이 여러 곳에 있다는 것으로 보아 돼지고기를 꿩과 닭에 비해 더 많이 소비했음을 짐작할 수 있다.[37] 조선 숙종 38년(1712) 도성 안에서 돼지고기를 판매하는 저육전은 80여 곳에 달했지만, 시

---

* "창의문에서 밖으로는 상평창 이하까지, 안으로는 사재감의 상하계와 분선공감계, 수성궁계, 사직동계, 연추문계 등 5개 정계(井契)까지 누천여 호가 모두 먼 곳 현방(懸房)에서 소고기를 사서 먹기 때문에 뭇 사람들이 장동의 기지 안에 한 개의 현방을 설치하기를 바라는 것은 그 유래가 이미 오래됐으나 아랫사람이 감히 마음대로 처리할 수 없습니다. 바라건대 광례교의 예에 따라 장동에 현방 하나를 설치하여 폐단을 바로잡을 수 있도록 해주소서."(국역 『일성록』, 정조 20년, 1796년 1월 25일)

전에 등록된 곳은 6, 7곳이었다. 상업이 발달하면서 한양의 인구가 늘고, 육류 소비량도 같이 늘면서 돼지고기 수요도 증가했음을 다시 확인할 수 있다.

영조 1년(1725) 4월 21일 『승정원일기』에도 "저육전이 예전보다 10배나 많아져서 현방이 이 때문에 손해를 보고 있습니다"라고 기록되어 있다. 숙종 38년(1712) 10월 20일 『승정원일기』에서 대사성 민지원이 "돼지고기 파는 저육전은 옛날에는 그 수가 많지 않았는데, 근래 점점 숫자가 불어나 이 때문에 현방의 손해가 심합니다"라 한 것으로 보아 조선 후기에도 돼지고기 소비가 많았음을 알 수 있다.

저육전은 현방의 경쟁 상대였다. 현방은 소고기를 판매하고 저육전은 돼지고기를 판매하여 이들은 서로 독립적이라고 볼 수도 있지만, 저육전의 번성이 현방의 사업에 영향을 미쳤다는 것으로 볼 때 돼지고기와 소고기의 관계를 짐작할 수 있다. 이 둘은 서로 대체관계가 아닌가 싶다.

도시형 고기와 농촌형 고기[38]

조선시대에 돼지고기를 기피했다고 본다면 아마도 기록에 기인한 탓일 것이다. 당시 돼지는 민간에서 자급자족 형태로 기르면서 자가 도축이 주로 이루어지다 보니 시장 거래가 거의 없었을 것이다. 또 수도인 한양과 양반계급 중심의 역사나 문헌이 주를 이루다 보니, 민간에 관한 기록이 적기 때문일 것이다. 그러나 이 당시 민중(농민) 계급에서 돼지

---

* 승정원, 『승정원일기(承政院日記)』, 숙종 38년(1712년). "특진관 민진원이 아뢰기를, 현방은 원래 48곳인데 계축년에 21곳으로 줄었고 돼지고기를 파는 저육전은 시장 서류를 보면 6, 7곳에 불과했는데 근래 점점 성하더니 거의 70~80곳으로 늘어났습니다."

는 귀한 육식 공급원이었다. 17세기 말부터 상업이 발달하고 한양의 인구가 늘어나면서 자연스럽게 돼지고기 유통이 활발해진 것은 이미 살펴보았다. 이 시기부터 돼지고기의 소비량이 늘어났고, 현재 우리나라 1인당 돼지고기 소비량이 월등하게 많은 것은, 우리 민족이 돼지고기에 대해 유별히 깊은 역사적 애정이 있기 때문이다.

지방이 많고 연한 고기는 부유층에서 구워서 먹고, 기름기 적고 질긴 고기는 가난한 서민층에서 스튜 방식으로 조리해 먹었다. 같은 시대의 고기임에도 하나의 관점이 아니라 서로 다른 면을 가지는 두 가지 관점에서 바라볼 수 있다. 두 가지 관점에서 조선시대의 돼지고기를 살펴볼 때, 좀 더 흥미롭게 돼지를 잘 이해할 수 있겠다. 이는 현대에 사는 소비자의 돼지고기 소비 행동과 유통기업의 시장 차별에 대한 이해로까지 이어질 수 있겠다.

제례와 빈례에 사용하기 위해 관청에서 키웠던 돼지, 저육전에서 판매를 목적으로 키웠던 돼지의 고기를 '도시형 고기'로 볼 수 있다. 반면 우리 역사 문헌에 거의 남아 있지 않지만, 농가에서 여인의 부업 대상이면서 청소 동물과 채비 동물로서의 임무를 충실히 수행했던 돼지의 고기는 '농촌형 고기'로 볼 수 있다. 지금은 과거의 농촌형 돼지가 사라졌기 때문에 돼지에 대한 오해가 더 불거졌다. 도시형 돼지에게는 곡물도 먹이고 잔반 같은 것들도 끓여 먹이면서 살찌고 맛있는 고기를 생산하고자 노력했다. 결과적으로 사육 비용이 많이 들었다. 인류학자 마빈 해리스의 주장처럼 돼지는 인간과 먹이 경쟁을 했다고 볼 수 있다. 그러나 '경쟁 상대'라는 마빈 해리스의 주장과는 달리 농촌형 고기를 제공하는 돼지는 '보완 상대'라 할 수 있다. 유럽과 달리 농업 생산에서 부족한 토지를 효율적으로 활용하는 방안은 토지가 협소한 나라에서는 특히 중요하다. 농가 입장에서는 부산물을 먹고 퇴비를 생산해 제공하는 돼지의 가치가 매우 크기 때문이다.

마빈 해리스는 "돼지가 식물성 식품을 동물의 살로 전환하는 능력 면에서 포유류 중 가장 효율적인 동물"이라고 말했다. 그는 돼지에게 밀이나 옥수수, 감자 등 섬유소가 적은 것을 먹이면 인간에 유익한 큰 성과를 가져올 것이라 한다. "그러나 돼지에게 풀이나 나무 줄기나 잎처럼 섬유소가 많은 것을 먹이면 살이 빠져버릴 것이다. 돼지는 잡식 동물로 되새김질을 하지 않는다"라고 한다.[39] 이는 돼지의 가치를 폄하하는 언급이다. 많은 이들이 인간 식량과 돼지의 먹이 간의 경쟁관계를 들어 돼지를 터부시하고 있다. 우리나라 일부 학자들 역시 이 같은 점을 들어 조선시대에 돼지를 많이 사육하지 않았다고 주장하고 있다. 그러나 우리 역사 속에서는 이러한 주장이 거의 보이지 않는다.

우리 민족은 돼지를 농촌형 고기 시스템으로 키워왔다. 농촌 지역에서는 돼지를 대량 사육하기보다는 한두 마리 부업형으로 키워 마을 잔치의 추렴이나 집안의 관혼상제 때 이용했던 것으로 보아야 한다. 이 지역에서 돼지 거래가 있었다면 다 큰 돼지 거래보다는 새끼 돼지가 활발하게 거래되었을 것으로 추정된다.

1   이희덕, 『고려시대 전문 사상과 오행설 연구』, 일조각, 2000, pp.285~300.

2   김대길, 〈조선 후기 우금에 관한 연구〉, 『사학연구』, 2002.

3   윤성재, 〈고려시대 식품의 생산과 소비〉, 숙명여자대학교, 2009, p.118.

4   윤성재, 〈고려시대 식품의 생산과 소비〉, 숙명여자대학교, 2009.

5   서성호, 〈고려 시기 개성의 시장과 주거〉, 『역사와 현실』 39호, 2000, p.97~98.

6   자크 제르네, 김영제 옮김, 『전통 중국인의 일상생활』, 신서원, 1995.

7   강면희, 『한국 축산 수의사 연구』, 향문사, 1994, pp.163~164.

8   강면희, 『한국 축산 수의사 연구』, 향문사, 1994, p.164.

9   국사편찬위원회, 고려사 : 고종(高宗), 한국사데이터베이스(http://db.history.go.kr/)

10 김태연, 〈조선 전기 양과 돼지의 사육 정책〉, 한국교원대학교, 2017.

11 『태조실록』 권1, 태조 1년 7월 28일 정미, 네 번째 기사, 1392년 명 홍무(洪武) 25년.

12 『태종실록』 권11, 태종 6년 6월 5일 계해, 네 번째 기사, 1406년 명 영락(永樂) 4년.

13 김태연, 〈조선 전기 양과 돼지의 사육 정책〉, 한국교원대학교, 2017, p.6.

14 임민혁, 〈조선 초기 국가 의례와 왕권-국조오례의를 중심으로〉, 역사실학회, 2010.

15 『태종실록』 권31, 태종 16년(1416) 5월 7일.

16 『두산세계대백과사전』, 민즈후(Minzhu, 民猪).

17 김원희 외, 〈중국 육식 문화에 대한 소고-고전 문헌 속 돼지와 양을 중심으로〉, 『중국인문과학』, 2012.

18 『경국대전』, 권3, 예전(禮典).

19 『성종실록』, 권128, 성종 12년 4월.

20 김태연, 〈조선 전기 양과 돼지의 사육 정책〉, 한국교원대학교, 2017, p.43.

21 김태연, 〈조선 전기 양과 돼지의 사육 정책〉, 한국교원대학교, 2017, p.44.

22 『세종실록』 권54, 세종 13년 12월.

23 김태연, 〈조선 전기 양과 돼지의 사육 정책〉, 한국교원대학교, 2017.

24 『세종실록』 권64, 세종 16년(1434) 5월 6일.

25 김태연, 〈조선 전기 양과 돼지의 사육 정책〉, 한국교원대학교, 2017.

26 『세종실록』 권82, 세종 20년(1438) 7월 21일.

27 『세종실록』 권107, 세종 27년(1445) 1월 18일.

28 최덕경, 『농상집요』, 세창출판사, 2012.

29 김태연, 〈조선 전기 양과 돼지의 사육 정책〉, 한국교원대학교, 2017.

30 김태연, 〈조선 전기 양과 돼지의 사육 정책〉, 한국교원대학교, 2017, p.53.

31 『성종실록』 권17, 성종 3년(1472) 4월 17일.

32 정연학, '중국의 돼지 문화', 『중앙민속학』, 2004.

33 『태종실록』 권33, 태종 17년(1417) 윤5월 8일.

34 고동환, 〈조선 후기 서울의 상업 발달과 도시문화〉, KAIST, 2016.

35 이행·홍언필, 『신증동국여지승람』, 1530.

36 『경성어록(京城語錄)』, 別乾坤, 1929.

37 강명관, '강명관의 조선사회 뒷마당-도살 면허 독점한 치외법권지대 있었다', 신동아, 2003.

38 헤럴드 맥기, 『음식과 요리』, 이데아, 2017, p.211~212.

39 마빈 해리스, 서진영 옮김, 『음식문화의 수수께끼』, 한길사, 1992, p.84.

3

사육과 개량의 시대

일제 강점기 — 1969년

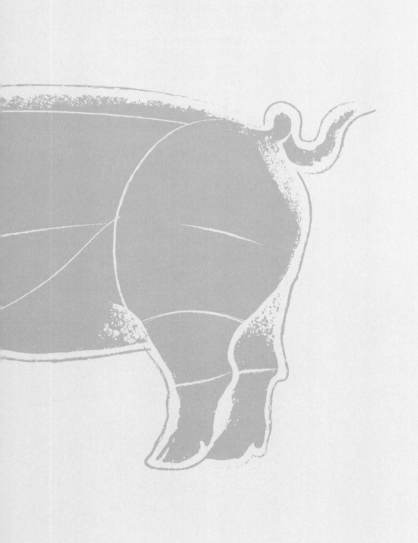

한반도에 서양종 돼지를 처음 도입한 건 1885년 농무목축시험장(農務牧畜試驗場)이었다. 이후 1908년에 일본에 의해 버크셔가 수입되고, 1920년대에는 버크셔와 재래종 돼지의 누진교배를 통한 양돈이 일제에 의해서 장려됐다. 1942년 개량종 돼지의 보급률이 70%에 달하면서 재래종 돼지의 사육 비율은 급격히 감소했다. 일제 강점기 양돈 규모는 농가의 부업 수준이었다. 일제가 양돈을 장려한 가장 큰 이유는 우리나라 소를 수탈해가면서 소고기 부족분을 대체 공급하기 위해서라고 알려져 있지만 실은 국내 미곡 생산을 증대하기 위해 필요한 퇴비를 확보하기 위해서라고 볼 수 있겠다.[*]

근대 농축산업의 시작

우리나라 근대 농축산의 시작은 언제일까. 여기에는 두 가지 시각이 있다. 하나는 일제가 1906년에 권업모범장을 개설한 것을 그 시작으로 보고, 이를 우리나라 농사 시험·연구의 기원으로 삼는 것이다. 다른 하나는 1880년대에 우리나라 농업의 근대화가 시작됐다는 주장이

---

[*] 1931년 발간된 『조선총독부 농사시험장 25주년 기념지』에는 "(중략) 원래 양돈과 같은 것은 폐물을 유용화하는 것으로, 소농에 가장 상응하는 부업일 뿐 아니라 농산 개량상 긴요한 퇴비를 생산하여 농가 경제를 증진시킬 수 있어서 이의 개량 증진은 조선에서 특히 장려할 일이다"라고 기록하고 있다.

다. 사실 우리나라 최초의 농사시험장은 1884년에 개설된 농무목축시험장이다. 이 시험장은 1906년까지 존속했고,[*] 권업모범장은 일제 강점기에 총독부가 1906년에 개설했다.

2012년에 발간된 농촌진흥청 국립축산과학원의 『축산연구 60년사』를 통해 서양 돼지가 우리나라에 들어온 과정을 살펴보면, 1903년에 요크셔(Yorkshire)종, 1905년에 버크셔(Berkshire)종이 처음 도입됐고, 이 당시 전국 돼지 사육 마릿수는 약 57만 마리였다. 이러한 수치는 『돈(豚)』(강면희 저)이라는 책 14쪽에 기록되어 있는 내용과 일치한다. 아마도 축산과학원의 『축산연구 60년사』의 내용은 강면희 교수의 『돈(豚)』을 근거로 한 것이라 추측된다. 강면희 교수는 그의 다른 저서인 『한국축산기술사』에서도 같은 주장을 하고 있다. 이들 책의 내용은 조선농회에서 1944년에 발행한 『조선농업발달사』에 근거한 것으로 보인다.

『한국민족문화대백과사전』의 축산업 관련 내용에 의하면, 과거 조선의 쇄국 정책은 1876년 체결된 일본과의 병자수호조약을 계기로 사라지고 봉건적 제도가 무너지면서 우리나라는 근대화 과정을 밟게 되었다. 축산 분야의 근대화 물결은 이보다 늦은 1900년대에 들어서면서 일기 시작한다. 1902년에 유우(乳牛)가 프랑스 사람에 의해 처음으로 도입되었고, 1903년에는 요크셔 등 돼지 개량종이, 1908년에는 에어셔(Ayrshire) 등의 소 품종, 그리고 1909년에 랑부예(Rambouillet) 등의 면양이 들어오는 등 우리나라는 각종 외국 개량종을 접하게 되고, 이들에 의해 재래종 개량이 시도됐다. 이러한 내용을 근거로 우리나라

---

[*] 일제가 조선 농민을 착취하기 위해 설립한 농촌 단체로, 농촌 진흥운동을 촌락 단위의 전면에서 추진한 관제 조직(『한국민족문화대백과사전』).

에 개량종 돼지가 처음 들어온 것이 1903년이라는 견해가 있다. 모든 기록에서 한반도에 서구 개량종이 들어온 것은 1903년이라고 되어 있는데, 이는 1906년 일제총독부가 개설한 권업모범장을 우리나라 농사 시험·연구의 기원으로 오해하면서 잘못 알려진 것이다.

농무목축시험장에 관한 역사는 이광린이 농무목축시험장의 설치와 관련한 내용을 『김재원 박사 회갑기념논총』(pp.333~351, 1969)에 발표하면서, 우리나라 농사 시험·연구의 기원이 알려졌다. 김영진·홍은미의 논문 〈농무목축시험장(1884~1906)의 기구 변동과 운영〉을 보면 농무목축시험장에 대해 더 자세히 알 수 있다. 1883년 조선에서 최초로 미국 등 서방 세계에 파견한 외교 사절단인 보빙사(報聘使) 일행은 그해 9월에서 10월에 걸쳐 40여 일간 미국의 주요 도시를 순방하면서 각종 공장을 시찰하던 중, 9월 19일과 20일 양일간 보스턴시를 방문했다. 그때 마침 그곳에서 박람회가 개최 중이어서 박람회장을 찾아가 실용적인 각종 농기구를 접하면서 구입할 생각을 했으며, 다시 월컷 시범농장(J.W. Walcott's model farm)을 둘러보고 나서 한국 농업을 개량·발전시키려면 이러한 시험장이 반드시 필요하겠다고 느꼈다. 일행은 워싱턴으로 돌아와 미국 농무부로부터 각종 농작물의 종자를 전달받고, 국무장관 프릴링하이젠(F. T. Frelinghuysen)에게 기술자 파견을 요청했다. 이들이 모든 원조에 대한 약속을 받고 귀국한 뒤에 국내에 시험장이 개설되고 최경석이 시험장의 초대 관리관으로 임명됐다. 이 사업을 추진하는 데는 미국인 포크(Geoge C. Foulk)와 프레이저(Evert Frazar)의 노력이 컸다고 한다.

보빙사 일행은 귀국 후인 1883년 12월 20일에 고종에게 시찰 결과를 보고했고, 1884년 초에 시험장이 개설될 때 고종은 충분한 토지를 하사하고 필요한 자금까지 지원했다. 시험장의 위치는 동적전(東籍田, 조선시대 국왕이 농사의 시범을 보이기 위해 둔 토지)이 위치한 장소 인근인 망우리 일대였던 것 같다. 이때 도입된 농기구는 모두 18개 짐짝 분량으로 벼 베는 기계, 식재기, 인분 뿌리는 기계, 보습과 쇠스랑, 서양 저울 등이었으며, 그 가격은 모두 751달러 33센트였다고 한다. 시험장에서는 서양의 각종 농작물과 채소, 과수 이외에 일부 국내 종자도 재배했는데, 1885년 최경석이 작성한 재배 목록에 따르면 총 344종에 이른다. 이들 종자는 305개 군·현(郡縣)에 재배법을 첨부하여 배부됐다. 한편 1885년 7월에 캘리포니아산 말 3마리(수컷 1, 암컷 2), 젖소(Jersey) 3마리(수컷 1, 암컷 2), 조랑말(Shetland) 3마리(수컷 1, 암컷 2), 돼지 8마리, 양 25마리 등이 도입됐다.

관리관 최경석이 1886년 갑자기 병사함에 따라 농무목축시험장의 운영은 난관에 봉착했다. 1886년 8월 내무부 농무사 당상관이 이를 전관하게 됐고, 명칭도 농목국으로 바뀌었다.[2] 1887년 9월 1일 자로 영국인 기술자 재프리(R. Jaffray)가 내무부 농무사로 고용됐다. 그는 농업 교육을 담당할 농업학교 개설을 위해 노력하다가 10개월 만인 1888년 7월에 사망했다.[3] 최경석(?~1886)은 호를 미산이라 했고, 본명은 최도민, 구한말에 무관이었던 것으로 보인다. 그는 1883년 훈련원 주부로 있다가 6월 보빙사 민영익의 종사관으로 임명되어 조선 최초의 서양 방문단의 일원으로 미국에 갔다. 농장에 특히 관심을 가졌는데, 보스턴의 박람회와 근처의 월컷 농장에서 큰 감명을 받아 미국 농기구와 농작물 등의 도입을 계약하고 귀국했다. 12월 귀국하자 이듬해부터 서울 교외에 농무목축시험장을 세워 근대 서양식 농사와 목축을 시작했다. 1886년 그가 갑자기 죽자 이 실험도 흐지부지되고 말았다.

1900~1902년 신촌에 신설한 시범목장에 관한 기록에서는, 일본인 히라야마의 체험담을 같은 일본인 고바야가와가 1944년에 저술한 『조선농업발달사』 190쪽에 다음과 같이 서술했다. "1902년경 농상공부 프랑스인 기사 쇼트 씨는 모범적인 사육장을 지금의 신촌역 부근에 개설하고 세계적으로 우수한 젖소, 돼지, 면양, 기타 가축을 모았다. 그 사육장은 당시의 관민이 경탄할 만큼 이상적인 설비를 갖췄으나, 얼마 되지 않아 우역(牛疫)이 발생하여 20여 마리의 값비싼 젖소가 폐사한 데 이어서 돈역(豚疫)마저 발생해 돼지도 전멸했다. 그 무렵 나(히라야마)는 대화정(현재 서울 중구 필동)에서 우유판매업을 하고 있었는데, 쇼트 씨가 나에게 찾아와 '어떻게 하든 한 마리라도 살리고 싶으니 적당한 방법이 없겠느냐'고 문의해왔다. 내가 사육장에 그와 동행해 가본 결과, 시기가 이미 늦어 살릴 가망이 없었다. 그 뜻을 그에게 전한바, 쇼트 씨는 대단히 안타까워하면서 '이와 같은 훌륭한 시설을 하고 가축 사육에 세심한 주의를 기울였는데 못된 질병이 발생한 것은 참을 수 없이 원통한 일이다. 혹시 일본 정부가 누구에게 시켜 병독을 가져다가 깊은 밤에 내 목장에 던진 결과가 아닌지 모른다. 아니 던진 게 틀림없다. 나는 일본인들의 비열한 근성을 원망한다'라고 말했다."

  이 기록에서와 같이 일본인들이 병독을 전파하여 전염시켰는지 여부는 알 길이 없으나, 이 기록으로 보아 갑오개혁 이전에 농목국에서 하던 축산 시범사업이 1902년 이전의 어느 시기에 신촌역 부근으로 옮긴 것을 알 수 있다. 이 모범 사육장의 총 가축 수는 최소한 100마리 이상이 될 것으로 생각된다. 보통 가축 단위는 소 1마리에 돼지 5마리, 양 10마리로 환산하는데, 소 10마리 분의 돼지만 하더라도 50마리가 되며 양은 100마리가 되기 때문에 비록 우역과 돈역으로 젖소와 돼지가 모두 폐사했어도 이 사육장은 1906년까지 존속하여 면양 사육만은 계속한 것으로 풀이된다.[4] 이 같은 문헌 기록들로 보아, 비록 1885년에 도입된 돼지가 1902년 돈역으로 폐사했다지만, 역사는 한반도에 서구 개량종 돼지가 도입된 것이 1885년이라고 말하고 있다.

『조선농업발달사』를 쓴 일본인 고바야가와는 1902년 이전에 들여와 돈역으로 폐사한 돼지가 우리나라의 최초 개량종 돼지가 아니라 이후 일본에 의해서 개량종 돼지가 조선에 보급된 것으로 보고 있다. 이것은 식민사관으로 우리나라 돼지의 역사를 오독한 것이다. 대한제국이 자주적으로 개량종 소와 돼지를 도입·연구하고 사육했던 기록을 말살하고, 일본인들에 의해 개량종 돼지 등 가축이 도입됐다고 주장하는 식민사관인 것이다. 1906년에 생긴 일제의 권업모범장은 우리의 자주적 의사나 역량의 부족으로 개설된 것이 아니라, 일제가 침략 전초기지로 활용할 목적으로 개설한 것이다.

강한 체질과 왕성한 번식력

『조선총독부 권업모범장 성적 요람』
(1923)에 의하면, 조선의 재래돈은 체질
이 강하고 번식력이 좋으나 체격은 극히
왜소하여 무게가 6~7관(22.5~26.5kg)에
지나지 않는다고 했다. 또한 성숙이 늦고
비만성이 낮아서 경제적인 가치로 볼 때
여타 돼지 품종 중 가장 열등하기 때문에
개량할 필요가 있다고도 했다. 1908년
에 버크셔종을 수입하여 조선의 재래돈
개량을 위해 노력하면서 각 도에 배부된
마릿수는 1300마리에 이른다고 기록되
어 있다. 우리나라 재래종은 조선 말경인
1908년까지는 순종 상태로 유지됐음을
알 수 있다.

『조선총독부 농사시험장 25주년 기념지』
(1931)에는 재래종 돼지의 특성을 다음과
같이 서술했다. "체격이 극히 단소(短小)
하면서 비만성이 떨어진다. 농사시험장
에서 사육하고 있는 것을 볼 때, 태어날
때 체중이 얼마 되지 않고(375g 내외), 성

돈(成豚)일지라도 22.5~37.5kg을 넘어가
지 않는다. 피모(被毛)는 보통 흑색이기
는 하나 극히 일부인 발끝과 하복부에 백
색을 띠고 있는 것이 있다. 머리 부분이
가늘고 길며, 뾰족한 안면은 똑바르면서
꺼져 있지 않다. 귀는 비교적 폭이 넓으
며, 솟은 쪽 뒤쪽을 향해 늘어지는 일은
없다. 목은 자연스럽게 어깨로 이행하며,
체격의 폭은 좁고, 등선은 똑바르거나 혹
은 중앙에서 조금 꺼지고, 골반은 경사는
급하며, 꼬리 끝은 현저히 낮다. 복부는
팽대하여 늘어짐이 심하며, 배꼽이 땅에
접촉하는 경우도 있다. 다리는 몸통에 비
하여 가늘고 길며 빈약하다. (중략) 피모
는 길고 조밀하고 특히 등쪽 부분에 많으
며, 겨울철에는 긴 털 사이에 가늘고 곱
슬곱슬한 갈색의 털이 밀생한다. 동작은
아주 경쾌하면서 거칠어서 사람과 친해
지기 어렵다. 체질이 강하면서 거친 음식
에 견디고, 번식력 역시 왕성하여 한배에

보통 10마리 이상을 생산하는 장점이 있지만, 아마도 세계적으로 최열등한 종류로 볼 수 있을 것이다. 이는 여러 대를 이은 사양 관리와 번식의 조방화(粗放化)에 따르는 것으로 보이나, 주된 원인은 사료에 있는 것으로 생각된다." 또한 "한국에서는 예로부터 돼지를 기르고 농가의 부업으로서 이것을 장려한 사실이 기록에 나타난다. 노인들의 말에 의하면, 40~50년 전에는 그 수가 현재(1920년 당시)보다 많았다고 하나, 사실인지는 알 수 없다. 색깔은 주로 흑색으로 체격이 극히 작아 체중이 10~37kg밖에 되지 않는다. 두부는 길고 뾰족하며 배가 늘어지고 성숙이 느리며 비육성이 적다. 돼지 품종 중 가장 열등하여 경제적 가치가 적은 것에 속한다. 그러나 체질은 강하고, 번식력도 나쁘지 않으며, 특히 고기의 맛은 한

국 사람의 기호에 맞는 것 같다"라고 서술하기도 했다.

김혜택의 〈양돈에 대하여〉(『농민생활』)에서는, 당시 세계 각국에서 키우는 돼지 품종들을 소개하면서 조선 재래종에 대해 다음과 같이 설명했다. "우리 조선 재래종은 거의 색이 흑색이며 체형이 작고 성장이 매우 좋지 못하고 살이 찌지 않는 결점이 있다. 그러나 체질이 건강하며 병에 저항력이 강하다. 지방이 적고 적육(赤肉)을 많이 생산한다."

품종 개량과 농가 양돈의 증가

1908년부터 버크셔종과 재래돈의 교잡종을 누진 번식시켜 품종을 고정하고자 3대 교잡종을 가지고 교배를 실시했다. 교배 결과, 비교적 성과가 좋아 경남 사천 지역과 경기 강화 지역을 개량돈 번식지로 지정하고, 타 품종의 유입과 난(難)교배를 단속하는 행정조치도 큰 성과를 거두었다. 이에 따라 일제 말기부터 1950년 초반까지 사천돈과 강화돈이 있었고, 지례돈, 정읍돈 등이 사육되고 있었다.

1908년엔 이미 권업모범장에서 버크셔 잡종 새끼 돼지 수컷을 평안북도, 경상북도, 전라남도 등 3개 도에 각각 1마리씩, 경상남도에는 2마리를 분양했다. 1931년 발간된 『조선총독부 농사시험장 25주년 기념지』에는 조선의 양돈에 대하여 "(조선에선) 예부터 일반적으로 행하여져서 일본에 비하여 사육 마릿수가 많고, 특히 조선의 서선(西鮮) 지방*에서 왕성했다. 그러나 확실하게 구별되는 것은 아니지만, 번식과 사육이 분업으로 경영되고 있다. 즉 주류제조업자나 주막과 같이 양돈 사료가 비교적 풍부한 곳에서는 번식하고, 일반 농가는 여기에서 분양받아 사육하는 사육자일 뿐이다. 또한 농가의 대부분이 부녀자가 양돈을 담당하고, 돼지 능력이 대단히 열등하고 경제 가치가 떨어져서 양돈 경영이 경제적이지 못한 것 등이 결함이라고 할 수 있다. 원래 양돈은 폐물을 유용화하는 것으로서, 소농에 가장 적합한 부업일 뿐 아니라 농업 생산과 토지 개량상 긴요한 거름을 생산하여 농가 경제를 증진시킬 수 있기 때문에 (돼지의) 개량 증진은 조선에서 특히 장려할 일이다"라고 기록하고 있다. 여기서 알 수 있듯이 양돈은 농업이나 생활 부산물을 이

---

* 평안남북도, 황해도

용할 수 있고, 농사에 필요한 퇴비를 생산·공급하는 기능이 있다는 점이 강조되고 있다.

우리나라 재래돼지는 육류 생산만을 목적으로 사육한다면 체구가 작아 사료 소비량이 적다 하더라도 고기 생산량을 고려할 때 경제적 가치가 크지 않은 품종이다. 다만 고기 생산보다는 외양간에서 쳐낸 두엄을 얻기 위해 돼지를 사육하는 경우가 많은 당시의 사육 가치 측면에서는 매우 합리적인 선택이라 할 수 있다. 같은 시기 중국도 서양종 돼지를 도입하는데, 중국 돼지는 서양 품종과 비교하여 지방 함유량이 많고 고기가 연하며 맛이 좋아서 서양종 돼지고기보다 중국인의 입맛에 맞았다. 게다가 중국 돼지는 농가에서 판매를 목적으로 사육하는 것이 아니라 돼지를 사육하여 퇴비를 만들고, 사람이 먹지 않는 밀겨 등 부산물을 이용하여 돼지를 사육하는 것이므로 다른 가축에 비해 개량의 필요성이 그다지 절실하지 않았다.[8]

1920년을 전후하여 일제는 재래돼지의 경제적 가치를 높이기 위하여 재래종과 해외에서 도입한 버크셔종을 교배하는 잡종 개량을 장려했다. 일제가 버크셔종을 선택한 이유는, 버크셔가 영국 원산의 흑돈으로서 체격이 중등급이고, 환경에 순응하는 능력이 강하며, 사료의 이용성이 좋고, 조숙조비(早熟早肥)로서 육질이 좋은 잡종으로서 우량 형질을 자손에 유전하는 능력이 뛰어나기 때문이었다. 그러나 도회지 부근이거나, 특히 사료가 풍부한 곳에서의 사육이 적당할 뿐 그렇지 못한 환경에서 버크셔를 사육하기에는 사료가 부족하기 때문에 재래종과의 잡종을 장려한 것이다.

권업모범장의 시험 결과에 따르면, 버크셔종은 성적이 좋아 매우 적합한 품종으로 평가됐다. 번식 성적은 한배에 평균 6.8마리로서 새끼 수가 적은 것이 단점이다. 생시 평균 체중이 1.2kg이지만 1년 만에 121.1kg까지 증가하고, 성돈이 되면 암컷은 150kg, 수컷은 187.5~225kg 정도였다. 권업모범장에서는 요크셔종과 만주종도 시험했는데, 1926년 이후 중(中)요크셔 시험에서 중요크셔는 성적이 양호하지만, 버크셔종에 비하면 동일 사양 관리하에서 약 20%가량 사료가 더 요구됐다. 더군다나 태어날 때 체중이 1.17kg이고, 1년 평균 증체량은 99kg에 불과했다. 다만 번식력이 왕성하여 버크셔종보다 한배에 평균 새끼 1마리를 더 생산했다. 일제는 중요크셔를 더 장려하고 싶었으나, 털색이 흰색이어서 조선 농민들의 거부감도 있고 사료 공급이 원활하지 못한 점 때문에 중요크셔 보급이 힘들었다.

만주 돼지를 시험한 결과는, 태어날 때의 체중이 563~975g에서, 1년 차에 45.0~56.3kg, 2년 차에는 112.5~131.3kg으로 증가했다. 만주 돼지는 재래종에 비하면 월등히 크고 체질도 강하면서 조방한 사양 관리에도 잘 견디지만, 버크셔에 비해서는 성질이 난폭하여 취급하기가 어려웠다. 사료 이용성도 20% 정도 떨어질 뿐 아니라 육질도 별로 좋지 않았다. 만주 돼지와 버크셔를 교배한 잡종은 태어날 때의 체중이 938~1238g, 1년 차에 75~93.8kg, 2년 차에는 150~168.8kg에 이르면서 건강하고 좋은 성적을 나타냈다.

일제는 버크셔종이 개량종돈 중 비교적 강하고 털색이 흑색인 점을 고려하여 재래종 돼지 개량에 적당한 품종이라고 판단했다. 버크셔종은 장려 초기에 사료가 많이 필요하다는 점, 고기 맛이 소비자 기호에 적합하지 않다는 등의 이유로 평이 좋지 않았으나, 1925년경에는 이를 사육하기를 희망하는 사람이 많아지면서 버크셔 종돈 공급이 사육 수요를 미처 따르지 못하였다.

개량 종돈은 권업모범장에서 육성하여 도(道) 종묘장으로 보내고, 도 종묘장에서 일반 민간 희망자에게 분양할 방침이었으나, 권업모범장의 사육 규모가 작았던 관계로 종돈 수요를 충족시키지 못했다. 또한 도(道)에서는 자체적으로 우량종을 일본에서 도입해 번식시키는 사례도 적지 않았다. 당시 조선에서 양돈이 성황을 이룬 곳은 서울, 인천, 대구, 마산, 신의주 그리고 원산 부근이었다. 우리나라에서 양돈은 방사해서 키우기도 했으나, 대부분은 우리 안에 가두어서 길렀다. 사료는 잔채(殘菜, 먹고 남은 반찬), 겨, 간장 비지, 술지게미, 두부박 등이었다. 돼지우리 시설은 조악했고, 그나마 잘 지은 우리는 큰 소나무를 통째로 사용해 귀틀을 20~60cm 간격으로 조립하여 짚이나 소나무 잎으로 지붕을 이은 정도였다. 거세는 전통적인 방법으로 이루어졌고, 서선 지방에서는 난소할거(卵巢割去)를 실시하였는데, 대부분 유경험자가 수컷은 10~15전, 암컷은 20~30전의 수수료를 받고 대행했다.

돼지 사료는 당시 주막 부근 지역에서는 주로 술지게미였고, 일반 농가의 경우 남쪽 지역은 보릿겨, 북쪽은 조겨를 주된 사료로 사용했다. 돼지의 습성상 양돈 사료만큼 범위가 넓은 것이 없으나 조선시대는 사료는 부산물 종류로 한정되었다. 음식 찌꺼기도 있으나 그 양은 많지 않았다. 따라서 사양 관리 측면에서 양돈의 개량과 증식이 제약을 받을 수밖에 없어서 사료 공급 기반을 마련하는 것이 시급했다. 사료 대안으로 산과 들에 자생하는 잡초를 실험한 결과가 의외로 좋아서 버크셔의 발육과 번식을 위해 이들을 농후사료와 같이 사용하는 것이 유리하다는 점을 알게 됐다. 농가의 부엌에서 나오는 음식물 찌꺼기는 향신료를 많이 함유한 까닭에 개량 돼지의 사료로서 적당치 못한 것으로 생각했으나, 음식물 찌꺼기를 실험한 결과 발육과 번식 성적이 보통 수준으로 나타났다. 이같이 권업모범장에서는 다양한 사양 실험을 진행했는데, 대부분 겨와 같은 농가 부산물이나 풀을 대상으로 하였다. 사양 실험 자료에는 쌀겨에 대한 실험 결과도 있는데, 이는 1920년대 쌀 생산량이 늘어나면서 늘어난 쌀겨를 돼지 사료로 이용하려는 의도로 보인다.

일제가 집중적으로 재래돼지와 버크셔의 누진교배 정책을 시도한 이후 돼지의 개량은 빠르게 진행되었다. 버크셔 순종을 들여와서 재래종과 교잡하여 버크셔 잡종을 육성했고, 요크셔 순종을 들여와서 재래종과 교잡하여 요크셔 잡종을, 또 중국 호종을 들여다가 버크셔 순종과 교잡해 그 잡종을 다시 재래종과 교잡하여 이대(二代) 잡종도 만들어보는 등 다양한 시도가 이루어졌다. 일제는 생산성이 좋은 요크셔를 농가에 보급하고 싶었으나, 희고 덩치가 큰 요크셔에 대한 우리 농민의 반발이 심해서 초기에는 버크셔를 집중적으로 보급하였고, 1930년대 후반에 다시 요크셔를 보급하고자 했으나 광복이 되면서 무산됐다. 1935년경에는 우리 재래돼지 종돈인 '평북돈'이 만주로 수출되었는데, 그곳에서 재래종과 교잡을 통해 고정된 종돈의 품질이 우수했다고 전해진다. 당시의 '평북돈'은 평양우만큼이나 품질의 우수성을 인정받았다.

개량 정책, 지역 분포, 지리적 차별성

1942년 통계에 의하면, 돼지 개량 정책으로 당시 사육 마릿수의 70% 정도가 개량종이고, 나머지 30% 정도가 재래돼지였다.[11] 1907년 이후부터 1939년까지 돼지 개량 시책의 주요 내용은 〈표 1〉과 같다.

연도	돼지 개량 시책
1907년 이전	주로 소, 말에 주력
1908년	축우(역우) 외 돼지와 닭의 개량과 증산을 도모했으나, 어떤 품종을 장려종으로 결정하는가에 대하여 고심함
1908년	처음으로 버크셔종과 그 잡종을 배부
1910년	데라우치 총독 훈령 : 각 도(道) 종묘장은 중앙 권업모범장과 긴밀히 연락하라고 함(종축을 종묘장에서 배부)
1911년	10개의 축산조합을 설치하여 종돈을 배부(경기, 충북, 충남, 전북, 경북, 경남, 평북, 강원, 함남 등 10개소)
1916년	축산조합을 조선물산동업조합령에 의해 조직할 것을 통첩
1917년	전국 축산조합 개소(98개)
1919년	전국 축산조합 개소(137개)
1921년	권업모범장에 양돈업 발전을 위해 전문기사 증원
1934년	도(道) 축산주임 기술관 회의에서 종돈장 설치 건의안 결의
1939년	전국의 돼지 마릿수는 140만 마리로서, 유축농업 보급과 식육, 피혁 자원 확보를 위한 돼지 증식계획 수립

〈표 1〉 돼지 개량 시책의 역사[12]

개항 이후의 우리나라 축산업은 농업 생산에서 보완적인 존재에 지나지 않아 특정한 축산 정책이 없었다. 1911~1944년 기간의 축산은 군수품 공급과 일본인 이민 정착자들의 생업으로서 장려됐으며, 질보다는 양적 증대에 치중했다. 1911~1912년경 일제는 전국에 축산조합을 설치하고 각 조합에 종돈을 배부하는 등 돼지 개량사업을 실시했다. 이 사업을 본격적으로 시작한 것은 1921년 권업모범장에서 전문기사를 증원하면서부터라고 할 수 있다.

오시다 유지로에 의하면, 1925년 조선의 돼지 사육 마릿수는 115만27마리이고, 이때 일본은 68만7820마리였다. 인구 대비로 보면, 인구 1000명당 조선은 68마리의 돼지가 사육됐고 일본은 11마리에 불과했다. 1935~1937년 기간 연간 돼지고기 생산액(괄호 안은 축산물 생산액 중 돼지고기 생산액 비중)은 1935년에 1125만9000원(24.2%)이고, 1936년 1274만1000원(22.1%), 1937년 1590만5000원(22.9%)이었다.

조선총독부 식산국에서 발행한 『조선의 축산』(1921)에는 "돼지는 그 품종은 좋지 못해서 이익이 적다. 자체적으로 양돈업 발달을 기하기 어려우므로 일찍 개량 방침을 강구하여 농가의 부업으로서 이의 사육을 장려한 결과 이제 점차 개선되어가고 있다"고 기록돼 있다. 일제는 재래종의 결점을 보완해서 조숙성을 강화하고 체격을 크게 하려고 버크셔를 잡종 개량을 위한 장려품종으로 결정하였다. 통감부는 권업모범장의 성적에 따라 1908년에 처음으로 버크셔 잡종을 각 도에 배급했다. 이것이 우리나라에서 관 주도 계획적 돼지품종 개량사업의 효시이다. 1903년에는 함경북도에 요크셔 종돈을, 1905년에는 경기도와 전라남도에 버크셔 종돈을 수입해 보낸 사실이 있다.

일제의 개량종 보급에 따라 1914년에 전체 돼지의 1.4%를 차지하던 개량종 돼지가 일제의 마지막 통계 자료가 있는 해인 1942년에는 70%에 달했다. 일제 강점기 돼지 개량종에 관한 기사로서, 1933년 8월 13

일 자 경성일보에는 '평양의 강적 국경돈'이라는 제목의 기사가 실렸다. 조선의 재래종 돼지는 체구가 왜소하고 늦게 성장해서 재래종을 개량했는데 평북 강안지대에서 사육하는 이 돼지는 '평북돈' 또는 '국경돈'이라고 불리며, '평양우'의 대체재로 사용하기 위해 5개년 증산계획을 세웠다는 내용이다.

도별 돼지의 사육 마릿수를 살펴보면, 1909년도 이북 지역의 소와 돼지 사육 마릿수가 이남 지역보다 많았다. 소의 경우는 경작 방식의 차이에 의해 사육 마릿수에 차이가 났던 것으로 보인다. 이북 지역은 소 두 마리를 이용해서 농사를 짓지만, 이남 지역은 농사에 소 한 마리를 이용했던 것이다. 농사 목적으로 키우는 소는 사육 마릿수, 소고기 소비량과는 크게 상관이 없었다. 하지만 지역 내 생산과 소비가 이루어지던 돼지의 경우는 이북 지역이 이남 지역보다 훨씬 더 많이 돼지고기를 소비했다고 볼 수 있다. 이는 육식 문화, 특히 돼지 생산구조, 돼지고기 수요와 공급, 지리적 환경 등과 관련해 시사하는 바가 크다. 우리나라 육식 문화가 남북 간에 차이가 있었음을 시사한다. 황해도와 평안남도에서 인구 대비 돼지 사육 마릿수가 많았다는 것은 이 지역에서 돼지고기 소비가 많았다는 것을 의미하고, 이에 따른 이 지역만의 돼지고기 식문화도 형성되었을 것이다. 이남에서는 전라남도 지역의 돼지가 많은 것으로 나타나는데, 아마도 이 당시 제주도가 전라남도에 포함되어 있었기 때문일 것이다. 당시 제주도 가구 수는 약 3만 가구에서 4만 가구 정도이고, 돼지는 3만~4만 마리가 사육되고 있었다.

지역별로 돼지 사육 마릿수와 돼지고기 소비량이 많고 적음에 따라 돼지고기에 대한 접근성의 차이와 함께 지역민의 돼지고기에 대한 인식과 소비 방식에 차이가 날 수밖에 없다. 이러한 차이는 오랫동안 지역 내 각 가정에서 이뤄져온 교육 내용과 식관습이 다르기 때문에 각 지역의 부위별 선호도와 고유한 조리 방법이 차별적으로 계승되고 고 착화하여 현재와 같은 고유한 지방색을 형성했다고 여겨진다.

〈표 2〉에 나타난 통계는 1909년 당시의 실상을 보여준다. 이 통계 자료는 조선 후기 소와 돼지의 사육 분포를 엿볼 수 있는 중요한 자료이다.

구분	소			돼지		
	마릿수	구성비 (%)	인구 1000명당 마릿수	마릿수	구성비 (%)	인구 1000명당 마릿수
경기도	63,075	10.0	47.16	41,780	7.2	31.24
충청북도	17,030	2.7	31.99	12,554	2.2	23.58
충청남도	19,874	3.2	22.72	33,060	5.7	37.80
전라북도	18,492	2.9	19.50	31,216	5.4	32.92
전라남도	35,398	5.6	23.59	79,701	13.8	53.11
경상북도	77,517	12.3	50.65	27,042	4.7	17.67
경상남도	64,974	10.3	47.60	22,329	3.9	16.36
황해도	49,988	8.0	64.55	77,835	13.5	100.50
강원도	59,598	9.5	72.17	40,924	7.1	49.56
평안남도	39,321	6.3	90.36	48,724	8.5	111.97
평안북도	67,515	10.7	76.34	58,224	10.1	65.84
함경남도	83,611	13.3	86.54	73,369	12.7	75.89
함경북도	31,699	5.0	33.06	29,670	5.1	30.94
이남(계, 평균)	296,360	47.2	36.64	247,682	43.0	30.62
이북(계, 평균)	331,782	52.8	68.47	328,746	57.0	67.85

〈표 2〉 1909년 도별 소, 돼지 사육 마릿수(조선총독부, 통계자료). / 단위 : 마리, %

자료에 의하면, 이북 지역의 소와 돼지 모두 이남 지역보다 많다. 특히 돼지는 전국에서 전남 지역이 가장 많고, 이북 지역에서는 황해도와 함남 지역에 많이 분포했다. 조선시대 육류 소비 패턴을 도시형 고기와 농촌형 고기로 구분하였듯, 돼지고기 기호는 이북 지역과 이남 지역으로 구분할 수 있겠다. 이는 곧 고기 섭취(또는 조리) 문화의 차이로 이어진다.

일제가 양돈을 장려한 진짜 이유

일제 강점기 농가 단위에서 양돈 경영의 주 목적을 퇴비 생산에 두는 것이 합리적이었다. 당시 권업시험장 시험 결과, 버크셔의 퇴비 생산량은 마리당 21.6kg, 재래종은 22.5kg 수준으로 조사됐다.[15] 재래종의 퇴비 생산 능력이 버크셔보다 우수하다는 성적을 미루어볼 때, 조선에서의 돼지 사육의 주 목적을 퇴비 생산에 두는 것이 바람직했음을 알 수 있다.

1927년경 총독부는 의도적으로 비료 생산을 독려했다. 당시 돼지는 오늘날과 같이 고기 생산을 위한 산업동물의 의미보다는, 채비(採肥) 즉 비료 생산의 의미가 더 컸다. 채비주의(採肥主義)라는 말이 이 당시 신문 기사에 등장하는데, 이는 특히 공산주의처럼 땅의 비옥도를 높이기 위해 비료를 생산하는 걸 이념화하고 있음에 주목할 필요가 있다. 이는 농업생산성과 매우 깊은 관계가 있다. 일제가 양돈을 장려한 것은 소를 수탈해가고 국내 소고기의 부족분을 대체 공급하기 위해서가

---

*　이북 지역은 황해도, 강원도, 평안남북도, 함경남북도이고, 이남 지역은 경기도, 충청남북도, 전라남북도, 경상남북도이다.

아니라, 미곡 생산량을 증산하기 위한 퇴비 마련이 목적이었다.

일제 강점기의 통계상 돼지의 도축 마릿수는 의미가 없다. 요즘은 돼지를 6개월 키워서 도축하니 평균 사육 마릿수의 대략 1.5~1.6배 이상이 한 해에 도축되는 셈이다. 1909년의 도축 마릿수는 사육 마릿수의 5분의 1밖에 되지 않는다. 이는 단순히 생각하면 돼지를 5년 이상 키운다는 말이다. 일제 강점기에는 돼지의 도축을 관에서 간섭하지 않았다. 돼지는 추렴 등 마을 잔치나 꼭 필요할 때 자가 도축을 하는 비율이 높았고, 자가 도축 물량은 도축 통계에 집계되지 않았다. 이를 고려하면 아마도 1년 동안의 사육 마릿수와 도축 마릿수는 거의 동일했을 것으로 추정된다. 1927년 9월 29일 자 동아일보에는 1925년 도살(도축) 마릿수는 69만1000마리라고 했는데, 공식 통계에는 17만307마리가 도축된 것으로 기록되어 있다.

1909년 57만6427마리인 돼지 사육 마릿수가 1937년에는 162만5091마리로 크게 늘어났다. 불행하게도 일제 강점기의 1인당 육류 소비량에 대한 정확한 기록이 없다. 다만 몇몇 신문 기사를 통해 당시 경성(서울)의 육류 소비를 추측할 수 있다. 1922년 동아일보 기사를 보면, 1921년 경성부민의 1인당 육류 소비량이 소고기는 380냥 (14.25kg), 돼지고기는 190냥(7.125kg), 도축 마릿수는 소가 2만5296마리, 돼지가 6331마리였다. 이 기사를 보면 당시 경성의 육류 소비가 얼마나 많았는가를 알 수 있다.

당시는 냉동·냉장과 같은 물류체계가 잘 갖추어지지 않아서 지역 도축장에서 도축된 소, 돼지는 도축장과 가까운 지역에서 소비되었다. 일

° 1냥은 0.0375kg.

제 강점기 전국에 걸쳐 도축장이 1400개 이상 되는 해도 있었다. 1921년 경성의 인구는 26만1698명으로 전체 인구 1745만2918명의 1.5% 수준이었다. 같은 해 경성부에서 도축된 소는 전국에서 도축된 소 31만9028마리의 7.9%인 2만5296마리, 돼지 도축 마릿수는 전국 도축 마릿수 13만8977마리의 4.5%인 6331마리였다. 경성에서 소고기는 전국 평균의 5배 정도, 돼지고기는 전국 평균의 3배 정도를 소비했다. 물론 돼지의 경우 농가에서 자급자족 형태로 키워서 자가 도축으로 소비함으로써 이 통계 안에 포함되지 않는 경우가 적지 않을 것이다. 전국 소비량 대비 경성 소비량의 크기는 과대평가될 수도 있다.

당시 경성 인구 중 일본인은 생각보다 많지 않았으니, 1인당 육류 소비량이 이렇다는 이야기는 조선 사람들의 소비량이 많았다는 것을 시사하는 것이다. 이 통계는 당시 도축장에서 정식 허가를 받고 도축된 물량이니 실제 돼지고기 소비량은 더 많았을 것으로 추측된다. 단지 이 당시 육식 소비는 경성과 평양 등 대도시의 일부 계층에 한정되었다. "대부분의 서민은 고기를 마음대로 배부르게 못 먹었어요. 잔칫집에서 끓여서 국이나 먹고 지짐이나 부쳐 먹고 그렇지 고기 같은 건 없었다 카이"라는 홍성두의 증언에서 결혼식 때도 육류를 먹기 어려웠던 그때 사정을 알 수 있다. "일제 식민지라는 시대적 특성상 우리나라 일반 국민이 소비할 수 있는 육류량은 매우 제한적이었다. 따라서 고기를 구워서 먹기에는 절대적으로 육류 공급량이 부족했으며, 대신 국물을 내서 먹는 탕 위주의 소비였다." 이는 근대 이후 우리나라 육류구이 문화의 변천을 보여주는 것이다.

일제 식민지 기간은 그 나름의 근대화 시기였다. 하지만 식민지 시기에 다가온 근대화 과정에서 식민지 피지배 계층인 조선인들은 주변인이고 조선 땅에 이주한 일본인이 주 대상이었다. 이 시기를 겪고 현대를 살아가는 우리에게 올바른 역사관은 근대화와 전통성을 인식하고, 그리고 전통과 정통성을 정립하는 데 중요하다.

식민지 시기에 근대화란 이름의 변화는 도시에서 먼저 일어났다. 그리고 변화는 조선의 전통적인 도시에서 '도시의 이원화'로 나타났다. 특히 서울에서는 북촌과 남촌으로 이원화되었다. 조선인은 전통적인 생활 중심지인 종로를 중심으로 한 북촌 지역에서 거주하였고, 일본인은 서울에 들어와 처음 자리 잡은 남산 아래 진고개(충무로) 지역을 중심으로 거주했다. 이러한 인구 분포에 따라 육류 거래와 소비의 특성도 북남 지역 간에 차이가 있고, 지역별 음식점도 각기 특색 있게 형성되었을 것이다.

한편 우리나라 속담에 '남주북병(南酒北餠)'이란 말이 있다. 서울에서도 청계천을 사이에 두고 남쪽은 술, 북쪽은 떡을 손꼽았다는 말이다. 이는 맛이나 솜씨가 뛰어나서가 아니라, 남촌은 한사(寒士, 가난한 선비)가 많아서 북촌처럼 떡을 쪄 먹을 만한 여건이 못 되고 겨우 술이나 빚을 정도였다는 데서 나온 말이다. 북촌에서는 풍성한 차림에 잔치를 벌이는데 남촌에서는 나물 한 접시를 겨우 안주 삼아 술이나 마실 환경이었다는 뜻이다.

세겹살(뱃바지, 삼겹살)의 세평(世評)

1934년 11월 3일 동아일보 기사에는 육류의 좋고 그른 것을 분간하는 법, 살 때 주의할 몇 가지라는 내용으로, "도야지 고기는 조선에서는 강원도에서 조 껍질을 먹고 자란 것이 조타 하고, 도야지 고기의 맛으로 말하면 소와 같은 부위가 많지 아니하나 뒷넓적다리와 배 사이에 있는 세겹살(三枚라 하는)이 제일 맛이 있다고 하고, 그다음으로는 목덜미살이 맛이 있다 하고, 도야지 역시 수컷보다 암도야지 고기가 다소 연한 터이며, 맛있는 시기는 난 지 십개월가량 자란 놈이 적당하다 하겠고, 도야지 고기에 있는 로스는 소고기와 달러 그 비어낸 곳을 보면 지방층이 부챗살같이 끼여 있어 알아내기 쉽고 도야지 고기는 소고기와 달러 약간의 냄새가 있어 먹지 아니하는 사람도 있으나, 근일에 와서는 기르는 방법을 개량하야 냄새가 덜 나는 고로 수요가 점점 많아집니다. 이뿐만 아니라, 햄을 만들어 오랫동안을 두더래도 상하지 아니하야 외국에라도 수출할 수 있게 되었으나, 원래 지방질이 많고 섬유질이 연하야 썩기 쉬워 늘 주의하지 아니하면 오래된 썩은 고기를 사게 됩니다"라고 자세히 기술하고 있다.

삼겹살과 목살 순으로 맛있는 부위를 설명한 것이 오늘날과 같다. 강원도는 돼지를 별로 키우지 않았으나, 예로부터 강원도 돼지가 맛있는 것으로 소문난 것은 아마도 조선시대 당저가 강원도 지역에 많았기 때문일 수도 있다. 이 기사에 나오는 세겹살이 지금의 삼겹살이다. 1930년대 들어 세겹살이라는 단어가 사용되기 시작한다. 그 이전에는 '뱃바지살'이나 '숭'이란 단어로 표현됐던 것이 이때 세겹살이라는 표현을 쓰기 시작한 건, 1930년대 개량종 돼지의 비중이 40% 이상 되어 개량종 돼지의 '뱃바지살'이 지금처럼 삼겹으로 형성되어 가장 맛있는 부위가 되었기 때문일 것이다. 1931년 방신영이 쓴 『조선요리제법』 제

위의 기사에서 세겹살 부위가 뒷넓적다리와 배 사이에 있는 세겹살이라고 한 점으로 보아 당시는 지금과 달리 갈비를 통으로 작업하고 남은 배 부위만 세겹살이라고 했을 것으로 추측할 수 있다. 우리가 지금처럼 앞갈비만 갈비로 사용하고 5번 아래쪽 갈비 부위를 삼겹살에 포함시키는 경우는 베이컨용 스펙으로서, 이는 1970년대 일본으로 부분육을 수출할 때 확정·유통되었을 것으로 추측할 수 있다.

6판에 세겹살(뱃바지)은 배에 있는 고기(돼지고기 중 제일 맛있는 고기)라고 언급했다. 세겹살이 처음으로 등장한 문헌이다. 이 책에서 '세겹살(뱃바지)'이라고 표현한 것은, 이전에는 세겹살을 뱃바지라고 표현했음을 암시한다.

1939년 발행된 방신영의 『조선요리제법』(증보 9판) 중 수육에 관해 소개한 부분을 보면, 우육 부위를 우설, 등심, 안심, 사태, 아롱사태, 콩팥, 업진, 양지머리, 고들개(양깃머리), 홀데기, 둔육으로 자세히 구분하여 설명하고 있다. 하지만 돼지고기에 대해서는 비계(가죽 밑에 있는 기름)와 세겹살(뱃바지, 배에 있는 고기, 돼지고기 중에 제일 맛있는 고기) 두 부위만 언급하고 있다.

우리나라는 소고기를 일찍부터 전 세계 어느 민족보다 부위를 세분화하여 요리해 먹는 민족으로 알려져왔지만, 돼지고기는 1970~80년대까지도 부위 명칭으로 세분하여 구분하지 않았다. 1950년대에 출판된 국어사전에도 돼지고기는 살코기, 비계, 돼지머리, 족발 정도로만 구별할 뿐이지, 현재 우리가 사용하는 부위명이 세세하게 등재되어 있지 않다. 돼지고기 요리가 다양하지 않고, 한 마리를 통째로 삶거나 끓여 동시에 나누어 먹어서 세세한 부위별 명칭이나 요리법이 정착되지 못했다.

양돈 축산의 암흑 시대

8·15 광복 직후 무지에서 비롯된 무모한 남살(濫殺)과 도살(盜殺)이 전국 각지에서 행해졌다. 이것은 태평양전쟁 동안 일제의 가축 징발로 국내 식육 공급이 거의 중단되다가, 광복되고 무정부 상태에서 광복이란 축제 분위기와 그동안 고기를 먹지 못한 굶주림에서 비롯된 충동 때문으로 해석하고 있다.[21] 일본인들이 물러가면서 퇴비와 건초 장려도 흐지부지되어 집 마당의 거름더미가 사라지고 처마 밑 건초 묶음도 볼 수 없게 되었다. 일제 강점기에 육우목장은 거의 일본인들이 경영했는데, 그들이 물러간 후에는 목장의 불법 점령, 공유우(公有牛)의 도난, 가축 남·도살 등과 같은 행동이 이어지면서 축산의 기반이 흔들리기 시작했다.

또한 약소국의 슬픔과 회한의 역사인 남북 분단으로 말미암아 가축도 남북으로 분산됐다. 광복 직후 가축통계에 의하면, 분단 이후 남북 전체 한우의 약 60%, 돼지 약 60%, 닭 약 70%가 남한 지역에서 사육되고 있었다. 그러나 이 통계는 앞서 말한 바와 같이 광복 직후 남·도살된 가축 수가 제대로 집계되지 않다 보니 그 정확성은 분명 떨어질 것이다. 광복 이후 혼란 시기에는 모든 분야에 걸친 통계가 제대로 작성되지 못했고, 이 시기 가축의 동태나 가축위생상의 여러 가지 문제,

그리고 축산물과 사료에 관한 자료도 거의 없는 실정이다. 축우의 밀도살이 성행하면서 농사에 이용할 농우가 부족할 것을 우려한 미군정 당국이 1947년에 축우도살제한령을 법령으로 공포하는 등의 조치가 존재할 뿐이다.

미군정 보고서로 보는 축산 실정

광복 이후 미군정 시절 보고서에 우리나라 축산 상황이 잘 나타나 있다. 개요에서 우리나라 축산업 전반에 대해 다음과 같이 서술하고 있다.

한국 축산업 개요(Outlook for Korean Livestock Industry)

가축 생산이 한국 농업에서 결코 중요한 역할을 하지 않는다는 사실은 유감스러운 일이다. 가축 생산 증가를 통해 한국이 직면한 문제를 해결할 수 있기 때문이다. 앞으로도 몇 년간 한국은 결코 식량을 자급할 수 있는 국가가 되지 못할 것이다. 한국의 현재 식단은 칼로리와 단백질 함량이 적다. 곡물과 채소 생산은 이미 최대한으로 이뤄지고 있다. 그렇기 때문에 가축 생산은 한국인 식단을 개선할 유일한 해결책이다. 한국인들은 늘 그래왔고, 지금도 육류와 유제품을 거의 완전히 배제하고 곡물과 채소를 소비해왔지만, 가축 생산 증가는 식량의 양과 질 모두를 보완할 수 있다.

가축 생산 증가로부터 파생되는 다른 이점은 다음과 같다. 한국 농장의 고갈된 토양에 뿌릴 더 많은 퇴비, 더 많은 농업 노동력, 희소한 한국산 직물을 보충할 수 있는 더 많은 양모를 얻을 수 있을 뿐 아니라, 가장 중요한 것은 콩과식물과 식용 풀을 불모지인 산등성이에 식재하는 계획을 세우면 그 결과로 수확한 잎사귀로 막대한 양의 가축 사료를 제공할 뿐만 아니라 비참한 토양 침식을 지연시킬 것이라는 점이다.

1945년 9월 일본이 항복하자마자 한국인들이 육식을 많이 하게 되면서 한국의 가축 양은 1943년의 50% 이하로 줄었다. 그러나 한국인은 지난 400년 동안 육식과 유제품에 대해 관심을 두지 않았다. 가축 생산의 절정기였던 1938년에도 한국의 연간 농업 생산량과 비교하면 6.5%에 불과했으며, 1947년에는 이 수치가 3%로 감소했다. 조밀한 인구의 압박으로 거의 모든 사용 가능한 토지에 미곡과 한국인들이 선호하는 식량을 재배했기 때문에 가축 사육에 적당한 초원지대는 거의 없다.

부족한 식량을 해결하기 위해 곡물 생산량을 늘리면 축산업이 피해를 보기 때문에 한국의 현 상황(1947년 여름)은 축산업의 미래에 바람직하지 못하다. 가축 사료를 생산하는 데 이용 가능한 토지는 황무지가 유일하므로 토지 용도를 변경하는 프로젝트에는 엄청난 양의 종자, 비료, 관리, 실험 및 자금이 소요된다.

1947년 4월 한국에서 가축은 1938년 대비 80%, 1943년 대비 50%로 감소했다. 과거와 마찬가지로 가축 사료의 대부분은 농작물의 부산물인 대두, 볏짚 등이다. 사료 부족 이외에 가축 생산과 관련된 또 다른 과제는 동물 질병 통제, 동물 도축 통제, 그리고 가축 사육과 번식 등에 대해 농민들을 적절하게 교육하는 문제이다.

1946년 10월 1일 미군정 농무부가 중앙경제위원회에 보낸 메모 '한국의 축산 생산과 문제점(Korean Livestock Production and Some of Its Problems)', 1946년 5월 1일 농무부가 농무부 축산고문에게 보낸 서한 '축산업과 관찰(Livestock & Observations)', 1946년 12월 1일 농무부 축산국 보고서 '남한의 축산 실태(Present Livestock Position in South Korea)'.

미군정 당국은 광복 이후 국내 농업정책으로 광복 이전에 시행한 일본의 정책을 그대로 수용한 것 같다. 그라잔제프(Grajdanzev)는 일제가 한국에서 행한 농업정책의 주된 원칙을 다음과 같이 정리했다.

① 점진적 진전
② 한 번에 너무 많은 것을 권장하지 않는다.
③ 실현하기 쉬운 것을 먼저 격려
④ 실용적 리더십(Practical leadership) 창출[23]

이와 관련해 미군정 농무부가 한국 농민들에게 가축 생산을 권장하면서 수립한 전략이 실용적인 리더십을 부여하고, 실현하기 쉬운 것부터 먼저 장려하는 것이었다. 그리고 점진적으로 발전하게 하고 농민이 기꺼이 수용할 수 있도록 한꺼번에 너무 많은 변화를 피하고자 했다.[24]

이처럼 미군정과 일제가 같은 정책을 시행한 것은, 모두 한국 농민의 심리와 행동을 연구한 결과 이들 지배기구 간 별다른 차이가 없었기 때문인 것으로 보인다. 미군정하에서 드러난 국내 축산 실태 중 몇 가지 중요한 사실은, 먼저 1938년 이후 한국의 가축 사육 마릿수는 최소 50% 감소했고, 다른 공식적인 추정치에 따르면 감소 수치는 80%에 달했다.[25] 둘째, 이러한 비정상적인 감소 추세의 원인은, 우선 일제가 전쟁을 수행하는 동안 일본군을 위한 육류가 상당히 많이 필요했다. 그리고 가축 사료가 부족했고, 광복 이후 일본의 통제가 사라지자 한국인들이 많은 가축을 도축했기 때문이다.[26]

셋째, 한국인들의 식단에서 열량을 증가시킬 필요가 있었다. 태평양전쟁 전 한국인이 섭취한 열량은 하루 약 2077칼로리로, 서서히 굶어죽는 정도보다 조금 더 많은 수준이었다. 이 극소량의 열량 섭취조차도 1946년 5월에는 하루 1000~1800 칼로리로 줄었다.   넷째, 곡물 재배를 위해 사용될 만한 모든 토지에서 이미 곡물이 재배되고 있었기 때문에, 가축 사육을 촉진하는 것은 한국인들의 식단에서 단백질 함량과 열량을 증가시키는 것이 논리적 해결책이었다. 다섯째, 곡물 경작에 영향을 끼치지 않으면서 가축에게 먹일 사료 작물을 재배할 수 있는 유일한 땅은 수천 에이커의 황무지였다. 이 땅은 농사에 적합하지도 않고 목재가 심어져 있지도 않았다. 이러한 지역에 콩과식물이나 다른 식용 풀을 심으면 가축을 먹일 광활한 목초지가 될 뿐만 아니라, 매년 되풀이되는 토양 침식을 부분적으로나마 멈추게 할 것으로 보았다. 하지만 작물 재배는 토지의 비옥도를 감소시키는 원인이 되기도 하며, 한국의 중요 산업인 농업이 견실하게 성장하는 것을 막을 것으로 보았다.

무분별한 가축 도살(Uncontrolled Livestock Slaughter)

1947년 4월 19일 러치(Archer L. Lerch) 장군은 군정명령 제140조 '가축 도살 제한(Limiting the Slaughter of Cattle)' 조치를 발표했다. 이는 축산업 분야에서 미군정이 취한 첫 번째 공식 조치였다. 이러한 조치는 1945년 9월 미국이 한국에 진출한 이후 한 달 동안 무차별적인 도살이 보고됐으며, 군정명령 제140조가 효력을 발휘할 때까지 한국의 가축 사육 기반이 위태로운 상황이라는 점을 고려한 것으로 보인다. 한 지방 농무국에 따르면, 일본 항복 당시의 가축량을 회복하려면 20년이 필요하다 했다.

1945년 9월 21일 현재, 한국에는 1943년도에 사육하던 총 돼지 마릿수의 50%만 남아 있었다.   같은 날 농상국 공보실에서는 암시장의 소고기 가격이 높기 때문에 소 도살이 성행하고 있는데 이는 중단되어야 하고, 낙농업이 완전히 사라질 위험에 처했다는 것을 대중에게 알려야 한다고 촉구

했다. 같은 해 12월 강원도 철원 등지의 불이(不二)농장과 기타 축산 농장을 조사한 결과, 모든 소의 상태가 좋지 않았다. 1946년 1월 농상국 가축 고문은 농우(農牛)가 심각하게 부족해지기 전에 불법적인 가축 도축을 억제하는 '과감한 조치'를 취해야 한다고 권고했다.

1946년 4월 5일 현재, 사료 부족, 육류 및 사육 조류의 가격 급등, 값비싼 사료, 가축 사육에 도움이 되는 자원 부족 등으로 한국의 가축산업 상황은 비관적이었다. 1945년 8월 15일 이후 국내 농우의 40%가 도살됐고, 유제품을 생산하는 가축들은 영양부족 상태였다. 우유 생산량은 이전 물량의 3분의 1이 감소했고, 사육 조류의 50%가 사라졌는데, 이 기간 말은 4000마리가 증가했다. 이는 한국인에게 일본 육군이 보유하던 말을 판매한 결과이다. 1946년 4월 13일 농민주보(Farmer's weekly)는 농사일에 필요한 동물이 거의 남아 있지 않다는 것이 명백해지자 1마리의 농우를 6명의 남성으로 대체할 것을 제안했다. 1947년 2월까지 한국에 있는 젖소 수는 이전 마릿수의 50%까지 감소했고, 여전히 매달 7000마리의 가축이 도살되고 있었다.

농민주보, 미군정의 공보 자료, 라디오 프로그램 및 다른 형태의 홍보물을 통해 농민들을 설득하면서 가축의 도살을 막아보았지만, 단순한 경고 차원이라 큰 효과는 없었다. 일본이 항복하고 난 뒤 18개월 동안, 그리고 군정법령 제140호로 도살이 금지될 때까지 효과를 본 활동은 경기도 농무국이 가축 도살을 단속한 것이다. 1947년 2월 18일에 내린 농무국 고시 제335호는 경기도 지역에서 소 도축을 제한했다. 군정법령 제140호는 수개월의 토의를 거쳐 1947년 4월에 승인됐다. 이 법령은 미군정에 의해 설립된 도살장에서만 정기적으로 가축을 도살하도록 했는데, 이는 최소한의 가축 수를 유지하기 위한 것이었다. 법령은 또한 10세 미만의 건강한 암소, 7세 미만의 건강한 수소, 임신한 소 및 임신 가능한 암소, 6개월 미만의 돼지와 임신한 암퇘지 및 임신 가능한 암퇘지의 도축을 금지했다.

공인 수의사의 검사를 통해 공공 도살장에서만 도축했고, 고기와 가죽은 모두 공인 도장을 찍어야 했다. 소의 도축에 대한 책임은 지역 공인 축산 기술자에게 일임했고, 매년 도축되는 소와 돼지의 수는 국가 및 지방정부가 결정했다.[36]

광복 직후는 한국 축산 역사에서 심각한 피해가 발생한 기간이었으나, 군정법령 제140호가 시행되면서 비로소 도살 문제가 진정되었다. 이때부터 축산 문제 해결의 실마리가 풀리면서 축산 발전이 국가적인 관심사가 됐다.

돼지 사료용 음식 찌꺼기(Garbage as Hog Feed)

24군단과 미군정은 군부대 음식 찌꺼기를 돼지 먹이로 사용할 수 있는지에 대한 광범위한 조사를 수행했는데, 이유는 군의 임시숙소와 부대에서 수십 톤의 음식 찌꺼기가 버려지고 있었기 때문이었다. 축산국의 미국인 고문에 따르면, 음식 찌꺼기 1톤으로 하루에 돼지 약 50~60마리를 먹일 수 있고, 하루에 돼지 마리당 1파운드의 (정육) 이익을 기대했다. 따라서 음식 찌꺼기 1톤으로 하루에 약 60파운드의 돼지고기를 생산할 수 있다는 것이다. 문제는 이 음식 찌꺼기 분배였다. 1947년 3월 11일 농무부는 군정장관에게 축산과 및 군 막사 담당 장교가 수거·분배 시스템을 개발해야 한다고 권고했다.

1947년 3월 26일, 24군단 환경장교는 음식 찌꺼기 처리 문제에 관해 포괄적인 연구를 실시했다. 연구에 따르면, 2월 한 달 동안 100명당 평균 4.5파운드의 음식 찌꺼기가 생산되고, 45개 매립장에 6298명분의 음식 찌꺼기를 버린다. 서울 지역에는 117곳의 폐기물 처리장소가 있어서, 이 지역에서만 하루에 대략 792파운드의 음식 찌꺼기가 발생했다. 그 당시에는 한국인들이 폐기물 장소에서 음식 찌꺼기를 수집하고 있었고, 군대는 한강교 근처 쓰레기장으로 음식 찌꺼기를 보냈다. 농무부는 서울 지역에 사료가 필요한 돼지농장이 8개가 있다고 보고했으며, 음식 찌꺼기를 한국인 대행업자에게 판매하도록 요청했다. 그러나 환경장교는 음식 찌꺼기를 농가나 기타 대행기관에 판매하는 것은 실용적인 방안이 아니며, 음식 찌꺼기를 조직적으로 수거하여 경기도 농무부로 넘겨주는 편이 더 좋다고 권고했다. "상당한 기간 동안 부대원이 500명 이상이 되지 않으면 이 방법은 실용적일 수가 없다. 돼지는 하루 약 50파운드의 음식 찌꺼기가 필요하고 그중 15~20파운드를 먹는다.… 음식 찌꺼기만으로는 충분한 수준의 돼지고기를 생산하지 못한다." 농무부는 "음식 찌꺼기를 비료로 쓰기보다 동물 사료로 쓸 경우 국민 복지에 더 유익하다"고 보았다.

이 연구 결과는 1947년 3월 군정장관에게 제출됐으며, 8월에는 돼지 사육 신청자에게 분배하도록 음식 찌꺼기를 지방 농업 공무원에게 보냈다.[37]

축산업 발전의 원동력

과거나 현재 한국에서 돼지 사육은 농업에서 비중이 크고 중요한 사업이다. 1947년 돼지가 소비하는 곡물이 많았음에도 도축 후 부산물을 이용하려는 목적에서 돼지 사육이 활발했다. 당시 한국의 토종 돼지는 검고, 크기가 작고, 몸무게가 약 50파운드 정도였다. 돼지는 지방이 거의 없고, "아주 건강했고, 돼지고기는 맛이 좋았다." 식민지 시기에 버크셔와 요크셔 품종이 수입되었으나 토종 돼지보다 사료가 더 많이 필요하고, 한국인들은 이들 품종의 고기가 너무 기름지다고 생각했다. 그러나 광복 이후부터 이들 개량종에 대한 수요가 점차 늘어났다.

선교사들이 한국 축산업 발전에서 중요한 역할을 했다. 이들은 홀스타인(Holstein), 에어셔(Ayrshire), 브라운 스위스(Brown Swiss), 저지(Jersey) 등의 외국산 소, 폴란드 차이나(Poland China), 탐스워스(Tamsworth), 버크셔(Berkshire) 등의 돼지, 밀크 고트(milk goat)같이 젖 생산을 위해 사육하는 산양, 화이트 레그혼(White Leghorn), 베어드 록(Barred Rock), 플리머스 록(Plymouth Rock), 로드아일랜드 레드(Rhode Island Red) 같은 닭을 포함한 개량종 가축의 수입에 중요한 역할을 했다. 일본인들은 다른 종은 제외하고 오직 소 품종 중에서는 홀스타인, 돼지 중에서는 버크셔, 닭 중에서는 화이트 레그혼만을 생산하도록 장려했다. 1938년 국내 축산물 총 생산량은 연간 농업 생산량의 6.5%에 불과했고, 1947년에는 3%로 감소했다. 이때 1인당 연평균 379파운드(171.9kg)의 곡식을 소비하는 것과 비교했을 때, 한국인의 평균 육류 소비량은 연간 6파운드(2.72kg)에 불과했다.

소를 살리기 위해 돼지를 키웠다?

광복 이후 전업 양돈은 도시에서 발달하기 시작한다. 농촌에서는 부업으로 농가당 한두 마리 정도의 돼지를 키웠을 뿐, 전업형의 양돈 농가는 찾아보기 힘들었다. 반면 서울 등 돼지고기 수요가 많은 지역에서는 전업형 양돈 생산이 이루어지기 시작했다.

시내에서 돼지를 키울 경우, 위생 문제가 발생하게 된다. 1947년 7월 31일 자 동아일보의 '양돈지구 지정'이라는 기사에 다음과 같은 내용이 있는 것을 볼 때, 당시 서울시내 곳곳에서 얼마나 많이 돼지를 키웠는지를 알 수 있다. "도시의 위생상 서울시 예방과에서는 시내에서의 양돈을 금지하는 동시에 시 주변의 양돈 허가지역을 지정했는데 앞으로 만일 금지지역에서 양돈을 하면 엄중 처벌하리라 한다. 그런데 현재까지 금지구역에서 양돈을 하고 있는 사람은 양돈 두수의 다소를 불문하고 8월 21일까지 금지구역 밖으로 철거하기를 바라고 있다."

양돈 허가지역은 다음과 같았다.

서대문구 : 홍제동, 연희동, 신촌동, 창천동, 부암동, 신영동, 홍지동
동대문구 : 답십리동, 전농동, 수경동, 이문동, 회기동, 제암동, 제기동
성동구 : 옥수동, 금호동, 마봉동, 사승동, 행당동
마포구 : 현석동, 신정동, 구수동, 신수동, 노고산동, 창전동, 상수동,
　　　　하수동, 군중동, 당인동, 합정동, 망원동, 서교동, 동교동
용산구 : 이태원동, 한남동, 보광동, 주성동, 동빙고동, 서빙고동
영등포구 : 동산동, 흑석동, 상도동, 도림동, 양평동, 양화동, 대방동, 노량진동

　당시 서울시에서 양돈을 허가한 지역이 사대문 밖이었음에도 불구하고
사대문 안 지역에서도 양돈이 성행했음을 짐작할 수 있다〈그림 1〉. 이는
한편으로 서울에서 돼지고기 소비가 그만큼 많았음을 의미하기도 한다.

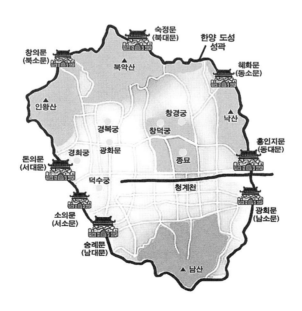

〈그림 1〉 서울의 사대문 경계
출처 : https://blog.naver.com/kns3307/221597796259

1947년 1월 농사기술원 성환축산지원(축산시험장 모체)이 설치되면서
부터 적극적인 종돈의 품종 유지·보존 및 생산 보급과 종돈에 관한 시
험사업을 수행할 수 있게 됐다.[39] 생산뿐 아니라 유통과 소비에 대한
노력이 이루어졌다. 같은 해인 1947년 서울시에서는 5월 1일부터 소
고기, 돼지고기 등의 식육 판매에 근(斤) 단위 제도를 폐지하고 그램(g)
제를 도입했다. 이 제도는 식육부터 시작했는데, 종전의 식육 한 근은
600g에 상당한다. 그램제 시행 이후, 1947년 5월 17일 서울 시내의 소
고기와 돼지고기 가격은 600g에 둘 다 180원(공정가격)으로서, 소고기
와 돼지고기 가격이 같았다. 1947년 12월 30일 자 조선일보에 의하면,
식육업자들이 공정가격에 불만을 가지고 태업한다. 1948년 3월 6일
자 조선일보에 의하면, 한 근(600g)당 소고기 가격이 340원, 돼지고기
330원 하던 것이 같은 달 13일 자에 의하면 소고기 400원, 돼지고기
370원으로 인상된다. 다시 1950년 1월 10일에는 소고기가 520원, 돼
지고기는 500원으로 가격이 상승한다.[40] 소고기 가격이 돼지고기보다
높게 형성되기 시작했다.

광복 이후 150만 명이 넘는 서울 인구의 육류 수요는 우리나라 양돈
업 발전에 큰 영향을 미친다. 특히 서울 지역의 육류 수요를 충당하기
위해 서울양돈조합에서는 남한 각지에서 14만 마리의 돼지를 구입하
여 서울과 근교에서의 양돈업을 장려하였다. 1948년 말 통계에 의하면,
전국의 돼지가 65만9122마리로서, 전국 돼지의 20% 이상을 서울양돈
조합에서 구입한 셈이다. 1948년도 우리나라의 총 인구수가 2002만
7393명인데, 서울시 인구는 총 인구의 8.5% 수준으로 이 인구(근교 인구
포함)가 전체 돼지고기의 20% 이상을 소비했다는 것이다. 이같이 서울
등 도시 인구의 팽창과 돼지고기 소비량의 증가는 생산과 공급을 담당

하는 양돈 농가의 전업화가 진전하는 계기가 됐다.

　1948년 3월 5일 자 경향신문 기사를 보면, "농우 확보 일책, 양돈업 적극 장려에 주력 : 우리나라 농업에서 그 원동력이 될 농우(農牛)가 광복 이후 엄청난 밀도살로 그 수효가 격감 일로를 걸어 이대로 계속된다면 앞으로의 농업 생산에 주는 영향이란 극히 막심할뿐더러 언제 농우가 고갈될는지도 모를 위기에 처하고 있는데, 이러한 농촌의 비명을 묵과할 수 없다 하여 농우의 확보책이 광범위하게 논의되고 있고, 그 방법으로서는 양돈업을 널리 장려하여 식육용으로 또 소고기 대신에 돼지고기를 대용하자는 여론이 높아가고 있다. (중략) 식육의 대소비 도시인 서울에서도 막대한 소고기 소비량 대신에 도야지를 쓰도록 하자는 취지 아래 이미 서울양돈조합에서는 직원을 남한 각지에 파견하여 14만여 두의 돼지를 구입하고 있는 중이다. 이것을 서울로 들여와서 시외 각처에서 집단 양돈을 실시할 계획이라 하며, 그 사료로는 시내 3000여 개소에 달하는 요리음식점의 기물(棄物)로써 능히 충당할수 있다. 여기에 한 가지 문제는 돈사의 설치 문제인데 보건위생상 또는 도시 미관상 시내에 설치하지는 못하나 교외에는 전면적으로 그 설치를 허용하여 그 증식에 박차를 가할 것은 국가적 견지로 보아서도 크게 요청되는 바"라고 했다.

　1948년의 이 같은 서울 근교 양돈 장려 정책은 1920년대 재래종 돼지 개량사업만큼 우리나라 양돈업에서 의미가 있다. 1920년대 일제가 시행했던 재래종 개량사업이 퇴비 마련이 주요 목적이었다면, 1948년 양돈업 장려는 순수하게 식육의 확보가 목적인, 전형적인 도시형 고기 생산을 위한 전업적 양돈의 시작을 의미한다. 오늘날 한돈산업 성장의 시작은 1948년 서울양돈조합이 14만여 마리의 돼지를 수매하면서부터이다. 이 수매 정책의 성과는 육류 소비량 변화로 가늠할 수 있다. 1948년 1월부터 6월까지 서울시에서 소비된 소가 1만7242마리, 돼지가 1만1222마리로서 총 2만8464마리가 소비됐다. 이는 1947년에 비해 총 7000여 마리가 더 증가한 것이고, 1928년 1~8월 경성부(서울)에서 소 1만3725마리, 돼지 5184마리, 1940년 1월 소 2504마리, 돼지 1165마리가 소비된 것에 비하면 소와 돼지 소비 모두 지속적으로 증가한 것이다.

　1948년 미군정이 해체되고 대한민국 정부가 수립됨에 따라 축산 행정기구가 개편됐다. 축정과가 축정국으로 승격되고, 보건사회부 산하에 있던 수의국이 농수산부로 이관되어 축정국에 편입됐다. 지방 행정조직도 개편되어, 각 도청 안에 축산과가 신설됐고, 도 종축장이 재정비됐다. 미군정은 해체됐지만 경제협조처(ECA)라는 기구를 조직하여 각 행정부서에 관여하면서 원조 업무를 집행했다.

6·25전쟁과 양돈

1950년 6월 이후 6·25전쟁 기간에 북측에 속한 가축은 북한의 군용식품으로 모조리 도축됐고, 남측의 가축은 북한군이 후퇴하면서 소를 비롯한 여타 가축을 모조리 끌고 갔다. 경상남북도의 일부 지역과 제주도 도서 지역을 제외한 기타 지역의 가축은 거의 전멸 상태에 이르렀으며, 축산시설도 방화 내지는 파괴됐다.　1950년 12월 국내 소는 39만2660마리, 돼지는 15만6400마리밖에 남지 않았다. 국내 축산업 부문에서 전쟁의 폐해는 극심했다. 소 사육 마릿수는 전쟁 발발 이전 70만 마리 수준에서 전쟁 후 엔 39만여 마리로 42% 감소했다. 돼지는

1950년대 말 자료로 추측됨.

같은 기간 약 53만 마리에서 16만여 마리로 70%, 닭은 260만 마리에서 72만 마리로 73% 감소했다. 농사에 이용할 소가 줄자 농번기에 인력으로 논과 밭을 경작하는 일이 다반사였다. 돼지의 경우, 전쟁으로 우리의 재래돼지가 다 사라지게 됐을 뿐 아니라, 양돈업 자체가 파괴될 위기에 놓였다.

다행히 전쟁의 참상이 세계에 알려지면서 각국으로부터 각종 구호 물자가 들어왔는데, 이 중 축산과 관련한 물자는 다음과 같다. 1955년 미국의 텍사스 농민으로부터 젖소 103마리, 고기소 40마리, 돼지 350마리, 산양 350마리, 면양 150마리, 각종 목초 종자 및 농기구 등 80만 달러 상당의 축산 물자를 기증받았다. 1956년에는 미국 앨러배마 농민들로부터 돼지 600마리, 젖소 17마리, 면양 100마리, 산양 130마리, 토끼 100마리, 목초 종자 3000 부셸[영미의 곡물 등의 무게와 부피를 측정하는 단위. 1부셸(Bushel)은 27.216kg(미) 또는 35.24ℓ], 각종 수의 약품, 서적 1500권이 기증되어 전달되었다. 같은 해 20만 개의 종란과 1만 개 수용능력의 자동부화기가 기증되어 들어왔다. 휴전 직후 돼지 품종은 이러한 원조를 통해 체스터 화이트(Chester White), 폴란드 차이나(Poland China) 등이 도입됐다. 농림부 축정국은 1953년 제1차 축산 부흥 5개년 계획을 수립해서, 1953년 기준 1957년에 소는 123%, 닭은 150%가 증가하는 성과를 보였다. 1957년 6월 돼지는 122만8784마리,

---

이 품종의 기원은 미국 펜실베이니아주 체스터 지방으로, 1820년경 영국에서 도입된 요크셔, 링컨셔, 체셔, 베드포드셔 등 백색 계통을 교배하여 육성됨(국립축산과학원, 『축종별 품종 해설』).

이 품종의 기원은 미국 오하이오주로서, 이 지역 재래종에 대형 중국종, 러시아종, 아일랜드종, 버크셔종을 교잡해서 고정된 품종임. 초기엔 지방형(Lard type) 대형종이었음(국립축산과학원, 『축종별 품종 해설』).

닭은 1102만2189마리로 증가했다

농가 양돈에서 기업 양돈으로

광복 이후 우리나라 양돈업의 현황과 양돈에 대한 인식을 잘 말해주는 서적이 1953년 축산기술연구회에서 발행한 『양돈전서』이다. 이 책에 의하면, 고래로 선조들은 여러가지 가축을 길러본 결과 돼지의 수입이 좋다는 점, 돼지가 없으면 농사에 필요한 거름이 모이지 않고, 또 현금 수입이 없다는 점, 농사지을 때 없으면 안 될 소를 많이 잡아먹지 말고 돼지를 많이 길러서 돼지고기를 많이 먹으라는 점 등을 강조하고, 돼지 기르는 것을 장려했다.

조선 후기에 외국 문화와 물자가 수입되고, 외국인들도 자주 왕래하자 돼지고기의 쓰임새가 늘어나고, 돼지도 개량할 길이 열려 해가 갈수록 국내 양돈산업은 발전했다. 누구나 양돈업을 하면 수입이 많고 힘들이지 않고 거름을 확보하는 장점이 있다는 것을 알게 되자, 농가마다 앞장서 기르려 했다. 도시 부근에서는 육돈 목적으로 돼지를 전업적으로 기르기 시작했다. 사육 규모는 농가 단위에서는 한두 마리에 불과하고, 도시 전업 양돈가는 10마리에서 30마리 정도였다. 6·25전쟁이 끝나자 도시 근교에서는 군부대나 공장 소재지 부근에서, 또 큰 양조 공장에서 나오는 술지게미 같은 싼 사료를 활용하여 전업적인 양돈이 이루어졌다. 도시 속에 작은 공터만 있어도 돼지우리를 짓고 돼지를 기르는 사람들을 쉽게 볼 수 있었다.

돼지고기를 가공하는 방법도 날이 갈수록 발달했다. 소 도살을 제한하는 상황에서 육식 욕구를 충족하기 위해서 더욱 돼지고기가 필요했다. 육식이 늘어가는 속도가 빨라서 당시 돼지만으로는 수요를 감당

할 수 없을 지경이었다. 사료 조달 능력이나 서양의 순개량종 수입 가능성 등을 고려할 때 당시 우리나라 양돈업 미래는 밝았다고 볼 수 있다.[44]

『양돈전서』에서는 광복 이후 양돈업이 도시 부근의 전업농과 농촌의 농가 부업농으로 나누어져 있음을 잘 설명해주고 있다. 6·25전쟁 이후 전업적 양돈 규모가 10~30마리 사이였음도 알 수 있다. 또한 일제 강점기에 생산된 버크셔와 재래종 교잡종, 요크셔와 재래종 교잡종, 중국종과 버크셔 교잡종을 다시 재래종과 교잡시킨 이종교잡종도 설명하고 있다. 이는 아마도 평북돈 같은 돼지를 말하는 것 같은데, 어느 정도 우수한 돼지를 보유하고 있음을 말해주고 있다. 양돈 사료의 자급자족이 가능하다고 평가한 점도 지금의 우리와는 많은 시각 차이가 있다.

도시 부근의 전업적 양돈 형태는 번식 양돈과 비육 양돈으로 구분할 수 있다. 번식 양돈은 새끼 돼지(자돈)를 판매할 목적으로 경영하는 형태인데, 영국과 같은 국가에 이런 형태가 많은 것으로 보았다. 그러나 당시 이 형태는 우리나라에서 아직 발달하지 않은 것이다.

도시 근접지의 전업 양돈 확산

비육 양돈은 전체 양돈 농가에서 그 숫자가 미미하지만, 양돈 경영을 하는 개인은 이 형태로 생활을 유지하는 형편이며, 이는 농가에서 몇 마리 기르는 부업적인 양돈과는 다르다. 도시 부근에 비육 양돈가들이 점차 증가하고, 잔반을 사료로 이용하기 때문에 사회적 측면에서는 적극 장려할 필요가 있었다. 그러나 비육 양돈이라 하더라도 자돈을 다른 곳에서 사면 안 된다. 즉 자기 집에서 혈통이나 내력이 좋은 암퇘지를 몇 마리 골라두고, 거기서 자돈을 생산해서 비육해야 한다. 또한 양돈 생산 기술뿐 아니라, 지리적 조건도 좋아야 좋은 성과를 기대할 수 있다. 도시 부근 양돈업의 지리적 조건으로 당시 양돈 전문가는 다음과 같이 조언한다. 이는 지리적 조건이자 경제적이면서 경영 기능도 강조한 조언이다.

① 지리적으로 저렴한 가격의 사료를 안정되게 확보할 수 있는 곳이어야 한다. 당시 국내 사정으로 어디를 가든 쌀겨와 보리겨를 손쉽게 얻을 수 있지만, 사료의 영양가로 보나 분량으로 보나 비싼 편이어서 처음부터 끝까지 사서 먹인다면 수지타산이 맞지 않는다. 따라서 대도시에서 처분하기 곤란한 밥 찌꺼기를 얻어 먹일 수 있는 조건이 되어야 한다. 즉 군대, 학교, 공장 같은 소재지에서 밥 찌꺼기나 맥주, 소주, 엿 전분 제조공장에서 나오는 지게미 등은 모두 다즙성 사료여서 멀리 운반해서 팔 수 없다. 따라서 이러한 사료 공급처 부근에서 양돈을 시작하는 것이 좋다. 단, 일년 내내 중단되지 않고 지속적으로 사료가 공급되어야 한다.

② 교통이 편리한 지역을 선정해야 한다. 사료 운반이 곤란하다든가 교통이 불편한 지역이라면 비용이 더 발생하고 작업상 어려움이 많다.

③ 사료 배합을 합리적으로 해야 한다. 비육돈 사료와 모돈(母豚) 사료를 구별해서 급여하여야 한다.

④ 전업 양돈이라도 적정한 사육 마릿수를 결정해야 한다. 사료의 조건을 고려해야 하고, 자가 노동력을 충분히 활용하여 인건비를

조언 내용은 재정리한 것임.

절약할 수 있어야 한다. 또한 자기자본 이용의 한도를 크게 초과한 과도한 대출과 이자 부담을 조심해야 한다.

⑤ 철두철미 점진주의로 나가야 한다. 사육 마릿수가 적을수록 큰 문제 없이 자라는 것은 돼지밖에 없으며, 규모가 커질수록 사고가 많은 것도 돼지밖에 없다고 한다.

⑥ 돼지 기르는 것을 절대로 남에게만 맡기지 말아야 한다. 애축심(愛畜心)이 자기 자녀를 사랑하는 정도가 되어야 한다는 것이다. 경영자 자신이 손수 돼지를 닦아주고 먹이고 하는 식으로 관리해야 한다.

돼지갈비라는 신메뉴 등장

1956년 6월 공덕동로터리 부근 텍사스 골목에서 돼지갈비를 주 업종으로 장사를 시작한 최한채 사장의 마포 최대포집과 그 이전에 근처의 유대포 갈비나 광천 갈비 등에서 돼지갈비를 팔았던 것이 돼지갈비 식당의 원조다.

당시 돼지갈비는 낯선 음식이어서 초기에는 어려움을 겪었으나, 점차 사람들은 돼지갈비구이라는 새로운 메뉴에 익숙해지기 시작했다. 1950년대까지만 해도 마포나루에는 목재, 새우젓, 소금 등을 실어 나르는 배가 수시로 드나들었다. 배가 멈추는 곳에는 사람들이 몰리고 자연스럽게 음식점들이 들어서기 마련이다. 허기진 배를 채우려는 뱃사람들과 톱밥으로 칼칼해진 목을 씻으려는 제재소 인부들이 고기를 찾으면서 자연스럽게 고깃집이 하나둘씩 들어섰는데, 이것이 바로 갈비, 주물럭의 시작이었다.

마포 고바우집은 1959년 6월 김성만 사장이 창업한 곳이며, 돼지갈비가 주 종목이었다. 또 다른 창업 계기는 이승만 박사의 주방장이던 정 씨를 만나 맛의 비법을 전수받은 뒤부터였다고 전해진다.[45] 이같이 1956년을 전후로 돼지갈비라는 돼지고기 신메뉴가 서울 마포에서 등장했다.

사실 당시까진 돼지고기는 주로 삶아 먹거나 국밥으로 먹는 음식이었다. 지금 우리나라에서 유행하는 거의 모든 돼지고기 식당 메뉴들은 대부분 6·25전쟁으로 피난 내려온 이북 실향민들의 음식이라 보아도 무방하다. 이남 지방의 돼지고기 소비 문화는 그렇게 발달하지 못했기 때문이다.

1   김영진·홍은미, 〈농무목축시험장(1884~1906)의 기구 변동과 운영〉, 한국농업사학회, 2006.

2   농촌진흥청 국립축산과학원, 『축산연구 60년사』, 2012.

3   이광린, 〈한국 개화사 연구〉, 이화여자대학교 사학회, 1980.

4   김영진·홍은미, 〈농무목축시험장(農務牧畜試驗場 1884~1906)의 기구 변동과 운영〉, 한국농업사학회, 2006.

5   조선총독부 식산국, 『조선의 축산』, 1921, p.291.

6   농촌진흥청 국립축산과학원, 『축산연구 60년사』, 2012.

7   농촌진흥청, 「권업모범장 보고 제3호」, 1908.

8   쉬왕성, 〈근대 중국의 서양 우량 돼지 품종 도입과 토착화 과정〉, 한국농업사학회, 2004.

9   다카하시 노부로, 『조선총독부 농사시험장 25주년 기념지』, 농촌진흥청, 2008.

10   다카하시 노부로, 『조선총독부 농사시험장 25주년 기념지』, 농촌진흥청, 2008.

11   김재민·김태경 외, 『대한민국 돼지산업사』, 팜커뮤니케이션, 2019.

12   한국축산발달사 편찬위원회, 『한국축산발달사』, 1998.

13   고바야가와, 『조선농업발달사』, 조선농회, 1944.

14   이규진·조미숙, 〈근대 이후 한국 육류 소비량과 소비문화의 변화〉, 『한국식생활문화학회지』, 2012.

15   다카하시 노부로, 『조선총독부 농사시험장 25주년 기념지』, 농촌진흥청, 2008.

16   이태우, 〈홍성두 1933년 10월 12일생〉, 『한국민중구술열전』, 2007.

17   이규진, 〈근대 이후 100년간 한국 육류구이 문화의 변화〉, 이화여자대학교, 2010.

18   허영란, 『근대적 소비생활과 식민지적 소외, 전통과 서구의 충돌』, 역사문제연구소 엮음, 역사비평사, 2001.

19   이규태, 〈한국인의 맥(脈)-한민족의 뿌리 : 음식편〉, 한국출판공사, 1986.

20   이규진, 〈근대 이후 100년간 한국 육류구이 문화의 변화〉, 이화여자대학교, 2010, p.102.

21   농업협동조합중앙회, 『한국의 축산』, 1974.

22   강면희, 『한국 축산 수의사 연구』, 향문사, 1994.

23   그라잔제프(Andrew Grajdanzev), 『현대 한국(Modern Korea)』, New York, 1944, Agriculture in Korea, Chap. V.

24   주한 미군정 농무부, '한국의 축산 생산과 문제점(Korean Livestock Production and Some of Its Problems)', 1946.10.

25   미군정청 중앙경제위원회, '한국의 축산업(Livestock in South Korea) ; 1943년 한국에서 사육 중인 돼지의 수(Number of Hogs in Korea in 1943)', 1945.9.

26   주한 미군정 농무부, '한국의 축산 생산과 문제점(Korean Livestock Production and Some of Its Problems)' 1946.10.

27   농무부가 농무부 축산고문에게 보낸 서한, '축산업과 관찰(Livestock & Observations)', 1946.5.

28   주한 미군정 농무부, '한국의 축산 생산과 문제점(Korean Livestock Production and Some of Its Problems)', 1946.10.

29   제102 군정중대 농무국장 미드(Robert J. Meade) 대령의 대외비 인터뷰(Report of Off the Record

Conversation), 전라남도, 1947.4.

30 미군정청 중앙경제위원회, '1943년 한국의 돼지 사육 마릿수(Number of Hogs in Korea in 1943)', 1945.

31 농상국이 PRO & Propaganda에 보내는 메모, 1945.9.

32 농상국, '불이(不二)농장에 대한 보고와 권고(Report & Recommendations Concerning Bullri Farms)', 1945.

33 농무부 축산고문이 존스(DeWitt Jones) 중령에게 보낸 보고서, '소 도살(Slaughter of Cattle)', 1946.

34 농무부·미군정(개인서신), '긴급한 가축 수요(Critical Livestock Needs)', 1946.

35 농무부·중앙경제위원회(개인서신), '가축 도살에 대한 규제(Regulating the Slaughter of Livestock)', 1947. 중앙경제위원회·미군정(개인서신), '가축 도살', 1947.

36 미군정(개인서신), '축우 도살 제한에 관한 건(Limiting the Slaughter of Cattle)(군정법령 제140호)', 1947.

37 24군단 보존감실(Conservation Office)(개인서신), '미군 음식 찌꺼기를 한국인 업자들에게 판매하는 일의 가능성(Practicability of Releasing Army Garbage to Korean Contractors)', 1947.

38 주한 미군정 농무부, '한국의 축산 생산과 문제점(Korean Livestock Production and Some of Its Problems)', 1946.

39 한국축산발달사 편찬위원회, 『한국축산발달사』, 1998. p.490.

40 한국축산발달사 편찬위원회, 『한국축산발달사』, 1998. p.490.

41 농업협동조합중앙회, 『한국의 축산』, 1974. p.5.

42 강면희, 『한국 축산 수의사 연구』, 향문사, 1994, p.307.

43 농업협동조합중앙회, 『한국의 축산』, 1974.

44 로요환, 『양돈전서 축산기좌』, 축산기술연구회, 1953.

45 이규진, 〈근대 이후 100년간 한국 육류구이 문화의 변화〉, 이화여자대학교, 2010, P.163~164.

수출의 시작, 산업화의 과도기

1960 — 1970년대

양돈 정책 실종의 시대

1960년대 우리나라 양돈 정책은 거의 실종되다시피 했다. 외환 도입
과 종계(種鷄) 도입 덕분에 기업적인 양계업이 발전하고, 유우(乳牛) 도
입으로 낙농업이 발전했으며, 소고기 파동으로 한우 증식 등의 정책
이 실시된 것에 비하면 양돈 정책은 전무했다.

이 당시 돼지 유통은 대체로 전근대적인 형태에 머무르고 있었다.
축산업 발달 과정에서 수렵, 자급자족 단계를 벗어나는 단계였지만,
아직 대량 거래가 이루어지지 않는 시기였다. 소량으로 거래되다 보니
등급과 규격에 의한 유통이 활성화되지 않은 상태였다. 당시 돼지 등
급이라고 한다면 겨우 정육, 내장, 머리, 족 등으로 구별만 할 뿐 현재
와 같이 정육의 부위별 구분은 되지 않았다.[1]

1963년 여성지 『여원(女苑)』에는, 당시 한국에서 돼지를 가장 많이 사
육하는 곳이 제주도이고, 그 종류는 요크셔와 버크셔라는 기사가 실렸
다. 돼지고기는 도시에서 음식 찌꺼기로 사육된 것보다 산이나 들에서
풀 같은 것을 뜯어먹고 자란 것이 맛이 더 좋고, 특히 제주도와 대구,
남원의 것이 맛이 좋다는 것이다.[2] 이 기사로 보아 경상도 지역과 전북
남원 등지에서 돼지고기 맛이 다른 돼지가 다른 방식으로 사육되고 있
음을 알 수 있다. 특히 1950~60년대 요리연구가들이 여성지나 신문

에 돼지고기 요리를 소개할 때 단순히 돼지고기라는 총칭을 사용할 뿐, 지금과 달리 부위별로 소개하는 경우가 거의 없었다. 굳이 구분한다면, 당시 여성지에 게재된 칼럼에서와 같이 목살, 세겹살, 로스, 볼기살 정도였다(그림 1). 거기에다 냄새를 잡기 위해 청주, 마늘, 생강 등 각종 향신료를 넣는 요리법을 소개하는 정도가 거의 전부였다. 요즘처럼 돼지고기의 풍미를 살리는 요리법 소개가 없는 것으로 보아 당시의 돼지고기는 웅취(雄臭)가 심해 이런 돼지 냄새 잡는 것에 우선 치중했던 것으로 보인다.

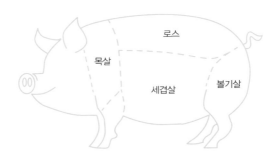

〈그림 1〉 1960년대 돼지고기 부위

홍콩으로 간 최초의 생돈

광복 후 우리나라의 돼지 사육 마릿수는 매년 증가했다. 1955년 126만2000마리이던 것이 1962년에는 167만2000마리로서 7년 사이에 33%, 연평균 5%의 증가율을 보였다. 이와 같은 생산량 증가와 함께 국내 소비량도 크게 늘었다. 1955년의 허가 도축 마릿수는 9만1065마리였으나 1962년에는 24만9203마리로 7년간 소비량이 2배를 상회했다. 이 당시 돼지 사육 마릿수가 급격히 증가한 것은 축산업 발전을 위한 정부의 지속적인 뒷받침도 있었겠지만, 국내 소비량의 증가와 수출 기회가 적지 않게 자극한 것이라 하겠다.

생돈(生豚, 살아 있는 돼지) 수출은 1959년에 처음 이루어졌다. 1959년 9월 농림부는 생돈을 홍콩으로 수출하는 계획을 세우고 생돈 수출을 행정적으로 지원하기로 했다. 중국계 사람이 많이 살고 있는 홍콩에서 돼지고기 수급을 위해 인접 국가에서 생돈을 수입하기로 결정함에 따라, 우리나라에서는 1959년 10월 초 500마리에 이어 10월 27일에 580마리, 12월 18일에 470마리를 수출했다. 당시 홍콩으로의 생돈 수출로 외화 획득은 물론 국내 양돈업 활성화라는 성과를 거두었다. 그러나 많은 업체가 생돈 수출사업에 경쟁적으로 참여하면서 서로 덤핑하는 등 출혈경쟁으로 이어져 손실을 보는 일이 적지 않았다.

이때는 국립동물검역소의 역할이 활발했던 시기였다. 매년 상당한 물량(마릿수)이 수출되고, 생돈은 1960년 마카오에 약간 양을 수출했을 뿐 줄곧 홍콩에 수출하고 있었다. 일본에서도 돼지고기와 생돈을 수입하기를 희망하여 1963년 12월에 생돈 1만 마리를 일본으로 수출하기로 계약을 맺었으나 당시 수출 실적은 찾기 힘들다. 당시 아시아에서 가장 생돈 수입이 많은 국가는 홍콩인데, 아시아 생돈 수입량의 92%를 차지하고 있었다.

홍콩은 각국에서 생돈을 수입하고 있었는데, 이들 나라 중 홍콩에 생돈을 가장 많이 수출하는 나라는 중국이고 이외 수출국은 대만, 인도네시아, 태국, 캄보디아, 한국 등이었다. 이들 수출국가의 생돈 중 우리나라의 것이 가장 품질이 우수하여 국제시장에서 최고 시세를 형성했다. 1962년 12월 10일 당시 한국산은 피쿨(Picul)* 당 A급이 163홍콩달러이며, 중국산이 150홍콩달러, 대만산이 160홍콩달러, 인도네시아산이 140홍콩달러였다.

그러나 1963년 1월 가축 생산 현황 및 시장 조사차 극동 지방 일대를 돌아보고 온 주한 미국경제협조처(USOM)의 경제고문 비어먼(Bierman) 박사는 조사 보고서를 통해 한국 생돈의 품질이 일반적으로 우수하기는 하나 현지 상인들의 불만이 적지 않다는 점을 지적했다.[4] 비어먼 박사의 보고서에 의하면, 비거세돈과 임신돈이 계속해서 홍콩으로 수출되고 있었으나 이러한 생돈은 소비자에게 좋은 평판을 못 받고 있어 수입상은 이러한 생돈 구매를 꺼렸다는 것이다. 그 밖에 생돈의 골절, 쇠약한 점 등에도 불평이 없지 않다고 전하고 있다. 이러한 단점은 해상 운송 중 관리가 부실해서 발생하는 것으로, 운송 과정에서의 관리 방법을 개선할 것을 지적하고 있다. 홍콩에서 한국산 생돈의 품질이 우수하다는 평가를 유지하기 위해서는 현지 소비자나 상인의 기호에 맞는 생돈을 수출해야 한다고 보고서는 지적하고 있다.

대(對)홍콩 연도별 수출 실적을 보면, 1959년 2030마리를 시작으로 1960년에는 2만334마리로 1년 만에 약 10배 증가했으며, 1961년에는 6만7901마리를 수출하여 전해보다 3배 이상 늘어났다. 1962년에는 홍콩 시세가 하락함에 따라 수출량은 약간 감소한 4만535마리였다. 생돈 수출회사는 대한농산, 삼미, 삼풍, 이한, 천양 등 5개 회사였다.

---

* 중국을 포함해 필리핀, 말레이반도, 인도네시아 등 동남아시아 일대에 걸쳐 해운(海運)에서 쓰이는 단위이다. 한 사람이 짊어질 수 있는 짐의 무게로서 담(担)이라고도 한다. 1피쿨은 약 63.55kg에 해당하는데 일정하지 않으며 보통 60kg으로 하고 있다. 옛날에는 100근(斤) 또는 16관(貫)으로 되어 있었다. 1톤은 15피쿨이다.

비어먼 박사는 보고서에서 국제 시세가 하락한 상황에서 한국의 생돈 수출은 정부의 보상과 더불어 생산비의 절감, 국내 돼지 시세의 하락 없이는 불가능하다는 것을 언급했다. 수출 전략과 정부의 역할을 강조한 것인데, 규칙적인 선적으로 수입국(홍콩)에서의 생돈 공급을 평준화해야 하고, 수송 중 발생하는 생돈 사망과 수축에 따른 감량을 줄일 수 있도록 해상 운송관리를 개선해야 한다는 것이었다. 또한 비거세돈과 임신돈을 제거하는 동시에 건강하고 혈기 왕성한 돼지를 선적하며, 수출 돼지의 절반 이상은 서구종으로 하여 체중은 170~200파운드(77~90kg)의 어린 돼지(생후 6~8개월)를 수출할 것을 조언했다.

이때 국내에서는 수출 생돈은 가축검역규칙에 따라 부산 가축검역소의 검사를 받게 되어 있었고, 상공부 고시 제323호에서 발표한 수출 축산물의 기준규격에 따른 생돈 규격은 잡종 및 개량돈(품종), 거세돈 또는 빈돈(牝豚, 암컷), 생후 10~20개월령의 1마리당 체중이 80~120kg인 것으로 한정하였다.

여러모로 이로운 냉동육(지육) 수출

생돈에 이어 우리나라는 냉동돼지고기를 수출하였다. 냉동돼지고기는 생돈을 도축해 머리, 족, 내장, 꼬리, 돈모(돼지털)를 제거한 다음 이분(二分)한 도체(屠體)를 0~5℃에서 예비 냉각한 후 다시 영하 28~30℃의 냉동실에서 대략 16~24시간 급속 냉동한다. 이처럼 냉동이 끝난 냉동지육은 영하 15~18℃의 냉동고에 넣어 보관하는데, 냉동된 고기는 몇 달가량 보존할 수 있으나 해동이 되면 쉽게 부패한다. 1962년 1월 19일 농림부는 당해 연도 가축 및 축산물 수출계획을 발표했는데, 생돈 11만 마리 440만 달러, 돼지고기 1만 마리 분량 40만 달러 규모였다. 냉동돼지고기를 수출하면 생돈 수출 시의 여러 가지 애로사항, 즉 수집, 수송, 검역 등에서의 어려움을 극복할 수 있을 뿐만 아니라 상당량의 돈모를 확보할 수 있다. 우리나라의 냉동돼지고기 수출은 1962년 2월 4일 남동산업주식회사가 홍콩에 처음 수출했는데, 1년 6개월간 독점 수출 조치를 받고 1962년도에 31.4톤의 냉동돼지고기를 수출하여 1만4224달러의 외화를 획득하였다. 수출 가격은 당시 화폐로 600g당 465환이었다.

냉동돼지고기는 국내 소비를 목적으로 생산하는 것이 아니므로 수집된 생돈을 도축한 다음, 도축 현장에서 검역을 실행하여 합격한 것에 한하여 급속 냉동 과정을 거쳤다. 1962년 말 전국의 돼지 사육 마릿수는 169만353마리로, 1961년 말보다 42만8000마리가 증가했다. 한편 1961년도 도축 마릿수는 23만7809마리이고, 1962년은 24만9203마리였다. 사육 마릿수와 도축 마릿수가 증가하는 추세로 보아 당시에는 해외 시장을 개척하여 안정적인 수요를 확보할 수 있다면 수출 물량 확보와 수출 증대는 큰 어려움이 없을 것으로 내다봤다. 당시 농림부는 도축장과 냉동시설을 갖춘 현대적 도축·가공공장을 건설 중이었다.

그 당시에는 이러한 형태의 냉동돼지고기에 대한 국내 수요는 전혀 없었다. 수출을 위해 신선돼지고기를 냉동하는 것이어서, 냉장돼지고기를 유통하는 국내에는 냉동돼지고기는 공급하지 않았기 때문이다. 도축장에서 도축한 돼지의 신선육은 우육과 같이 일반 정육상을 통해 제공되고, 일부는 소시지나 햄 등 가공과 식품 제조를 위해 이용

＊　마리당 43kg(총 230마리).
＊＊　1950~60년대 도축 후 지육은 상온에서 유통됐다.

했으나 그 수요량은 소량에 불과했다.

1963년 8월 21일 농림부는 생돈 및 돼지고기의 대(對)일본·홍콩 수출을 지속시키고, 생산자에게 가격을 보장하며, 축산물 수출을 촉진하기 위한 수출 요령을 상공부에 회부했다. 특히 생돈 1만 마리와 냉동돼지고기 500톤의 대일 수출을 위한 수출 요령은 다음과 같았다.

① 한국 축산물수출조합이 일본 상사와 계약을 체결하여 가격과 수량을 결정한다.
② 일본 지역에 수출할 돼지는 농협이 집하한다.
③ 축산물수출조합의 조합원인 수출업자는 전기 2항의 농협 집하분에 한하여 현지 집하 장소에서 입찰·매수한다.
④ 일본으로 수출하는 돼지는 전기 3항에 의하여 매수한 분에 한하여 수출할 수 있다.[5]

앞서 일본과 수출 계약을 체결했으나 성사되지 않았다고 했다. 1963년 가을 부산 지역에 콜레라가 발생했다. 이미 냉동돼지고기 200톤은 준비되었고, 생돈 600마리도 이미 부산 지역에 집결되어 있었다. 그러나 1963년 10월 1일 일본 농림성은 한국에서 콜레라 감염 위험이 없어지고 일반 위생 상태가 우려되지 않을 때까지 한국으로부터의 생육 수입을 금지한다고 결정했다. 이로써 돼지고기 200톤과 생돈 600마리의 첫 일본 수출은 실현될 수 없게 됐다.[6]

1968년 농림부는 생돈으로 수출하던 돼지 수출 방법을 향후 냉동돼지고기로만 수출하기로 하고, 제1차로 120톤(2400마리 상당)의 냉동돼지고기를 1968년 8월 중 일본에 수출하도록 허가했다.[7] 수출 가격은 톤당 1094달러(운임·보험료 포함 인도 조건)였다. 하지만 정부 계획은 국내 시세와 국제 시세 간의 현격한 가격 차이로 어려워졌다.

1962년도 냉동돼지고기 수출 시 문제점과 당시에 마련된 대응 논리가 시사하는 점이 적지 않다. 첫째 수출 원가와 출혈수출 문제이다. 생돈의 해외 수요 증대와 사료 및 나일론 실과의 구상무역 허용으로 국내 생돈 수집 가격이 급등하여 냉동돼지고기 수출 원가가 높아 손실을 보게 됐다. 동시에 중국의 정치적인 덤핑수출이 출혈수출을 가중시켰다. 따라서 돼지 수출업계는 출혈수출에 따른 손실을 다소라도 보상해줄 수 있는 인기 품목과의 구상무역을 허가해줄 것을 정부에 요청했다.

둘째, 제반 수수료의 감면과 생산 원가 절감을 위해 수출용 냉동돼지고기 생산을 위한 생돈의 도축세와 도축료를 감면해줌으로써 수출 의욕을 증진시키는 것은 물론 냉동시설의 확충과 수출용 축산물 검사 시설을 완비하여 대량 수출이 가능하도록 하여야 한다.

이 밖에도 수출 가능한 해외 수입국과의 제도적인 애로점을 타개하여 수출할 수 있는 길을 터놓을 것, 예를 들면 미국 식품의약국(FDA) 법에 의한 검사상의 저촉을 면하기 위해서는 축산물검역협정 등을 체결할 것 등이 제시됐다. 1968년부터 1971년 사이에 총 89만3000달러 상당의 돼지고기를 일본에 수출했는데, 이는 대부분 냉동지육이었다.

돈모(돼지털) 수출 이야기

1960년대의 축산물 수출 품목 중에는 생돈 이외에 돈모(돼지털)가 상당량 있었다. 당시는 돼지 도축이 탕박(열탕) 방식 위주로 이루어졌기 때문에 돈모의 수집이 수월했다. 돈모 수집 과정은 노동집약적인 작업으로서 해외에서 솔 제조용 털로 그 수요가 막대했기 때문에 수출 기회가 상당히 큰 품목이었고, 정부에서도 외화 획득 품목으로 중요하게 다루어왔다.

돈모는 도축된 돼지의 원모를 수집하여 불순물과 잔털을 제거하고, 털의 길이가 같은 것을 정선하여 증기 처리(90℃ 이상의 온도에서 4시간 찜) 방식으로 가공하여 상품화했다. 돈모의 용도는 주로 의복 솔, 구둣솔, 페인트 솔, 기타 무기 등의 브러시 제조에 사용됐는데, 한국산 돈모는 모질이 우수하여 브러시류 제조에 적합했다. 특히 제주산 돈모는 해외 시장에서 호평을 받았다고 한다. 돈모는 생산 시기가 12~4월 중인 것이 수출용으로 가장 적합하고, 길이는 2~3인치가 적합했다.

돈모의 주요 수입국은 미국, 영국, 호주, 홍콩이며, 이 밖에 일본, 서독, 네덜란드, 벨기에 등 유럽 지역에도 수출됐다. 1960년대 돈모 수출로 벌어들인 외화가 연간 100만 달러에 달하여 당시 수출 상품 중 10위 안에 드는 유망 수출 상품이었다. 수출 추세는 확연하게 드러나지는 않지만, 1974년부터 꾸준히 감소하는 추세를 보인다(표 1).

하지만 돼지 도축은 허가받은 도축장 이외에서 밀도살이 성행해서 미처 수집하지 못하는 원모가 많았다. 당시 도축 마릿수는 서울, 경기, 경남, 경북, 충북 순으로 많았다. 돈모 수집업자는 10여 개소이고, 돈모 가공공장은 서울, 대전, 조치원, 부산, 마산, 대구 등 전국 각지에 산재했다. 1962년도에 한국돈모공업협회에 의해서 알려진 돈모 수집량은 약 83만 근(498톤)이었으며, 하모, 추모, 동모의 수집 비율은 각각 15%, 25%, 60%였다. 각 도별 수집량은 전남이 18만 근(108톤)이었으며, 경남북과 충남이 각 10만 근(60톤)이고, 기타 도는 10만 근 미만이었다.

연도	금액(천 달러)	수량(톤)
1965년	866	141
1966년	965	156
1967년	1,087	218
1968년	871	–
1969년	965	182
1970년	901	183
1971년	653	135
1972년	781	221
1973년	964	156
1974년	682	98
1975년	446	66
1976년	285	45
1977년	339	30
1978년	270	21
1979년	52	4
1980년	623	7
1981년	11	1
1982년	19	1
1983년	5	1
1984년	16	2
1985년	23	2
1986년	13	1

〈표 1〉 돈모 수출 실적
자료 출처 : 농업협동조합중앙회, 『한국의 축산』, 1974, 축산물 수급 및 가격 자료, 1978~1987.

수출의 대부분은 대미 수출이 차지했고, 국내 생산량의 약 99%를 수출해서 연간 약 170만 달러 정도의 외화를 벌어들였다. 돈모만 잘 수집된다면 수출 증대를 기대할 수 있는 유망 수출품이었다. 당시 돈모 수출시장에서 경쟁 상대는 서독과 중국이었다. 중국 상품은 우리나라의 주 수출지역에서 경쟁이 되지 않았으며, 서독 상품은 백색 돈모로서 매우 우수했다. 수출 시 어려운 점은 돈모 검역제도에 있었다. 돈모 검사는 당시 3중으로 되어 있었는데, 합동 검사, 검역증 및 수출검

사이다. 수출업체는 검사제도를 단일화할 것을 요청했다. 또한 원가 절감이 과제였는데, 이를 위해서는 국내에서 조직적인 수집망을 통해 효율적으로 수집하고, 동시에 중간수집업체를 제거함으로써 원가를 절감하고 국제시장에 유리하게 진출할 수 있었다.

앞에서 살펴본 바와 같이 1960년대는 축산물 수출의 개화기였다. 5·16 군사정변 이후 외화 획득은 국가 재건과 부흥을 위해서 중요한 과제였다. 축산 분야에서는 국내 주둔 미군에 달걀을 납품하는 것을 위시하여 해외 생돈 수출과 돈모 수출에 주력한 결과, 1960년대 중반기에는 수백만 달러에 달하는 수출 실적을 달성했다.

축산물 수출 정책 면에서, 1965년에 정부는 국내 농업에 필요한 비료를 안정적으로 확보하기 위해 생돈과 비료의 구상무역* 방식을 채택했다. 즉 일반 경종(耕種)농업에서 필요한 비료를 선수입토록 허가해주었다. 외화의 채무를 미리 떠맡고 외화 상환을 위해서 생돈을 홍콩에 수출하다 보니 생돈 수출로 외화를 획득할지는 모르지만, 국내 식량 곡류의 부족 현상으로 생돈과 비료의 구상무역 방법은 실질적인 성과를 거둘 수 없다는 주장이 생겨나기 시작하였다. 구상무역이 설정한 목표를 달성하기 위한 생돈 수출로 국내보다 싼 가격으로 홍콩에 생돈을 수출하는 결과를 가져오기까지 했다. 이와 같은 1960년대의 생돈과 냉동돼지고기의 수출은 1969년 일본에서 부분육 수입을 원하면서 새로운 국면을 맞게 된다. 이에 따라 우리나라의 돼지고기 수출의 역사 제1기는 1959년부터 1968년까지의 대홍콩 생돈·냉동돼지고기 수출기로 일단락지을 수 있다.

---

* 무역에서 대금 결제 시 화폐가 사용되지 않거나 부분적으로만 이용되는 경우를 총칭하는 것. 바터 무역(Barter trade)이라고도 한다.

앞뒤가 안 맞는 양돈 부업

1970년 경향신문에는 다음과 같은 기사가 보도됐다.

"정부가 농가 부업을 장려하고 있으나 요즘 농촌에서 정부가 권장하는 가축의 사육을 외면하고 있다. 양돈의 경우 현재 이곳에서 거래되는 생돈값은 한 근에 80~85원이 고작인데 고기로 사 먹으려면 한 근에 200원이다. 100근(60kg) 돼지가격은 8000~8500원인데, 이는 새끼 돼지 가격 2500원과 7, 8개월간의 사료 10가마값에 지나지 않아 생산비도 안 되는 것이다. 반면 업자가 이를 고기로 팔 때 고기 가격은 정육 60근 1만6000원으로 생돈값의 2배나 폭리를 보고 있어 농민들은 자기가 키운 돼지를 엄청나게 비싼 값으로 사 먹어야 하는 실정이다. (중략) / 최옥회 경기도 강화군 길상면 온수리 내촌 부락"

이는 1970년대 양돈의 실상을 알 수 있는 기사다. 당시 농림부* 통계에는 90kg짜리 생돈이 출하되어 유통되는 것으로 되어 있으나, 실상 농촌에서는 100근인 60kg 정도 체중의 생돈이 거래되었다. 돼지 체중을 60kg가량으로 키우는 데 대략 7, 8개월의 기간이 필요했다. 정육 수율을 60% 정도로 보면 당시 돼지고기 kg당 소매가격은 440원 정도였

---

* 당시 농림부는 1973년에 농수산부, 1986년에 농림수산부, 2013년에 농림축산식품부로 재편되었다.

음을 알 수 있다. 축산진흥회의 「축산물 수급 및 가격 동향」(1978)에 따르면, 1970년 돼지고기 소매가격은 kg당 231원이었다. 90kg짜리 돼지 한 마리의 농가 판매가격은 1만3538원, 근당 90원 정도로 기록되어 있다. 1970년도에 양돈은 농가의 부업 정도로 정부가 장려하고 있었음을 알 수 있다.

수익성은 있으나 불투명한 전망

1970년 1월 경향신문은 사료값이 양돈 경영 성패에 주요한 영향을 미치는 요인으로서 영세한 규모의 기업은 경영수지가 만족할 만하지 못하다면서, 자금 부족과 시장 개척의 필요성을 언급하고 있다.

"농가 부업으로 영세성을 탈피하지 못했던 양돈은 이제 점차 대규모의 기업 축산으로 탈바꿈하고 있다. 양돈은 다른 중소 축산에 비해 비교적 수익성이 높기 때문이다. 광주시에서 수의사를 겸하면서 종돈 30마리와 비육돈 25마리 모두 55마리를 기르고 있는 전두림(46, 남) 씨는 '양돈은 규모가 크면 클수록 수익성이 높다'고 말했다. 인근 주민들도 이런 사실을 알고 점차 사육 규모를 늘리고 있다. (중략) 현재 우리나라에 많이 보급돼 있는 종돈은 버크셔, 랜드레이스(Landrace), 햄프셔, 랜드레이스 F1, F2 등 여러 종류가 있으나 종돈별 수익성은 각기 다르다. 전 씨에 의하면, 랜드레이스와 버크셔를 기른 결과 마리당 수익성은 랜드레이스는 1만1000원인 데 비해 버크셔는 6000원으로 랜드레이스의 절반밖에 안 된다.

사육기간 동안의 구체적인 수익성 분석 자료를 제시하지는 못하고 있으나, 체중 1kg을 불리는 데 소요되는 사료량을 비교할 때 랜드레이스는 3.3kg이면 충분한데 버크셔는 4.4~4.8kg이 필요하다고 한다. 또한 랜드레이스는 생후 8개월이면 교배가 가능하고, 평균 10.1마리의 새끼를 생산할 수 있으나 버크셔는 10개월에 9.2마리로 시험 결과 나타났다.

한편 4000마리 가운데 80%를 랜드레이스종으로 기르고 있는 대규모 양돈업자인 인천시 양돈가공센터의 김봉인 사장도 종돈 선택의 중요성을 강조했다. 센터 인근 농가 50여 가구를 선정하여 어미 돼지 20마리씩을 2년 거치 3년 후 상환하는 조건으로 사육을 맡기고 있는 이 센터엔 랜드레이스 F1, F2종과 햄프셔, 버크셔, 듀록(Duroc) 등 여러 종돈이 있는데, 향후 새끼를 많이 낳고 단기 비육이 가능한 랜드레이스종으로 모두 바꿀 예정이라고 했다. 종돈 선택의 중요성과 함께 김 씨는 수출 증대에 의한 가격 안정이 필요하다고 강조했다. 1969년에 이 센터는 홍콩과 일본 등지로 냉동지육(枝肉, 소나 돼지를 도살해 머리, 내장, 족을 잘라내고 아직 각을 뜨지 아니한 고기) 3000마리분을 톤당 1300달러에 수출했는데, 정부는 해외 시장 개척에 의한 수요 증대로 가격 안정을 모색해야 한다고 김 씨는 말했다. 당시 정부는 양돈 수출 지원자금으로 중·장기성 자금 연리 9%, 3000만 원을 책정하고 있었으나, 김 씨는 융자 규모를 더 확대해야 한다고 불만을 표시하기도 했다. 양돈 사업의 어려움을 초래하는 요인으로 사육비에서 가장 큰 비중을 차지하는 사료비를 지적했다. '사료의 대부분을 각 음식점에서 나오는 밥뜨물 등으로 대체하기 때문에 현상 유지는 겨우 가능하다' 했고, '1가마(36kg)에 480원 하는 밀기울이나 54kg들이 가마당 1200원 하는 싸라기를 사서 먹인다면 수지 타산이 맞지 않는다'고도 했다. '보리며 밀기울 등 시중 사료값이 지난해(1969년) 연말 3.75kg(1관)당 303원 하던 것이 요즘 50%가 오르는 등 기복이 심하기 때문에 돼지를 길러 팔아도 생산비가 나오지 않는 실정'이라고 했다(농촌 문제 전담반)."[9]

품종마다 다른 생산성?

1970년에는 다양한 품종의 돼지가 사육되고 있어 생산성이 제각각이었는데, 이 기사는 랜드레이스 품종에 대한 우수성이 강조된 기사다. 왜 1970년대 후반에 렌드레이스 사육 비율이 급증했는지 위 기사의 생산성을 보면 알 수 있다. 당시에는 부업농과 전업농이 혼재되어 있는 상태라 잔반이나 밀기울 등의 사료를 먹이는지 여부에 따라 사료비, 나아가 사육비가 많이 차이가 났다.

서서히 다두 사육에 대한 관심이 높아지면서, 부천의 양돈가공센터는 4000마리 정도를 사육하고 있었다. 이 양돈가공센터는 당시 제주도 이시돌목장, 광성기업과 함께 우리나라 최대 규모의 양돈장 중 하나였다. 양돈가공센터와 관련한 기사는 어렵지 않게 찾아볼 수 있다.

'냉동돼지고기 수출 계획, 연내에 3만 톤 목표'라는 제목의 기사는, "양돈가공센터는 자가 생산에 의한 대일 냉동돼지고기 수출을 6월부터 시작한다는 계획 아래 규격돈 생산을 서두르고 있다. (중략) 3개 규격돈 생산단지를 조성해 연내 약 1만770여 마리를 생산하고 광성기업의 도축시설을 이용하여 냉동 처리한 다음 농어촌개발공사를 통해 수출할 것이라 한다. 이 센터의 올해(1970년) 대일 수출 가능량은 6월부터 9월까지 매월 400~600마리, 10월부터는 1000마리 정도를 출하함으로써 연내에 최소한 300 톤의 수출을 계획하고 있다"고 보도하고 있다.[10]

앞의 기사에서 나오는 양돈가공센터는 농어촌개발공사가 투자한 기업이었다. 농어촌개발공사는 수출을 목표로 대규모의 양돈가공센터 양돈장에 투자하였지만, 성과는 별로 좋지 않았다. 양돈가공센터는 1972년 12월 26일 어느 개인에게 넘어갔다. 이 기사처럼 1960년대부터 1970년대에 걸쳐 돼지고기 수출 관련 기사가 자주 등장하지만, 늘 계약만 하고 계획은 하지만 실제 수출된 실적은 그렇게 많지 않다. 이는 당시 정부의 지상 과제가 수출이었고, 생돈과 돼지고기가 그나마 유망한 수출품목이었을 말해준다. 위 기사가 실린 지 불과 두 달도 되지 않아서 다음과 같은 내용의 기사가 있다. "수출을 기대하기 어려운 처지…"

정부가 1970년 한 해에 90만 달러 수출 목표를 세우고 있는 대일 냉동돼지고기 수출이 국내 생돈 가격의 상승으로 수출을 기대하기 어렵게 되자 양돈업계가 해결책을 촉구했다. 당시 신문 기사는 그 사정을 다음과 같이 보도하고 있다. "한국양돈센터 등 수출업계에 의하면, 일본에서의 돼지고기 수요는 성수기(5~10월경)에 접어들고 있으나 국내 생돈 가격은 90kg 1마리당 1만7500원 이상의 강세를 지속하고 있는 한편 일본의 돈 지육 시세 또한 대량 수요 지역인 게힌(京浜), 한신(阪神) 지방에서 kg당 350엔(圓, 일화, 5월 중 평균가격) 선에서 6월 들어 400엔(圓) 선을 상회하는 상승 경향을 보인다 한다. 그러나 국내 가격이 월등히 높아 한 마리당 4000원 선의 결손이 예상되어 정부의 특별한 결손 보상책이 없는 한 당분간 수출을 기대할 수 없는 실정이다."

두 달 전에 수출한다는 기사가 실렸지만, 막상 수출 시점에서 국내

---

* 『세계인문지리사전』, 京浜(게이힌)은 일본 도쿄(東京)와 요코하마(橫浜) 지역을 가리키는 합성어. 도쿄, 가와사키, 요코하마를 중심으로 도쿄만으로부터 내륙으로 펼쳐진 일본 최대의 공업지대 명칭.
** 『세계지명유래사전』, 阪神(한신)은 일본 긴키(近畿) 지방 오사카(大阪)와 고베(神戶)를 묶어서 부르는 이름. 일본 공업지역의 하나로 전통적인 섬유공업을 비롯한 중화학공업이 발달했다.

돼지고기값 인상으로 수출이 어렵다는 기사다.

축산물 공판제 실시

정부는 유통체계 정상화를 위해 도매시장법 개정을 추진했다. "농협 중앙회 당국자는 정부가 1968년부터 추진해온 한우 비육 및 양돈 사업 효과가 (1970년) 연말부터 나타나게 될 것으로 판단, 1차로 비육우 단지에서 연간 집중 출하될 3만~4만 마리의 한우와 양돈단지에서 반 출될 3만 마리의 돼지를 풀제 조직을 통해 흡수해 공동 판매토록 할 계획이라고 밝혔다."[12] 정부는 1971년부터 축산물 공판제를 시행한다 고 발표했다. 육류 소비 확대를 대비한 조치였다. "농협중앙회는 축 산물 유통·판매체계의 정상화를 위한 축산물 공판 풀제를 연말까지 매듭짓고 내년(1971년) 1월 실시할 방침이다. 농협 축산물공판사업소 의 설립은 현재 최하 8단계의 육류 유통구조를 5단계로 축소함으로써 불필요한 중간 마진을 생산자에게 돌려주고 소비자가격 인하에 주력 하게 된다."[13]

농협 양돈 비육단지 설치

1971년 2월에 농협은 양돈단지 조성사업으로 경기도 시흥 등 9개 지 구에 2억 원을 들여 1만2000마리의 돼지를 생산하는 사업을 확정하 면서 육류 생산에 박차를 가하기로 했다.[14] 1971년 매일경제는 "명년 (내년)부터 양돈에 한일 합작, 4000마리분 수출 계획(부산). 우리나라 에서는 처음으로 일본과 합작 투자로 양돈사업을 추진하여 1972년도 부터는 연간 4000마리 규모의 돼지를 일본으로 수출(약 26만 달러)해 외화 획득에 크게 이바지하게 됐다. 경남 김해군 대동면 수안리 남도

축산(대표 최원민)은 일본 협화(協和)축산과 합작해 지난 7월 1일(3150만 원을 투입)부터 사업을 벌였다. 1700마리를 기를 수 있는 최신식 돈사를 갖춘 이 양돈장은 현재 600마리를 기르고 있으나 1972년부터는 연간 4000마리의 정육을 일본으로 수출할 계획이다"라고 보도했다.[15]

일본 자본이 우리나라 양돈업에 투자되어 우리나라의 기업 양돈이 발달했다는 주장들이 있으나, 1973년 당시 총 9건의 투자가 있었고 금액은 미미했다. 이는 일본이 대만을 자신들의 양돈기지화하기 위해 투자했던 것과는 성격이 완전히 다른, 일종의 구매선급금으로 봐야 할 금액이었다.[16]

돼지고기 중간상들의 이미지

1972년 1월 동아일보에 '돼지고기(商) 폭리 – 산짓값 내렸으나 협정가 안 내려 서울서만 한달에 무려 2억 원 추산 브로커 배불리고 농민 소비자 골탕'이란 기사가 났다. 당시 생산자 돼지가격(농가 수취가격)은 1년 전과 비교하면 근당 100원이 내렸는데도 협정요금인 고깃값은 1년 전에 오른 그대로 600g 한 근에 300원씩 받고 있었다. 일반 소비자들에게 근(600g)당 300원에 판매되는 돼지고기는 생산지의 생돈 1근당 130원에 비해 170원이라는 큰 가격차를 보이는데, 이는 도축 수수료와 뼈 등 생돈에서 제외되는 중량으로 평균 30근을 공제하더라도 유통 과정에서 지나친 마진이 발생하는 것으로 드러났다.

유통 과정에서의 브로커 또는 정육업자, 즉 중간상들의 이 같은 마진 때문에 양돈업자는 물론 소비자인 시민들의 후생 손실이 크다는 점이 지적되었다. 서울시 당국은 생돈값이 230원일 때인 1971년 2월 1근에 300원으로 인상 조정된 협정요금을 그대로 방치하고 있었다. 근당

130원인 생돈은 브로커나 정육업자 및 중간도매업자 등을 통해 서울 시내 성풍, 인성 등 도축장으로 출하되어, 도축 수수료로 마리당 480원을 지불하고 도살된 뒤, 축산기업조합 측에 의하면 일반 푸줏간에 260~280원 정도에 공급되고 있었다는 것이다. 서울시 당국에 의하면, 서울 시내에서 하루 소비되는 돼지는 700~800마리이고, 이 중 300마리는 서울시 관내에서 소비되고, 나머지는 경기, 충남, 전남, 전북 등 일대로 유통되었다. 당시 서울 근교에서 기르고 있는 돼지는 약 5000마리에 달했다.

"(중략) 사료인 밀기울값이 35kg들이 한 가마에 800원이나 돼 한 가마로 하루 10마리밖에 못 먹이는 비싼 사료를 사들여야 해서 더는 적자 양돈을 할 수 없다. (중략) 돼지고기 협정요금을 내려 소비라도 늘려주었으면 좋겠다. (중략) 돼지고기는 시내 1400여 개소의 정육점 중 자금이 넉넉한 일부 정육점에서 직접 양돈가들로부터 돼지를 사들여 도살해 가게에서 팔고 있다는 것이다."[17] 1970년 1월에 밀기울이 35kg에 480원이었는데 1972년의 기사에는 800원으로 인상됐으니 1970년대 초반의 물가 상승 정도를 짐작할 수 있다. 이 기사는 당시 서울 시내의 돼지고기 소비 실상을 잘 보여주고 있다. 생돈은 서울시 관내나 경기도 지역에서 공급됐고, 돼지고기는 멀리 전남, 전북에서 도축되어 호남선 화물칸에 두 마리씩 간고등어 접어놓듯 가마니에 싸서 올라왔다. 그걸 리어카나 자전거에 실어서 남대문시장으로 가져가 좌판을 깔고 팔았다고 한다(당시 마장동 정종혁 씨).

산지의 돼지 가격이 하락했다. 가격 하락의 주된 원인은 마케팅 전략의 부재로 보인다. "(대전) 돼지(생돈) 가격이 작년 이래 계속 떨어졌는데도 불구하고 정육점 등 업자들은 지난해부터 받는 근당 300원을 그대로 받고 있다. 1일 관계 당국에 의하면, 도내의 돼지 가격은 계속 하락세를 보여 90kg당 현재 1만5100원으로 보합세인데, 지난 1월 시세보다 13% 떨어졌고, 작년 동월 시세에 비해 22% 하락했는데도 불구하고 정육점 등 업자들은 지난해부터 받는 근당 300원을 그대로 받고 있어 폭리의 인상이 짙다는 것이다. 그런데 이 같은 생돈값의 계속된 하락세는 당국이 판로 개척을 도외시한 채 양돈만을 장려한 때문으로 분석되고 있다."[18] 1972년 들어 산지 가격이 하락했다. 그런데도 협정가격인 소매가격은 내려가지 않은 이슈가 여러번 기사화되었다. 과거나 지금이나 이러한 가격 연동 문제, 즉 산지 가격이 떨어질 때 소매가격은 별로 변하지 않는 가격 비대칭성(Price asymmetry) 문제가 제기되고 있고, 여전히 어려운 숙제로 남아 있다.

제주 이시돌 목장 맥글린치

"제주도를 축산도로 만든 P. J. 매카라지 신부(북제주군 한림면 이시돌목장장)가 5일 그 공으로 정부에서 산업훈장을 받았다." 1972년 6월의 경향신문 기사 서문이다. 아일랜드 출신으로 실제 이름이 패트릭 맥글린치(Patrick J. McGlinchey, 한국 이름 임피제)인 이 신부는 농민들에게 자립심을 길러주고, 그들이 기른 돼지가 1만 마리가 넘자 1966년부터 자신이 직접 일본, 홍콩 등지로 가서 돼지 수출의 길을 열고, 1972년 현재 매월 3000마리

의 돼지를 수출해서 연 100만 달러 상당을 벌어들였다. 이러한 사업의 일환으로 250여 농가가 그의 지도로 돼지, 양, 소 등을 길러 연간 50만 원 상당의 이익을 올렸다. 1900ha 규모의 농장에서는 당시 돼지 1만3000마리, 양 1163마리, 소 141마리가 사육되고 있었다.[19] 제주 이시돌목장장 맥글린치 신부가 산업훈장을 받는다는 기사 속에서 짧게나마 제주 양돈이 어떻게 시작됐는지 알 수 있다(그림 2).

〈그림 2〉 산업훈장 받은 매카라지 씨 양돈 신부(경향신문, 1972.6.)

삼성그룹이 양돈업에 진출한 이유

"1980년대의 풍요한 생활을 내다보면서 1973년 경기도 용인군 포곡면 일대 6개 마을 450만 평에 용인농림단지가 조성됐다. 용인농림단지 조성계획 가운데 가장 주목을 받게 된 곳은 축산단지였다. 1973년 4월부터 부분적인 종돈이 입식된 양돈단지는 포곡면 유운마을 일대였다. 1차 계획 기간 동안에 부지 10만 평에 11억 원을 들여 원종돈 1300마리를 포함하여 원원종돈, 종돈, 비육돈 등 5만6700마리의 돼지가 입식될 예정이었다. 규격돈 생산을 목적으로 한 이 양돈단지가 본궤도에 오르면 지역 주민들과 계약 생산을 실시하게 되고 부대시설로 사료공장, 가공공장을 건설할 계획이었다. 1차 5개년 계획 기간 마지막 단계인 1976년에 가서는 연간 400만 달러의 돼지고기를 수출할 계획이었다."[20]

용인자연농원, 지금의 에버랜드의 시작에는 양돈 농장이 있었다는 기사다. 아마도 1973년에 개발된 용인 양돈장을 국내 최초의 현대적 기업 양돈의 시발점으로 봐야 한다. 재벌기업 투자로 이루어진 최초의 대형 양돈장이었다. 1973년 10월에는 삼양식품그룹이 10억 원의 자금을 투입하여 1만 마리의 종돈을 확보하고, 이를 강원도 대관령(약 570만 평)에 있는 삼양축산에서 사육하는 것으로 계획했다. 기업형 대단위 양돈장 삼성용인자연농원[21]은 1990년대 폐쇄된 이후 관련 문헌을 찾기가 쉽지 않다. 비교적 당시 상황을 자세히 보도한 중앙일보 기사를 통해 당시 삼성의 양돈업 진출과 관련한 내용을 확인할 수가 있었다.

중앙일보는 삼성이 왜 양돈업에 진입하게 됐는지를 먼저 설명한다. 양돈사업이 세계적인 '붐'을 일으키고 있으며, 이웃 나라 중국이 인구 7억 명에 돼지를 2억 마리나 기르고 있는 것을 고려하면 우리나라도 '최소한 1000만 마리'는 사육하고 있어야 한다는 것이다. 일본의 경우는 1억 인구에 기르는 돼지가 250만 마리밖에 되지 않아 연간 14만 톤, 350만 마리분의 돼지고기를 외국에서 수입하고 있는데, 우리나라도 150만 마리에 지나지 않는 실정이니 삼성과 같은 재벌이 양돈업에 진입해야 한다고 주장했다.

특히 삼성이 주목한 부분은 종돈의 낮은 생산성이었다. 낮은 종돈 생산성으로는 국제적인 경쟁력을 갖추기도 어렵다며, 국내 양돈산업이 경쟁력을 갖추기 위해서는 현대적인 경영 기술의 도입과 함께 종돈 개량이 가장 시급한 문제라고 지적했다. 삼성의 용인 양돈장은 바로 이 같은 요구를 해결하기 위해 마리당 최고 60만 원씩을 들여 세계적인 원종돈을 도입했고, 이를 토대로 개량 종돈을 생산해 보급할 것이라 했다. 1970년대 재래종은 규격돈 도달 일수가 무려 210일이나 걸리고, 사료 섭취량이 더 많음에도 증체량은 개량종에 비해 하루 평균 110g이나 낮고, 한배에 낳는 새끼 돼지도 개량종에 비해 3마리나 적다고 지적했다. 평균 등지방 두께가 4.5㎝로 비계가 너무 많다 보니 지육률은 65%, 정육률은 50%밖에 되지 않는 것도 재래종이 가지는 약점이라고 지적했다.

이러한 재래종의 단점을 보완한 삼성 종돈의 수익성은 재래종에 비해 30% 이상 월등히 높아서, 삼성의 개량종을 사육하면 우리나라 양돈 농가들도 국제 경쟁력을 갖추게 될 것이라고 덧붙였다. 삼성 양돈 사업장은 이 같은 우량품종의 대규모 공급을 위해 총 23만 평의 양돈장에 돈사 37채(5628평)를 지었고, 곧 64채(7700평)를 더 지을 예정이었다. 수출도 염두에 두고, 1차 양돈사업 계획이 완결되는 1977년에는 연간 5만 마리의 규격돈을 생산해 '커트 미트'로 수출할 계획이었다. 이러한 생산과 수출계획은 일반 농가에 분양된 비육돈과 함께 100억 달러 수출 달성에 상당히 기여할 것이라고 삼성은 예측했다. 또한 1977년까지 국내에선 처음으로 100마리의 무균(SPF) 원원종돈(GGP, Great Grand Parents) 4종을 추가 도입해 세계적인 양돈 시범장으로 발전시킬 계획도 밝혔다.

삼성의 수출 꿈은 안타깝게도 1978년 수출 중단 조치로 대일본 돼지고기 수출이 사실상 막혔고, 1984년에서야 제일제당이 포장육을 시범 수출하면서 돼지고기 수출이 시작되었다.

여름 돼지는 잘 먹어야 본전?

1977년 7월, 30℃ 이상의 무더위가 계속되는 가운데 이례적으로 돼지고기의 소비가 급증하고 있었다. 7월 28일 농수산부와 관련 업계에 의하면, 당시 돼지고기의 서울 반입량은 하루 1200~1500마리로서 전년 동기의 600~800마리, 봄 성수기의 1000마리보다도 훨씬 늘어난 물량이었다. 또 돼지고기의 수출도 호조를 보여 상반기 중에 1000만 달러에 도달했는데, 이는 1976년 같은 기간의 700만 달러에 비해 43%가 늘어난 액수이고, 1977년 전체 수출 목표 1500만 달러의 79%에 육박하고 있었다.

돼지고기와 닭고기의 수요가 1977년 들어 증가한 이유는 육류의 주종인 소고기 가격이 600g 1근에 2000원을 넘어서는 데 비해 돼지고기 가격은 600g당 850원으로 안정됐기 때문이었다. 특히 여름철에 돼지고기는 잘 먹어야 본전이라는 통념을 깨고 여름철 소비가 늘어난 것은 그동안 조리 방법이 크게 개선됐고, 육류 공급원에 대한 사회 전반의 인식이 변했기 때문이다. 이때부터 우리나라의 식생활 패턴이 크게 변하기 시작했다고 볼 수 있다. 소비가 증가하면서 1977년 7월 말 현재 국내 돼지 사료 생산량은 17만2843톤으로 1976년 같은 기간의 78만 7000톤보다 120%가 증가했다.

1977년도 추석을 앞두고 농수산부는 국내 돼지고기 가격이 오를 것을 대비해 당해 연도 9월부터 돼지고기의 대일 수출을 규제하기로 했다. 농수산부는 소고기 가격이 상승하면서 돼지고기 수요가 늘어남으로써 돼지고기 가격이 오를 것을 예상하고, 그동안 돼지고기 가격 안정으로 대일 수출이 무난히 이루어졌기 때문이다. 9월 1일부터 중단됐던 수출은 10월 15일로 재개됐다.

일본과 한국의 돼지고기 식생활 차이

일본에서는 여름철에 오히려 돼지고기를 영양식으로 간주하여 여름이 돼지고기 성수기가 되고 있다. 우리와는 반대인 셈이다. 이 같은 현상은 두 나라 사이의 식생활의 차이, 즉 가공과 요리법 등에서 차이가 나기 때문이다.

우리나라에서는 비계와 껍질이 붙은 돼지고기를 선호하기 때문에 덥고 습기가 많은 여름철에 돼지고기를 자칫 잘못 먹으면 소화불량이나 설사 등을 유발하기 쉽지만, 일본에서는 껍질과 비계를 떼어내고 고기만 먹기 때문에 여름철 소비를 크게 피할 필요가 없다. 요리나 가공 방법 역시 우리나라는 주로 볶거나 구운 것 혹은 국거리로 많이 소비하는 반면, 일본은 포크커틀릿(돈가스)이나 햄, 소시지 등으로 조리 또는 가공해 먹는다.

따라서 일본에 돼지고기를 수출할 때는 껍질을 벗기고 지방질도 5mm 이하로 떼어낸 정육 상태로 가공한다. 우리나라도 소득수준이 높아짐에 따라 국내 육류 소비가 급격히 늘고 있지만, 일본 역시 육류 소비가 많아 국내 생산량으로는 소비를 충족하지 못한다. 그래서 부족분을 수입하는데, 특히 값비싼 소고기보다 돼지고기 수요가 급신장해서 일본은 세계 최대의 돼지고기 수입국으로 손꼽힌다.

일본의 1976년 돼지고기 소비량은 120만5000톤으로 이 중 수입량은 14만9000톤이었다. 100kg짜리 돼지를 도축하면 약 40kg의 정육이 생산되니 약 372만5000여 마리의 돼지고기를 수입한 셈이다.

수입국으로서 일본은 한국의 돼지 사육시설이나 기술, 품종 등이 다른 나라에 비해 뒤떨어지지 않으며, 기후조건이나 고기를 자르는 방법이 서구는 기계화되어 있지만 우리나라는 손으로 했기 때문에 일본인들의 기호에 맞아 선호한다는 것이 당시 수출업계의 이야기다. 흥미로운 것은 수출 돼지고기는 냉동 상태로 나가기에 수출업체는 냉동시설을 갖추어야 하는데, 당시 수산물 수출업체들 중 일부가 자체 냉동시설을 활용하면서 돼지고기 수출시장에 진출했다.

냉동 컨테이너 확보 등 수송 문제도 수출이 크게 늘어나면서 제기되기 시작했다. 수출용 돼지고기를 생산하기 위해 90~110kg 체중을 규격돈으로 정했는데, 국내에서 주로 소비되는 돼지는 체중이 대개 60~70kg로 지방이 적어 품질이 좋다는 점에서 차이가 있었다. 돼지의 사육도 1977년 현재 생후 6개월이면 규격돈이 될 정도로 사육 기술이 발달해서 연 2회 이상 생산이 가능해졌지만, 외국에서는 규격돈이 되는 기간을 생후 5개월로 단축해 우리나라 양돈 기술이 좀 더 발전해야 한다는 것이 지적되고 있다.[22]

수출 돼지고기는 모두 재래종이 아닌 개량 비육돈으로 순종보다 고기 양이 많고 생산성이 좋은 삼원교잡종이다. 1977년 이미 삼원교잡종 대부분은 수출 규격돈 농장에서 사육되고 있었다는 걸 알 수 있다.

우리나라 식량 사정에 따라 수출을 규제하는 정책은 안정적인 수출이 이뤄지지 못하는 원인이 되었다. 돼지고기 수출은 상당한 외화벌이 수단이 됐지만, 협소한 국내 시장에서 육류 가격을 안정시키기 위한 정책 수단으로 수급 조절을 할 수밖에 없었기 때문이라 한편 이해할 수 있다. 국내 가격 안정과 수출 유지·증대 간에 장기적 균형이 필요해 보인다. 당시 우리나라 축산 발전을 위한 계획에는 수출시장 개척이 포함되었다. 정책은 지속 가능한 축산을 지향하지만, 역사 속에서 확인되는 것은 지속성이 보장되지 않아 보인다.

삼겹살 대유행

돼지고기를 수출하면 수출업자에게 돼지의 머리를 비롯해 돈피, 지방, 내장, 족발 등 수출 잔여육이 이들 업자의 부수입원으로 발생했는데, 이 수출 잔여육에는 삼겹살이 포함됐고, 이 삼겹살이 시중에 풀리면서 1970년대 초부터 국내에 삼겹살이 유행했다는 주장이 있다. 이는 사실과 다르다. 수출용 부위의 정선(精選)과 세트(포장 단위) 구성에 삼겹살이 포함되었기 때문이다. 1977년까지 냉동정육은 삼겹살을 포함해 풀 세트로 수출했다. 1970년대 말에는 국내 돼지고기 수출업체가 29개사로 늘어났다. 이들 업체는 수출용 가공작업을 위해 어느 정도 규모의 부분육 가공공장을 보유했을 것이다. 그러다 돼지고기 수출이 중단되는 상황이 벌어지고, 정부가 업체들을 상대로 수출을 위해 확보해놓은 돼지와 냉동해놓은 돼지고기를 국내 시장에 공급하라고 요구함에 따라 당시 수출용 삼겹살이 국내 시장에 공급되었을 것이다.

수출을 계기로 양돈 농장의 규모화가 시도됐고, 규격돈 생산을 위해 1970년대 들어 배합사료의 급여율이 높아지고 거세 기술이 보급되면서 수출용 돼지고기에서는 돼지고기의 치명적 단점이던 냄새 문제가 개선된다. 이렇게 품질이 좋아져 호평받던 돼지고기의 수출길이 1978년 정부의 국내 축산물 가격 안정 조치로 막히면서 냄새가 덜 나는 돼지고기가 국내 시장에 공급되기 시작했다. 이렇게 해서 돼지고기도 소고기 로스구이처럼 소금만 쳐서 구워 먹을 수 있는 삼겹살집이 나타나게 된 것이다.

국내 물가 조절용으로 공급된 냉동돼지고기는 그 당시 소비자들에게 낯선 새로운 육류였다. 냄새가 나지 않는 돼지고기, 프로판 가스와 육절기(Meat cutter)의 보급, 기존 인기 외식 메뉴였던 한우 로스구이용 한우고기 가격의 인상, 그리고 소주와의 궁합 등 복합적인 요인이 작용해 냉동 삼겹살이 사랑받기 시작했다.

밀도살 돼지고기 유통

동아일보 1977년 기사 제목이 '3명 구속, 62명 입건, 38명 수배. 수의사와 짜고 서류 위조해 탈세액만도 연간 10억 원'이다. 이 기사는 당시 서울 시내에서 소비되는 돼지고기의 40% 정도가 지방에서 밀도살되어 비위생적으로 반입되는 물량인데, 사설(私設) 시설에서 도축 가공이 이루어지다 보니 탈세 규모가 작지 않다는 내용이다.

서울에서 하루 소비되는 돼지고기는 1500여 마리 분량으로, 이 중 우성농역 등 3개 도매시장에 상장되는 것이 하루 평균 750마리, 지방에서 합법적으로 반입되는 것이 150마리이고, 이를 제외한 600마리가량이 지방의 반출업자와 수의사가 결탁하여 부정한 방법으로 들어온다고 한다. 1976년 서울시 돼지고기 유통 상황의 일면을 보여주는 기사다. 당시 서울 시내에는 3개의 도매시장이 있었다.

돼지고기협의회 발족

'소고기 한 근 값이면 돼지고기를 두 근이나 살 수 있는데도 사람들은 별로 먹으려 들지 않는다.' 돼지고기 소비 부진의 이유로 비계와 껍질이 태반을 차지하고, 살코기(정육)는 얼마 되지 않기 때문이라는 것을 크게 꼽았다. 이런 이유 등으로 생산자와 소비자 사이를 연결해줄 필요성이 제기된 모양이다. '생산자와 소비자 사이에 가교가 되어 좋은 돼지고기를 먹을 방법을 찾아보기 위해 가칭 돼지고기협의회가 발족되었다.' 1977년의 일이다.

협의회 활동으로, 협의회 회장(당시 한국식생활개발연구회장)은 돼지고기의 판매를 체계화하고 확대하기 위해 한국사료협회, 양돈협회, 미국사료곡물협회 등과 협력하여 '소비자가 원하는 형태에 맞게 살(精肉)만 받을 수 있는 정육점을 개척하는 것'을 당면 과제로 정했다. 이를 위해 우선 서울 낙원동의 동양정육점을 첫 창구로 시작하고, 돼지고기 조리 방법에 관한 과학적인 연구를 지원하고, 값싸고 훌륭한 단백질을 충분히 공급하며, 주부들도 돼지고기를 '충분히' 이용하도록 이끄는 것이 제 역할이라고 강조했다.

사실 돼지고기는 다른 고기에 비해 살이 연하고 비계가 많다. 그러나 과거와 달리 단백질을 배합한 효율적인 사료로 기른 돼지는 비계가

---

* 동아일보, '돼지고기 40% 밀도살', 1977.1. 전국에 3개 도매시장 도축장이 있었지만, 서울시의 수요량이 늘어나니 불법으로 반입되는 돼지고기가 많았다.

적고 살코기가 많아 정육률이 높아졌다. 생육기간에 맞춰 배합된 사료를 돼지에게 먹인 농가에서는 10개월 걸리는 것을 5개월 만에 90kg 체중으로 키우기 때문에 육성이 잘되어서, 돼지고기 맛이 가장 좋고 살도 연한 생후 6개월에 담홍색의 맛있는 고기를 제공한다고 강조했다. 또한 도살할 때 내장을 잘 보존하면서 냄새를 제거하는 처리 방법으로 그 맛을 반감시키지 않아야 한다고 강조했다.

돼지고기 요리 방법에 관해서는, 생강즙과 양파가 냄새를 없애주고, 튀김은 미리 조리해서 간이 밴 다음에 튀겨야 제맛이 난다든지, 구이에는 고춧가루를 조금 뿌리는 것이 좋고, 편육은 생강과 파를 넣고 삶되 끓는 물에 넣어야 한다는 등의 조리 팁을 소개하고 있다.[23]

이 당시 소비자가 돼지고기를 기피하는 이유는 살코기의 양이 적다는 것뿐 아니라 돼지고기 특유의 냄새 때문인 것을 확인할 수 있다. 또한 비계와 껍질을 살코기와 함께 판매하는 관행도 돼지고기를 기피하는 이유였다.

1977년 봄, 소고기 가격이 오르면서 상대적으로 돼지고기 수요가 늘어났다. 육류 소비의 주종이 소고기에서 돼지고기로 전환되기 시작했다. 1977년 5월 관계 당국과 업계에 의하면, 이해 들어 소고기 공급이 줄어 가격이 600g당 1700~2000원으로 오르자 상대적으로 가격이 싼 돼지고기 소비가 급격히 늘어났다. 서울의 경우 전해인 1976년도에 돼지고기의 하루 상장 마릿수가 500~700마리에 불과했으나, 1977년 들어 소고기 가격 상승과 함께 돼지고기 상장 마릿수가 증가해서 봄 기간에 하루 1700~1800마리에 달하고, 많은 날은 2000마리를 넘기기도 했다. 관계 당국자는 이러한 돼지고기 상장 마릿수의 증가가 이해 1월부터 시행된 부정 도축 금지 조치의 영향도 있으나, 600g당 1800원

이 넘는 소고기 가격에 비해 850원인 돼지고기를 더 많이 찾기 때문으로 풀이했다.[24]

1977년 들어 소고기 소매가격이 돼지고기 소매가격의 2배가 되면서 돼지고기 수요가 급증하게 된다. 이 시기 육류 소비구조 변화 요인으로 상대가격 변화도 있지만, 양돈 농가의 규모가 커지고 돼지고기의 품질이 개선되어가는 시기인 점도 고려할 만하다.

돼지고기 파동과 육가공 시대의 서막

1978년은 1968년에 이어 두 번째 큰 육류 파동이 일어난 해다. 육류 가격 파동으로 양돈산업은 일대 전환의 시대를 맞게 된다. 1977년 돼지고기 가격이 하락하면서 수요가 늘었지만 국내 돼지고기 생산량이 수요에 부응하지 못하면서 1978년에는 돼지 가격이 폭등했다.

경향신문 1978년 1월 7일 자 '돼지고기 가격은 왜 오르나'란 제목의 사설은 당시 상황을 잘 보여주고 있다. "1978년 새해 벽두부터 돼지고기 가격이 껑충 뛰어올라 600g당 1300~1400원으로 거래되는가 하면 일부 지역에서는 품귀 현상까지 일어났다." 정부는 신정 연휴 동안 돼지고기가 축산물 도매시장에 반입되지 않아 가격이 뛰었다고 했지만, 겨울철은 여름철과 비교해 돼지고기 수요가 증가하는 성수기임에도 당국이 미리 충분한 양의 돼지고기를 비축하지 못했다고 지적하고 있다. 소득수준이 증가하면서 육류 소비량은 늘어나는데 공급량이 부족하니 가격 파동은 불가피했다. 1인당 국민소득이 400달러 남짓했던 1973년에는 1인당 육류 소비량이 5.7kg, 소고기 소비량은 1.4kg인 데 비해 1인당 국민소득이 1000달러에 가까워진 1977년의 1인당 총 육류 소비량은 8.16kg, 소고기 2.24kg, 돼지고기 3.9kg, 닭고기 2.0kg이었다. 일본은 1인당 국민소득이 1500달러였던 1960년대 말 육류 소비량이 12.7kg에 이르렀다.

1977년 소비자물가 상승률은 11%, 물가 상승을 주도했다는 식료품비는 12.3% 증가한 것에 비해, 육류 가격은 28.9%나 올랐다. 그만큼 육류 소비가 늘었고, 1978년에는 결국 육류 파동이 일어났다. 돼지고기 공급을 늘리기 위해 정부는 도축시설이 없는 섬 지역과 오지에서만 허용하던 자가 도축 허가권을 지방자치단체로 이양해 자가 도축을 허용하는 등의 조치를 취했다. 가격 안정을 위해 가격이 쌀 때는 정부가 비축했다가 비쌀 때 방출하는 식의 육류 가격 안정 정책을 도입하기도 했지만 큰 효과는 얻지 못했다. 이 시기에 대기업이 돼지고기 가공식품 시장에 뛰어들기 시작했다. 1978년 5월에 제일제당이 1979년 제품 출하를 목표로 햄소시지 공장을 착공한다고 발표했다. 대기업들이 본격적으로 돼지고기 가공시장에 참여한 것이 1979년부터이고, 이때부터 우리나라 가정의 식탁에는 분홍 소시지 대신 햄과 돼지고기가 들어간 소시지가 오르기 시작했다.

1978년 돼지 사육 마릿수가 감소하면서 돼지고기 가격이 오르자, 정부는 외국산 돼지고기를 시중에 풀어 가격 하락을 유도했다. 그 결과 1979년에는 다시 돼지고기 가격이 폭락해 양돈 농가에서 돼지를 도살하는 등 돼지고기 가격 파동이 반복됐다.

1979년 돼지고기 가격이 하락하자 정부는 돼지를 도축할 때 탕박(湯剝, 잡은 돼지를 뜨거운 물에 담그거나 뜨거운 물을 분사해서 돼지털을 뽑는 방식)을 금지하고 박피 방식으로 등지방 두께를 좀 더 얇게 하도록 하는 조치를 취했다. 돼지고기 가격 하락이 이어지자 정부는 대기업들로 하여금 돼지고기 가공시장에 참여하도록 독려하였고, 롯데, 제일제당 등 굵

직한 식품기업들이 돼지고기 가공시장에 참여하면서 탄생한 햄이 바로 '살로우만'이다. 지금으로부터 40여 년 전의 일이다.

1980년대 이전 육가공 제품의 연간 시장 규모가 약 130억 원대에 불과해 진주햄, 대한종합식품, 상지식품 등 중소기업이 육가공 제품 생산을 담당해왔으나, 이후엔 재벌급 대기업인 제일제당, 롯데축산이 대규모 공장을 건립하면서 육가공시장에 본격적으로 뛰어들었다. 당시에는 대기업이 이러한 시장 규모의 식품시장에 진출하는 것에 크게 반발하지 않았지만, 지금이라면 대기업이 진출하는 것을 금지하고 제한하는 업종인 중소기업 적합업종으로 간주해 롯데나 CJ의 진출이 어렵지 않을까 생각된다. 그러나 1970년대까지만 해도 소시지를 제조해서 판매하는 회사가 진주햄과 대한종합식품 두 군데였고, 이 두 회사의 소시지 시장점유율이 70%가 넘었다.

그러자 정부는 소시지 가격 안정을 위해 이를 독과점 품목으로 지정했다. 1977년 독과점 품목으로 지정된 소시지는 수출을 제외한 국내 시장 거래액이 40억 원이 넘었고, 이러한 시장에서 진주햄소시지의 점유율이 49.6%, 대한종합식품이 21.2%에 달했다. 당시 법률상 총 시장 거래액의 60% 이상을 3개 이하의 사업자가 차지하는 경우 독과점 품목으로 지정해 정부가 가격을 관리·감독했고, 진주햄소시지와 대한종합식품은 당연히 독과점 사업자로 각각 지정됐다.

이후 육가공 사업에 진출한 롯데축산은 살로우만 소시지를 개발·출시해 1980년대를 풍미한다. 당시 살로우만 제품 소개 기사에는 '롯데축산 육가공 제품은 서구식 제조 방법으로 고기 함량 88.3%의 축육제품'이라고 설명하고 있다. 제품별로 용도를 달리했는데, 롯데 살로우만 소시지는 밥반찬과 도시락용이고, 롯데 마스로만 소시지는 어린이 간 식용으로 개발했다. 이들 제품의 가격을 보면 살로우만 원나 소시지는 140g에 850원, 마스로만 스틱 소시지 33g은 150원이었다.

한편 1960~70년대의 돼지고기 가격 불안정성을 타개하기 위해 정부는 돼지고기를 일본으로 수출하는 것을 장려했다. 이러한 장려책은 가격 안정을 위한 수단으로 볼 수 있다. 국내 돼지고기 가격이 낮을 경우에는 수출 물량이 늘지만, 소고기 파동 등으로 돼지고기 가격이 오르거나 돼지고기 공급이 부족하면 수출을 통제하는 방식이었다.

참고로 근대적 관점에서 우리나라 식육 가공산업은 1915년 조선축산㈜이 설립되면서 시작된다. 하지만 광복 이후 6·25전쟁을 겪으면서 주곡 중심의 정책으로 육가공업이 발전하기 어려웠고, 가공기술 전승은 단절됐다. 이후 1968년에 창업한 진주햄소시지 회사가 어육 소시지를 상품으로 개발하면서부터 국내 식육 가공시장을 선도했고, 이때부터 현대적 식육 가공산업의 의미를 가지기 시작했다. 본격적인 육가공 시대가 열린 1979년 이후 한국 사회는 정치적인 변화와 함께 1980년대 3저 호황이라는 유례 없는 경제성장 시기에 맞추어 돼지고기 전성시대가 열린다.

1 농업협동조합중앙회, 『한국의 축산』, 1974, p.142.

2 유계완(조리연구가), '돼지고기', 『여원』, 1963.

3 한국축산발달사 편찬위원회, 『한국축산발달사』, 1998, pp.492~493.

4 농업협동조합중앙회, 『농협조사월보』, 1963.4.

5 경향신문, 1963.8.

6 동아일보, '부산 콜레라 발생으로 일본 수출 무산', 1963.10.

7 경향신문, '냉동지육 수출', 1968.7.

8 경향신문, "손발 안 맞는 부업 장려", 1970.

9 경향신문, '기업성은 있으나 전망 불투명한 축산(3)-양돈', 1970.1.

10 매일경제, '냉동돼지고기 수출 계획, 연내에 3만 톤 목표', 1970.5.

11 매일경제, '돼지고기 수출 어려울 듯', 1970.6.

12 매일경제, '내년부터 축산물 공판제', 1970.9.

13 매일경제, '서두는 축산물 공판장', 1970.9.

14 매일경제, '농협 14곳에 한우 비육지', 1971.2.

15 매일경제, '명년부터 양돈에 한일 합작', 1971.7.

16 『대한민국 돼지산업사』, 8장 참조. 2019.3.

17 동아일보, '돼지고기상 폭리', 1972.1.

18 매일경제, '생돈값 하락 불구 정육값은 그대로', 1972.6.

19 경향신문, '산업훈장 받은 매카라지 씨 양돈 신부', 1972.6.

20 매일경제, '용인 축산단지 조성 계획', 1973.9.

21 중앙일보, '묘포·양돈장', 1974.6.

22 경향신문, '메이드 인 코리아 100억 달러', 1977.8.

23 동아일보, '돼지고기 이용을 효율적으로. 눈길 끈 돼지고기협의회 발족', 1977.2.

24 매일경제, '돼지고기 소비 증가', 1977.5.

돼지고기 소비 패러다임 전환기

1980년 — 2010년대

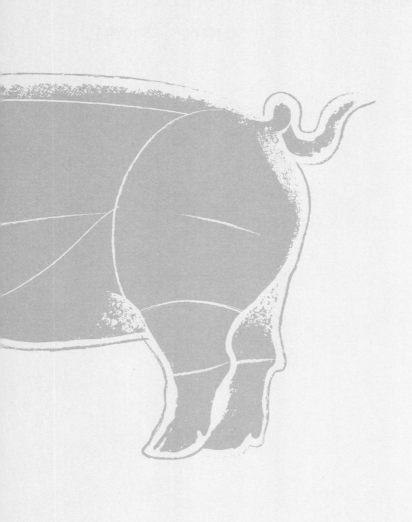

1970~80년대 육류 소비 문화

1970년대 우리나라는 연평균 국민총생산(GNP) 성장률이 21%에 이를 만큼 압축성장을 한다. 1970년 1인당 GNP가 248달러였으나 1975년 535달러, 1979년 1662달러로 급상승하면서 육류 소비도 크게 늘어난다. 이 시기에 소고기 1인당 연평균 소비량 성장률은 9.8%, 돼지고기는 8.6%, 닭고기는 5.2% 등 전체 육류의 연평균 소비량 성장률은 8.1%였다. 1970년 1인당 육류 소비량은 소고기 1.2kg, 돼지고기 2.6kg, 닭고기 1.4kg 등 총 5.3kg이었는데, 1979년 1인당 육류 소비량은 이보다 2배가 넘는 11.4kg로, 소고기 3.0kg, 돼지고기 6.0kg, 닭고기 2.2kg이었다.

1970년에는 돼지고기, 닭고기, 소고기 순이던 육류 소비량이 1979년에는 돼지고기, 소고기, 닭고기 순으로 소고기 수요가 닭고기 수요를 추월했다. 이는 육류 구성비로도 알 수 있는데, 1970년에 소고기 22.6%, 돼지고기 50%, 닭고기 27.4%였던 이들 3종의 1인당 육류 소비 구성비가 1975년에는 소고기 31.3%, 돼지고기 44.0%, 닭고기 24.8%로 변화를 보였다. 1960년대에 항상 50% 이상 65% 넘게 육류 시장을 지배하던 돼지고기의 시장 지배가 소고기의 인기로 조금 줄다가 1979년 52.5%로 다시 안정세를 찾았다.

경제가 성장하면서 1970년대는 소고기를 찾는 욕구가 컸던 시대다. 1970년대 압축성장으로 농촌 인구가 서울 등 대도시로 유입되면서 도시 지역에서는 자연스럽게 식당도 발달했다. 식당을 하기 시작한 인구는 농촌에서 농사짓던 사람들이 대부분이었다. 이들은 요리를 배웠거나 잘하는 요리가 없다 보니 무난한 메뉴를 정할 수밖에 없었다. 이렇게 자연스럽게 선택한 메뉴가 소고기를 그냥 엷게 썰어서 구워 먹는 로스구이였다. 당시는 육류 소비가 설과 추석 명절에 집중됐다. 추석이나 설에는 육류를 탕국이나 산적, 육전으로 요리하는데 등심이나 안심은 잘 사용하지 않아 냉동 비축할 수밖에 없었다. 이렇게 명절에 잘 사용하지 않는 등심이 냉동육 상태로 식당에 유통되어 로스구이가 유행하게 된 것으로 보인다.

로스구이는 국어사전에 '고기 따위를 불에 굽는 것. 또는 그렇게 만든 음식'이라고 풀이돼 있다. 어원은 영어의 '굽다'라는 뜻의 '로스트(roast)'에서 유래한 것으로 보고 있다. 1973년 언어 순화 차원에서 로스구이를 등심구이, 리쿠사쿠를 배낭, 리야카를 손수레, 마호병을 보온병, 미깡을 귤, 사리를 접시 등으로 다듬어 사용하게 되면서, 1980년대는 로스구이와 등심구이가 섞여서 쓰이다가 1990년대 중반부터 로스구이라는 말은 사용하지 않게 됐다.

로스는 일본에서도 사용한다. 일본어 '로스(ロース)'는 '등심'이라는 뜻이 있다. 일본 위키피디아는 로스의 어원을 'roast(로스트)'에서 전래한 단어이며, '로스트에 적합한 고기 부위'라는 뜻이 있다고 설명하고 있다. 즉 구워 먹기 좋은 부위라는 뜻이며, 일상적으로 등심을 뜻한다. 일제 강점기에는 로스구이라는 말이 나오질 않고 광복 이후 영어의 로스트(roast)+구이의 형태로 명명된 것을 보면, 로스구이는 광복 이후

미군정기 이후에 미군이 먹었던 스테이크의 한국형이었을 것으로 추측하고 있다.

우리 민족은 고기를 양념해서 구워 먹는 민족이다. 맥적, 너비아니, 설하멱, 불고기 등의 공통점이 고기를 굽기 전에 양념한다는 것이다. 그런데 미국의 스테이크는 두툼한 소고기에 소금과 후추만 뿌려 구워 먹는 것으로 우리에겐 조금 색다른 요리였고, 미국 식문화에 대한 동경으로 스테이크를 모방하고 싶었을 것이다. 그런데 광복 이후 1970년 대까지 우리나라의 소는 부림소이며 일소여서 등심에 마블링이 거의 없고 근육이 발달해 너무 질겼다. 2~3cm 정도의 두툼한 미국식 스테이크 형태로 고기를 구워 먹기가 어려웠는데 1960년대 육절기가 도입되면서 로스구이는 1970년대까지 최고의 인기 외식 메뉴였다.

1971년 12월에 연세대학교 식생활과 학생들이 조사한 '직장인의 식사 현황'에 의하면, 저녁 식사는 일주일에 2~3회 외식하고, 외식 시 선택하는 메뉴는 불백이 41.5%, 함박 27.7%, 로스구이 34.6%로 나타났다. 불백은 불고기 백반이고 함박은 함박 스테이크이다. 이런 내용에서 1970년대 초의 주요 외식 메뉴는 불고기와 로스구이로서 여전히 소고기 선호도가 높았다. 다만 불고기 정식은 1992년 조사에서도 1위의 자리를 차지했지만, 이 당시 로스구이는 30위 안에 없었다. 대신 삼겹살이 8위를 차지해 로스구이 재료가 소고기에서 돼지고기 삼겹살로 교체되고 있음을 알 수 있다. 1990년대 중반에는 프랜차이즈 유행을 타고 다시 로스구이 전문점이 생겨나기도 했다.

로스구이, 즉 등심을 구워 먹는 게 유행하자 로스구이 전문 불판도 등장했다. 1970년대 대부분의 소형 가전제품은 코끼리 밥솥을 위시해 상당수가 일제였다. 가전제품뿐만 아니라 육류 유통의 혁신적인 역할을 한 육절기와 골절기 등의 제품을 일본에서 수입해오던 시절인 1975년 대한전선에서 로스구이용 '핫프레이트'를 신제품으로 출시했다. 전기를 이용한 핫플레이트의 등장은 가정에서 고기를 구워 먹을 수 있게 됐다는 점에서 획기적이었다. 수고스럽게 숯불을 피우지 않아도 등심구이를 집에서 손쉽게 해 먹는 시대가 열리게 됐다. 이는 일본에서도 마찬가지다. 일본에서는 1970년대 초반 핫플레이트가 개발돼 보급되면서 야키니쿠가 가정식으로 자리 잡게 됐다. 한국에서는 핫플레이트보다는 야외에서 사용이 가능한 휴대용 가스레인지의 등장으로 삼겹살이 대중화된다.

로스구이는 입맛에 따라 소금 또는 후추를 뿌려 굽는 요리로 인기를 끌었지만, 1970년대에는 국내 소고기, 즉 한우 공급이 원활하지 않음으로써 가격이 급등하는 경우가 많아 대체할 육류가 필요했다.[2] 1970년대 후반 소고기 공급에 차질이 빚어져 소고기 파동이 일어나고 가격이 인상됐다. 이때 양돈업은 기업화하면서 수퇘지를 거세하고 배합사료 위주로 돼지를 사육하여 돼지냄새(이취)가 별로 나지 않는 돼지고기가 대량으로 시장에 출하되었다. 그러면서 그동안 돼지고기를 로스구이로 별로 찾지 않던 사람들이 소고기 등심 대신 삼겹살을 로스구이용으로 대체해서 1970년대 후반부터 서울에선 광화문, 무교동, 명동 등 당시의 핫 플레이스에서 소비하기 시작한다. 돼지 삼겹살은 1980년대 들어서는 자연스럽게 대학가 등지 고기식당의 인기 메뉴가 된다.

규모화된 전업농들이 곡물 사료 급여와 거세 등 과학적인 사육 기법으로 돼지를 사육하면서 고질적인 수퇘지 냄새(웅취, 雄臭)와 돼지고기 특유의 잡내(이취, 異臭) 문제가 개선되면서 냄새를 없애기 위해 강한 양념으로 볶아 먹거나 삶아 먹던 돼지고기도 로스구이가 가능해졌고, 본

격적인 삼겹살 전성시대가 열렸다.[3]

1980년대 양돈의 전업농 규모화

1980년대 국내 돼지 사육농가 수는 연평균 10% 선으로 감소했다. 이는 100마리 미만 규모의 농가 감소율이 10% 이상 나타난 것에 따른 것으로, 100마리 이상 500마리 이하 규모의 농가는 연평균 21% 증가세를 보였고, 500마리 이상을 사육하는 농가는 연평균 25% 증가세가 계속됐다. 양돈 분야는 1980년대에 규모화, 기업화, 그리고 산업화가 이루어지는 구조 변혁기를 맞이했다.

1979년, 1980년, 1981년, 1982년 전체 육류 소비량은 11.4kg, 11.3kg, 10.2kg, 11.3kg으로 정체기를 보인다. 돼지고기 역시 각각 6.0kg, 6.3kg, 5.4kg, 6.0kg으로 큰 변화가 없었다. 그러나 이전 시기인 1975년부터 1980년까지의 연평균 육류 소비 증가율은 14.6%로, 1975년 2.8kg이었던 돼지고기 1인당 소비량은 1980년 6.3kg으로 늘어났다. 이 기간 돼지고기는 가격은 오름세를 보였지만 품질이 개선되면서 소비자들의 인기를 얻었다. 1980년대 육류의 연평균 소비 증가율은 4.8%이고, 소고기 2.6%, 돼지고기 5.8%, 닭고기 4.4% 수준이었다. 1989년 1인당 총 육류 소비량은 18.2kg으로, 소고기 3.4kg, 돼지고기 11.1kg, 닭고기 3.7kg이었다. 이들 간 구성비는 소고기 18.6%, 돼지고기 61.3%, 닭고기 20.1%로서 돼지고기가 소비량이나 구성비 면에서 모두 월등하게 선호되는 육류인 것을 알 수 있다. 1980년도 육류 간 소비량 구성비가 소고기 23.1%, 돼지고기 55.9%, 닭고기 21.0%인 것과 비교된다.

급격히 늘어나는 육류 소비에 별문제 없이 대처할 수 있었던 건 일본으로의 돼지고기 수출 기반이 조성되었기 때문이다. 1970년대 대일본 돼지고기 수출은 풀세트 부분육 작업을 해서 돼지 한 마리분의 정육을 다 수출하는 방식이었다. 반면 1985년 이후 대일본 돼지고기 수출은 등심, 안심, 뒷다리 등 일본 소비자가 선호하는 부위만 부분육으로 수출하는 방식으로 수출 방식이 변경되었다. 이는 1980년대 중반 이미 국내 시장의 삼겹살 소비가 증가하여 삼겹살 가격이 대일본 수출가격보다 높아서 국내에 유통하는 것이 더 유리했기 때문이다. 또 덴마크 등 유럽의 값싼 베이컨용 삼겹살을 이미 일본에서는 수입해서 사용했기 때문이다.

만약 1970년대 중·후반 소고기 가격이 폭등하고 돼지고기가 옛날처럼 냄새가 심해서 소금만으로 구워 먹을 수 없었다면 아마도 닭고기가 지금의 돼지고기 시장 규모를 대신할 수도 있었는지 모른다. 아직도 암퇘지가 맛있다고 소비자들이 생각하는 건 과거 거세하지 않은 수퇘지에서 나는 냄새의 기억 때문일 것이다. 인간의 기억에서 아마도 후각에 의한 경험이 가장 오래가는 것 같다.

장기간에 걸친 경험과 교육에 의해 고착된 식문화는, 여기서는 '푸드웨이(Foodways)'로 봐야 할 것 같지만, 쉽게 변하지 않는다. 그래서 음식의 역사를 통해 전통을 이어가면서 발전시키는 것이 더 중요하고 필요하다. 이것이 결국 한 나라 음식을 세계화하는 첫 단추이다. 푸드웨

---

* 푸드웨이는 식문화로도 해석할 수 있다. 푸드웨이는 지역 또는 국가마다 다른, 식품과 관련한 일반적이고 복합적인 행동 패턴을 말한다. 푸드웨이는 각각의 사회마다 서로 다른데, 같은 사회 구성원 간에는 식품을 선호하고 섭취하는 패턴이 유사하고 오래도록 지속된다. 또한 각 사회 구성원이 섭취하는 음식과 섭취 방법은 부모로부터 자식에게 전달되어 그 사회(지역 또는 국가)만의 고유한 문화를 형성하는데, 여기엔 그 사회만의 사회·경제적인 특성이나 변화가 반영된다. 이렇게 각 사회가 서로 다른 푸드웨이를 형성하는 것은 식품에 대해 그 사회만이 매기고 있는 기능적 또는 물리적인 가치, 종교와 같은 사회심리적 가치, 경제적 가치, 식재료가 풍부한지 여부, 그 식품에 대한 사회 구성원의 정보와 지식 등에 따라 달라지기 때문이다.

이의 의미와 생성 배경에 비추어볼 때, 너무 새로운 것을 찾거나, 이색적이고 이국(異國)의 전통적인(ethnic) 음식을 좇는 마케팅은 생각만큼 단기적인 성과를 거두기는 어려울 것이다. 우리나라에서 이베리코 돼지고기나 하몽(Jamón, 돼지 뒷다리살 햄)에 대한 관심이 한 예이다. 국내산 돼지고기 소비를 늘리기 위해 새로운 음식을 개발하고 싶다면, 외국 전통 음식보다는 우리 기억에 있고 우리 입맛에 맞는 전통 음식을 찾거나 개선하는 것이 단기적으로 더 성과를 가져올 수 있을 것이다. 불고기류가 그것이다.

더 크고 무거워지는 돼지

1980년대 비육돈은 고열량, 고단백 사료를 급여하여 성장 속도를 최대화하면서 과도한 지방 축적을 방지하기 위해 생체중 80~90kg으로 조기 출하하는 것이 주류를 이루었다. 그러나 1987년 이후부터 돼지고기 부분육이 일본에 수출되면서 105~110kg까지 사육하지 않을 수 없게 됐고, 비육 후기의 제한 급이와 휴약기간 준수 등 사양 관리와 도축 가공처리 분야에서 큰 발전을 가져왔다. 당시 양돈 경영형태는 보다 전업화 되고 현대화 되면서 자연 환기 방식의 유창 돈사에서 무창 돈사로 전환되고, 급수·급이시설의 자동화가 이루어지고 분뇨 제거도 스크래퍼를 이용한 자동 제거 방법이 도입됐다. 특히 4계절이 분명한 우리나라에서 돈사가 대형화되면서 돈사의 온도 유지 및 강제 환기 시설이 중요해졌다.

　1988년 말, 삼성그룹은 경기도 용인의 양돈단지를 완전 폐쇄하고, 양돈사업에서 손을 떼기로 했다. 이는 정부가 추진하고 있는 기업농에 의한 돼지의 과잉 생산 억제 방침에 호응하고 부업 양축농가를 보호하기 위한 결정이었다. 이때는 출하 체중이 어느 정도 늘었고, 양돈 기술의 발달로 사육 성적이 좋아서 돼지고기 공급이 과잉이던 시절이었다.

돼지고기 통조림 햄 시장 판도

1987년부터 개방된 돼지고기 통조림 캔햄이 수입되면서 수입 돼지고기 통조림의 시장점유율이 시장 개방 2년 만인 1989년에 50%를 넘어 국내 캔햄 제품 시장의 판도가 바뀌었다. 매일경제 1989년 11월 기사에 의하면, 1989년 10월까지 돼지고기 통조림 소비시장 규모는 5000톤으로 집계되었는데, 이 가운데 수입 돼지고기 통조림은 2600톤이 판매돼 시장점유율 52%로 50% 선을 넘어섰다. 반면 제일제당, 롯데햄 등 국내 업체가 생산한 돼지고기 통조림은 1년 전과 같은 2400톤에 그쳐 시장 주도권에 변화가 생기기 시작했다.

수입 돼지고기 통조림은 1987년 시장이 개방되던 첫해에는 시장점유율이 14%에 그쳤지만, 가격경쟁력을 앞세워 1988년에는 33%까지 점유율이 높아졌다. 특히 1989년에는 대형유통업체들이 수입 통조림을 전략 상품으로 내놓으면서 이해 상반기에 시장점유율이 42%로 더욱 상승한 것이다. 수입 통조림의 급성장 배경에는 가격경쟁력이 크게 작용했다. 이에 국내 업계에서는 돼지고기 통조림 가격을 15~20% 인하했지만, 340g 기준 1000원 안팎인 수입 제품에 비해 2배인 2000원 선에 머물렀다. 특히 수입 제품의 가격은 1kg 기준 2900원 선으로, 이 가격은 같은 단위의 국내 돼지고기 고시가격 수준에 불과하다 보니 국내 시장에서의 가격경쟁력이 절대적인 우위를 차지할 수밖에 없었다.[5]

돼지고기 브랜드의 시대

1990년대 돼지고기 유통의 가장 큰 특징은 돼지고기 브랜드 시대가 열린 것이다. 1990년대 초반까지도 국내 육류 유통 환경은 낙후되어 있었다. 돼지고기 부위도 잘 모르던 시절이었으니 축산물에 브랜드를 도입한다는 것은 당시로서는 상당히 앞서가는 개념이었다. 더군다나 일반 상품의 브랜드 개념도 불분명한 시기였으니, 육류 유통업계에서 브랜드화를 시도한다는 것은 생소하면서도 한편으론 하지 않으면 안 된다는 조바심에 서두르는 기색이 만연했다.

우리나라에서 브랜드의 가치에 관심을 갖기 시작한 때는 1997년 외환위기를 겪으면서부터이다. 당시 국내 회사들은 유동성에 문제가 생기면서 해외 업체나 사모 펀드 등에 매각되는 경우가 많았는데, 무형의 가치인 브랜드를 평가하여 매각대금의 크기가 결정되는 것을 목격했기 때문이다. 그 시기가 1996~1999년인데, 이때 축산업계, 특히 한우와 양돈업계에서는 브랜드의 진정한 가치를 제대로 인식하지 못하면서 브랜드 마케팅이 시도되고 있었다. 밀레니엄 시대에 접어들면서 전국의 한우와 돼지고기 브랜드는 수백 개에 달했다.

1세대 돼지고기 브랜드

도드람포크(현 도드람한돈)는 도드람사료와 도드람유통 그리고 현재 도드람양돈농협의 돼지고기 브랜드이다. 현재 도드람양돈농협을 조직한 경기도 이천 지역의 양돈 농가들이 협력을 통해 종돈 통일, 사료 통일이라는 브랜드 개념으로 시작했다. 크린포크는 선진사료가 중심이 되어 사료부터 돼지 생산까지 수직 계열화했다는 개념(Concept)으로 만든 돼지고기 브랜드이다. 당시 두 브랜드는 모두 자체 작업장이나 도축장을 보유하지 못하고 경기도 이천 신영 도축장의 도축시설과 가공시설을 임대하여 가공 처리했다.

도드람포크는 1996년 11월 20일 ㈜바른터를 설립하고, 규모가 크고 위생적인 가공장을 물색하던 중 안성시로부터 안성 산업단지 일부를 도드람을 포함한 4개 업체와 공동으로 분양받는다. 하지만 하루 400마리 처리 규모로는 공급 물량을 확보하기 어렵다고 판단하고, 다른 업체가 분양받은 부지를 사들여 1998년 2월에 육가공장인 ㈜바른터를 준공한다. 2005년부터 도드람양돈농협과 ㈜도드람푸드가 이 육가공장의 56%의 지분을 보유함으로써 도드람 계열의 도축가공장을 확보하였고, 2007년 4월에 ㈜도드람포크로 합병된다.

하이포크는 ㈜대상이 충북 음성에 자체 도축장과 가공장을 보유하고, 자체 농장에서 생산한 돼지와 농가로부터 계약 구매한 생돈을 도축·가공·유통하는 과정을 일원화한 브랜드이다. 즉 돼지고기 유통 경로를 수직계열화한 국내 최초의 업체이다. 하이포크의 경우 모기업인 미원(현 대상, 大象)의 유통점 영업에 대한 노하우를 전수받아 적극적이고 체계적인 영업망을 구축해 삼겹살(돼지고기) 브랜드 시장점유율 1위를 2000년대 초반까지 지켜낸다. 이들 1세대 브랜드 업체들은 국내 돼지고기시장보다는 대일 수출에 주력하면서, 국내에서 선호하는 삼겹살, 목심, 갈비 등의 판매 활성화 차원에서 브랜드 제품을 출시한 사례이다.

반면 1990년대 초반, 국내 대표 축산식품기업인 제일제당, 롯데햄은 업계 최대 규모로 돼지를 구매해 도축·가공하면서 햄·소시지 사업과 대일본 수출에 치중했다. 하지만 국내 신선육 유통 부문에서는 여러 판단착오를 반복하는 과정에서 크린포크, 하이포크, 도드람포크에 브랜드육 시장에서의 선두 자리를 내주게 되었다. 특히 롯데햄의 경우 1980년대 후반에 식육사업부를 조직하여 부분육 판매사업을 전개하면서도 브랜드육과 냉장육 시장에 대한 이해 부족으로 냉동 부분육 유통에만 전념했고, 제일제당의 경우는 2000년대 초반까지 삼겹살 브랜드 사업 진입을 망설이다 시기를 놓쳤다.

한편 지방에서는 경남 지방이 삼겹살 브랜드에 관심이 높았다. 김해시의 양돈 기반을 주축으로 부산·경남양돈농협의 부분육 유통, 퓨리나의 경남 지역 영업본부에서 주도한 린포크 사업이 지역 도축장, 부분육 업체들과 손잡고 활발히 진행됐다. 또 다른 대표주자로는 부광산업의 영포크, 진해 대성식품의 바이탈포크를 들 수 있다. 경남 지역 업체들이 돼지고기 브랜드 사업에 일찍이 참여하게 된 이유는 부산이란 국내 제2의 시장이 존재하고, 김해 지역에 대규모 양돈단지가 조성되어 원료돈 조달에 유리하며, 일본이라는 수출시장이 지리적으로 가까웠기 때문이다. 그리고 돼지고기 수출 이전부터 양고기 가공·수출업을 통한 부분육 가공 인프라와 인력이 확보된 점도 돼지고기 브랜드가 일찍 태동하는 동력이었다.

LPC 브랜드와 제주 브랜드의 등장

축산물의 시장 개방 일정이 확정되고, 일본으로의 돼지고기 수출이 활발하던 당시 정부는 축산물의 생산, 도축, 가공, 유통을 종합적으로 수행하는 축산물종합처리장(LPC, Livestock Packing Center) 건설사업을 추진한다. 이를 통해 유통 단계의 축소, 소고기와 돼지고기의 부분육 유통체계 확립 등 국내 식육의 생산과 가공, 유통사업을 한 단계 발전시키는 계기로 삼으려 했다. 유통비용 절감, 위생과 안전성 향상, 양질의 축산물 제공… 이러한 구호는 예나 지금이나 우리나라 축산업이 해결해야 할 당면 과제이고 달성해야 할 목표이다. 이 LPC 사업에 축협중앙회, 한냉 등 공기업과 롯데햄, 부경양돈농협 등의 여러 민간 사업자가 참여했고, 이들 LPC를 중심으로 새로운 돼지고기 브랜드가 출시된다. 1995년 축협중앙회의 목우촌 프로포크, 1996년 한냉 생생포크, 1996년 롯데햄의 큐미트와 후레쉬포크가 출시되었다.

이들 업체의 브랜드 사업은 이전 브랜드와는 많은 차이점이 있었다. 우선 제품이 완벽한 위생설비를 갖춘 현대식 도축장과 일원화된 부분육 가공장에서 생산되었고, 하루 1000마리 이상 작업이 가능해 전국으로 돼지고기를 유통할 수 있는 능력이 있었다. 사업을 추진하는 기업도 소비자가 인정하는 자본력을 갖춘 업체들이어서 소비자의 신뢰를 받고 있었다. 또한 1세대 브랜드 경영체와 달리 풍부한 자본 동원력으로 소비자와의 다양한 커뮤니케이션 시도가 가능해 차별화된 브랜드 마케팅 전략을 구사할 수 있었다. 이 시기 급성장한 대형할인점도 삼겹살 브랜드가 빠르게 시장에 정착하는 데 중요한 역할을 담당하였다.

이 시기 선도 브랜드들의 마케팅 전략을 보면, '냉장육 중심의 고품질 삼겹살'이란 개념으로 고가 전략을 수립했으며, 판매 촉진 전략으로 매장에서의 시식을 유도하거나 판촉물을 증정했다. 매장 시식을 담당하는 인력이 다수 필요하다 보니 고임금의 도우미들을 고용하여 활용해야 했고, 이는 판매경비 중 인건비의 비중이 높아지는 결과를 초래했다. 한편 1997년 말 외환위기로 국내 경제 환경은 어려움이 컸으나, 1996년 유통시장 개방으로 국내에 상륙한 대형 할인업체들이 출점을 가속하면서 이들 할인점에서의 브랜드 돼지고기 판매량도 증가하였다.

하지만 외환위기를 겪으면서 할인점에 먼저 입점해 있던 삼겹살 브랜드인 하이포크, 프로포크, 크린포크, 도드람포크 등은 판매경비 절감을 위해 소비자와의 커뮤니케이션 비용을 삭감하고자 매장 내 시식 행사나 증정 행사와 같은 판매 촉진 활동을 자제하는 분위기였다. 판촉행사가 줄면서 매장의 매출은 감소했고, 할인점의 돼지고기 구매 담당자들은 매장의 이윤 창출을 위해 저가의 새로운 삼겹살 브랜드를 찾아나섰다. 이때 브랜드 시장 진입 시기를 놓쳤던 롯데 후레쉬포크와 한냉의 생생포크는 중저가라는 가격 차별화 전략으로 단시간에 돼지고기 브랜드 시장 진입에 성공하게 된다. 이 시기에 제주 지역 브랜드가 서울 시장에 진입하기 시작했다. 이들 제주 지역 브랜드의 특징은 미박삼겹살 부분육 가공으로 생산 원가를 절감하고, 남자 판매사원을 통한 작업 시연 등 다른 브랜드와 차별화된 마케팅을 선보였다. 특히 제주도의 청정 이미지를 브랜드 개념에 도입해 수도권 시장에 빠르게 진입·안착하게 된다.

---

* 돼지 도축·가공 과정에서 돼지 도살 후 털을 제거하는 공정은 껍질을 벗기는 박피(剝皮)와 뜨거운 물에 돼지를 담가 털만 제거하는 탕박(湯剝) 방식이 혼용된다. 박피 방식으로 생산된 돼지고기 부위가 삼겹살, 탕박 공정을 거친 돼지고기는 미박삼겹살이라 하며 보통 오겹살이라 부른다.

기능성 돼지고기 브랜드 등장

2000년대는 돼지고기업체들이 브랜드화를 통해 축산 발전을 꾀하는 시기였다. 정부의 적극적인 축산물 브랜드 활성화 정책에 힘입어 새로운 삼겹살 브랜드가 다수 출현하게 된다. 이 시기에 등장한 돼지고기 브랜드의 특징은 기능성 사료를 브랜드 개념으로 활용한 기능성 삼겹살 브랜드라는 점이다. 대표적인 기능성 브랜드로는 보성녹돈, 황토포크, CLA포크, 문경약돌돼지, 의성마늘돼지 등이 있었다. 이 시기부터는 대형할인점을 중심으로 여름철 냉장 브랜드 삼겹살이 부족한 현상이 나타나 할인점들은 저마다 저가의 PB 삼겹살 브랜드 상품 개발에 주력하였다. 이마트의 이플러스, 롯데마트의 그린포크, LG유통 계열사들의 함박웃음포크, 뉴코아의 육림원, 홈플러스의 마일드포크 등이 출시되었다.

2000년대 들어 기존 삼겹살 브랜드들의 브랜드 확장도 활발해지는데, 하이포크는 참맛포크와 흑돈을 출시했고, 롯데 후레쉬포크는 특선 암돼지와 천연DHA포크, 도드람은 도드람DHA돼지고기, 한냉 생생포크는 토종포크, 목우촌은 명품포크를 내세웠다.

2002년도에는 일본으로의 수출 재개가 전망되면서 사료회사들을 중심으로 새로운 삼겹살 브랜드가 시장에 출시되었다. 도드람B&F(구

도드람사료)의 도드람바이오포크, 우성사료의 명포크 등이 등장했고, 천하제일사료, 카길사료, 한일사료 등 사료회사가 돼지고기 시장에 직간접적으로 진출하여 삼겹살 브랜드 출시 준비에 들어갔다. 하지만 구제역이 재발하고 수출 재개가 어려워짐에 따라 이들 후발주자들은 타격을 받게 되었다.

초기 삼겹살 브랜드의 한계

우리나라 초기 삼겹살 브랜드 업체들이 안고 있던 문제점은 먼저, 백화점과 대형할인점 입점에 너무 치중했다는 점이다. 물론 초기 브랜드 사업 안착에는 성공했으나, 이들 백화점과 할인점은 이후 개별 브랜드의 노출을 허락하지 않고 자신들의 PB 상품화를 진행하면서 소비자의 돼지고기 브랜드 인지도나 충성도가 낮아지는 원인이 됐다.

두 번째는 대형 브랜드 경영체 간 인수·합병이 진행되면서 브랜드 경영 주체가 바뀌는 일이 다수 발생했다. 선진포크와 하이포크는 하림 계열사로 인수·합병됐다. 생생포크는 한일사료로 민영화됐다가 다시 이지바이오 계열사로 인수됐다. 롯데햄 역시 롯데푸드로 합병되어 삼겹살 브랜드 사업이 위축됐다. 축협마저 농협에 귀속되면서 초기의 삼겹살 브랜드 출범 때의 기업 운영 철학과 전문성이 많이 변질되었다.

세 번째 문제점은 초기의 메이저 삼겹살 브랜드들은 1995년 이후 수출을 염두에 두고 LPC에 투자했다가 수출이 중단된 이후에는 경영상의 어려움이 컸다는 점이다. 이런 문제점이 앞에서 이야기한 기업 인수·합병의 원인으로 작용하기도 했다. 또한 이 시기가 삼겹살 부분육 시장이 확장되면서 우리 양돈산업이 마치 수출 주도형 산업의 역사를 가진 것처럼 비전문가들에게 비춰졌는지도 모르겠다.[7]

돼지고기 브랜드와 브랜드 돼지고기

이 책에서는 돼지고기 브랜드와 브랜드 돼지고기, 삼겹살 브랜드와 브랜드 삼겹살을 철저히 구별하려고 노력한다. 무심코 들으면 돼지고기 브랜드나 브랜드 돼지고기, 삼겹살 브랜드나 브랜드 삼겹살이 그 말이 그 말 아닌가 하는 생각이 들 수 있다. 육류 브랜드는 생산 농가 혹은 육류 유통업체의 제품이나 서비스를 식별해주고, 경쟁 제품과 차별해주며, 소비자가 가치를 느끼고 경험하게 되는 경험적 상징체계를 말한다. 즉 소비자가 먹어보고 "맛있다. 다음에도 이 브랜드의 고기를 구매하겠다"라는 좋은 경험과 다짐들이 마음속 사다리 꼭대기에 만들어져야 한다.

어느 소비자가 삼겹살 전문식당에 갔는데 만약 자신이 선호하는 도드람 삼겹살을 판매하지 않는다면 근처의 다른 도드람 삼겹살집을 찾아갈까? 만약 그렇지 않다면, 돼지고기 브랜드는 단지 자신의 로고나 업체명이 들어간 박스에 고기를 담고 스티커를 만들어 붙인 것에 불과할 뿐, 소비자가 해당 돼지고기의 브랜드 가치를 인정하고 충성도를 갖는 수준에 이르지는 못했다는 것을 의미한다. 거의 모든 돼지고기 브랜드가 당면한 문제다. 물론 식당 등 B2B 시장에서는 충성도가 높은 브랜드 돼지고기가 존재하기는 한다. 특히 도드람한돈이나 선진포크를 구매하는 식당의 브랜드 충성도는 매우 높은 편이다. 브랜드 충성도가 덜한 상품이 돼지고기 브랜드이고, 고객들이 경험을 통해 가치를 높게 평가하고 다시 찾는(재구매하는) 상품은 브랜드 돼지고기라고 말할 수 있다. 식당 역시 식당 브랜드와 브랜드 식당으로 구분된다.

맛과 영양이 배가되는 0~4℃

돼지 가격이 폭락한다면 아마 소비심리가 위축되고 육류 소비가 격감하기 때문일 것이다. 이럴 경우 저장 보관해서 가격 조건이 유리할 때 방출하는 재고 전략이 필요하다. 육류를 저장하는 방법은 냉장과 냉동 두 가지가 있다. 냉장육은 얼음이 생성되는 동결점 부근의 온도(보통 0~4℃)에서 저장한 고기를 말하며, 냉동육은 동결점 이하 온도 구간(영하 18~24℃)에서 저장한 고기를 말한다. 상대적으로 냉장육은 저장기간이 짧지만 일정 기간 신선도를 유지할 수 있고, 냉동육은 저장기간은 길지만 해동 과정에서 육질이 나빠질 수 있다. 최근 들어 냉동과 해동 기술이 발달해서 냉동육의 가치가 재발견되고 있다.

좋은 돼지고기는 광택이 나고, 엷은 핑크빛을 띠며, 지방색은 희고, 적당한 끈기와 광택이 있어야 한다. 결이 곱고 탄력이 있는 고기라면 신선하고 연해 고기의 제맛을 느낄 수 있다. 공기 중 산소는 고기 내 지방의 산화를 촉진해 고기를 빨리 변질시키기 때문에 먹고 남은 고기는 밀폐용기나 랩에 싸서 보관해야 변질을 더디게 할 수 있다. 냉장실에는 2~4일 정도 보관하는 것이 좋다. 결론적으로 냉장육 돼지고기는 냉동육에 비해 육질이 월등히 좋기 때문에 보관기간이 다소 짧더라도 맛과 영양이 살아 있다. 1997년 돼지고기 수입이 개방되면서 값싼 수입 돼지고기와 경쟁이 불가피한 상황에서, 국내산 돼지고기가 수입산보다 낫다는 경쟁 우위를 소비자들에게 심어주는 것이 매우 중요하다. 그것은 국내산 돼지고기는 냉장육이고 수입산은 냉동육이라는 점, 냉장육이 냉동육보다 더 맛있다는 점, 그

리고 국내산이 더 신뢰할 만하고 안전하
다는 점을 부각하고 홍보하는 것뿐이다.
대중적이고 대량으로 생산·공급하는 돼
지고기의 품질은 돼지의 품종이나 육종
방법에 따라 다르지만, 국내산인가 그렇
지 않은가에 따라 품질이 다르다고 할 수
있는가? 이 질문에 대한 답은 사람마다
다를 것이다. '같은 질문에 대한 다른 답
변'은 제각각 다른 의미와 시사점을 제공
할 것이다.

'한돈' 탄생

국산 돼지고기 판매점 인증사업(현 한돈 판매점 인증사업)은 수입 돼지고기를 상대적으로 비싼 가격의 국내산 돼지고기로 둔갑시켜 판매하는 것을 방지하고, 국산 돼지고기의 안정적인 소비처 확보, 소비자의 신뢰 제고에 크게 기여하는 것으로 평가된다. 이 사업은 소비자에게는 우수한 국산 돼지고기를 믿고 선택할 기회를 제공하고, 생산자에게는 지속적이고 안정적인 국산 돼지고기 판매처를 확보하는 것을 목적으로 '국산 돼지고기 판매점 인증제'가 시행되면서 시작되었다.

대한양돈협회는 2007년 양돈자조금관리위원회 사업의 하나로 국산 돼지고기 판매점 인증제를 시행하기 위한 본격적인 준비작업에 착수했다. 2007년 7월 18일 협회는 국내 14개 우수 축산물 브랜드 업체를 초청해 국산 돼지고기 판매점 인증 관련 협의회를 개최했다. 당시 양돈협회장은 "돼지고기 원산지 표시제가 지연되고 자유무역협정(FTA)에 따른 수입 개방으로 돼지고기 수입이 더욱 늘어날 것으로 보여, 소비자들이 국산 돼지고기를 믿고 구입할 수 있는 판매점 인증제는 정말 필요한 사업"이라고 강조했다. 국산 돼지고기 판매점 인증제 사업은 소비자에게 우수한 국산 돼지고기를 믿고 선택할 기회를 제공하고, 생산자에게는 지속적이고 안정적인 국산 돼지고기 판매처를 확보하게 함으로써 국내 양돈산업 경쟁력 강화에 크게 기여할 것으로 기대됐다.

특히 국산 돼지고기 판매점 인증을 통하여 국산 돼지고기 유통 과정에서 고질적으로 제기되던 둔갑판매 문제와 이에 따른 소비자 불신을 해소할 필요가 있었다. 양돈협회는 2007년 7월 중에 국산 돼지고기 판매점 인증사업 세부 계획을 최종 확정하고, 8월에 우수 브랜드 업체에서 추천한 국산 돼지고기 판매점 14곳을 선정하는 과정을 거쳐, 9

월부터 국산 돼지고기 인증 판매점 순회 홍보 행사를 개최해 본격적인 인증사업을 진행했다.[8] 2007년 시범사업을 시작으로 2010년 7월 20일 현재 367개, 2021년 5월 31일 현재 1021개의 인증 판매점이 영업을 하고 있다. 인증점들은 국산 돼지고기만을 판매한다는 점을 자부하고, 유사업소와 끊임없이 차별화하면서 매출이 꾸준히 증가하고 있는 것으로 조사됐다.

2008년 국산 돼지고기가 '한돈'이라는 새 이름을 얻었다. 국내산 돼지고기라는 이름이 너무 길고, 소비자와의 정서적 공감대 형성이 미미하다는 판단에 따라 수입산과의 차별화를 위해 전국 돼지고기 브랜드를 통합할 수 있는 새 이름을 공모한 것이다. 이후 한돈자조금관리위원회에서는 '우리 돼지고기 한돈'을 알리기 위해 다양한 판매 촉진(Promotion) 사업과 이벤트를 실시하고 있다.

2000년대의 삼겹살 시장

삼겹살과 소주는 온 국민이 즐겨 찾는 음식 중 하나이다. 모임이 있는 곳엔 잔치 음식으로 삼겹살과 소주가 있고, 이 둘이 있는 자리에서 편안함을 느끼고 소주 한잔에 마음의 문을 연다. 서울시가 계약직 공무원을 뽑으면서 '삼겹살 면접'을 한 것도 이 때문일 것이다. 외국인들도 한국인을 이해하려면 삼겹살 문화를 알아야 하고 그것에 익숙해져야 한다는 사실을 간파하고 이를 적극적으로 활용하고 있다.

'삼겹살 회장'이 별명인 다카스기 노부야 한국후지제록스 회장이 대표적인 예이다. 그는 직원들과 삼겹살 안주에 소주를 한잔하면서 얘기하길 좋아한다. 그에게 삼겹살 파티는 노사 간 벽을 허물고 신뢰를 쌓는 장이다. 흔히 돼지고기 하면 삼겹살을 떠올리지만, 다른 부위도 많다. 등심, 안심, 목심, 갈비, 앞다리, 뒷다리, 등뼈, 족발… 이 밖에 가장 맛있고 비싸다는 3대 특수부위로 갈매기살과 목항정살, 가브리살을 꼽는다. 이 부위는 돼지 한 마리에서 각 부위당 600g 정도만 생산된다. 삼겹살은 이들 특수부위 다음으로 비싼 편이다. 따라서 삼겹살은 시중에서 쉽게 접할 수 있는 돼지고기 부위 중에서는 가장 비싸다는 얘기다.

3월 3일은 '삼겹살 데이'다. 2003년 구제역 파동 때 어려워진 양돈 농가를 돕기 위해 삼겹살을 많이 먹자며 정한 날이다. 하지만 2005년엔 삼겹살이 예전의 삼겹살이 아니었다. 값이 1년 전인 2004년보다 20~30% 뛰면서 '귀한 몸'이 됐다. 2004년 광우병 파동으로 돼지고기 수요가 급증했지만, 국내 돼지 사육 마릿수는 감소했기 때문이다.

돼지고기 삼겹살 수요가 증가하는 원인은, 먼저 1997년 IMF(국제통화기금) 외환위기를 비롯한 경기 불황이 이어지면서 소고기보다 저렴해서 돼지고기의 수요가 증가했다. 'IMF 삼겹살'이라는 신조어가 생길 정도로 대중화되면서 '삼겹살에 소주'는 한국 식문화의 하나로 자리 잡았다.

둘째, 소고기 광우병 파동 등을 겪으면서 먹을거리에 대한 불안감이 커졌다. 2003년 말, 미국발 광우병 파동이 일어나자 소고기를 대신해서 돼지고기의 수요가 늘어났다. 셋째, 돼지고기 중 특히 삼겹살에 대한 편식은 우리나라 고유의 먹는 방식에 기인했다. 한국인들은 고기를 구워 채소에 쌈을 싸서 먹는 것을 즐기는데, 지방이 많은 삼겹살이나 목살은 식감이 부드러워 쌈용으로 적합하기 때문이다. 넷째, 삼겹살이 꽃가루나 황사를 제거한다는 속설 때문에 황사가 심한 계절이면 삼겹살을 떠올리게 된 것이다. 다섯째, 압축성장의 산업화 속에서 공동체가 해체되고 도시로 인구가 집중되면서 '빨리빨리 문화'가 정착되었다.

과거 농촌 중심의 공동체 생활에서 돼지고기는 삶거나 끓여 먹는 습식 조리법을 주로 이용했는데, 습식 조리법은 조리시간이 길고 조리 시 감량이 많이 일어나는 문제점이 있었다. 반면 삼겹살구이로 대변되는 직화구이 건식 조리법은 조리시간이 빠른 한국형 패스트푸드였고, 재고 관리나 조리 시 감량에 대한 식당의 부담이 없다. 전통적인 습식 조리법으로는 지방이 많은 부위든 적은 부위든 돼지 한 마리를 맛있게 먹을 수 있었지만, 직화구이 건식 조리법으로는 지방이 많은 부위는 더 맛이 있지만 저지방 부위는 퍽퍽해서 맛이 덜해서 삼겹살이 유행하기 시작했다.

국내산 돼지 삼겹살 가격은 한때 목살 수요가 늘면서 주춤했지만, 아직까지 높은 가격을 유지하고 있다. 목살 수요 변화는 많은 소비자가 건강을 고려해서 기름이 적은 부위를 요구하면서 삼겹살 대신 목살을 더 찾았기 때문이다. 하지만 돼지고기를 구매할 때, 물론 소고기는 더 하지만, 맛이란 속성을 크게 고려한다. 고기를 구매할 때 맛인가 건강인가로 고민하는 것은 건강이 허락하는 한 즐거운 고민이다.

우리가 시중에서 접하는 삼겹살의 상당 부분은 사실 수입산이다. 2005년 당시 수입 삼겹살의 수출국은 16개국에 이른다. 대한양돈협회와 한국육류유통수출입협회, 유통업계에 따르면 국내에서 유통되는 삼겹살의 수출국은 냉동육 기준으로 네덜란드, 덴마크, 멕시코, 미국, 벨기에, 스웨덴, 스페인, 영국, 오스트리아, 칠레, 캐나다, 폴란드, 프랑스, 핀란드, 헝가리, 호주 등 16개국이다.* 농림축산식품부 통계에 따르

---

* 공교롭게도 이들 나라는 축구 강국들이라 혹자는 우리나라에서 삼겹살 월드컵이 벌어지고 있다고 이야기한다.

면 우리나라가 2004년에 이들 나라로부터 6만2152톤의 삼겹살을 들여왔는데, 나라별로는 벨기에가 우리나라 냉동육 삼겹살의 최대 수출국이고, 우리나라 최초의 FTA 상대국인 칠레가 2위를 차지하고 있다. 프랑스, 덴마크, 네덜란드 등이 그 뒤를 잇고 있었다.

냉장육 삼겹살은 네덜란드, 멕시코, 미국, 벨기에, 캐나다, 프랑스, 호주 등 7개국에서 들여왔다. 수입 물량은 2004년 2332톤 정도로 냉동육에 비해서는 크게 적은 편이다. 이 무렵 양돈협회 관계자는 "돼지고기 물량 전체로 볼 때 2004년 국내 총 소비량은 85만5500톤이었고, 이 가운데 수입 물량은 10만8829톤가량이었다"며 "국내산 삼겹살이 비싸기 때문에 수입이 갈수록 늘어나는 추세"라고 말했다.

이에 따라 할인점들의 경우, 삼성테스코와 홈플러스는 프랑스와 호주산을, 까르푸는 프랑스산, 롯데마트와 월마트는 프랑스와 미국산 등 각국의 수입 삼겹살을 판매했다. 판매가격은 국산의 절반 안팎으로 저렴하다. 그러나 신세계 이마트와 농협은 품질 유지와 양돈 농가 보호, 소비자 선호 등을 이유로 내세워 수입 삼겹살을 팔지 않고 있었다. 이마트 관계자는 "식당에서는 이미 수입 삼겹살을 파는 게 일반화됐지만, 주부들이 더 선호할 수 있는 국내산만을 고집할 것"이라고 말했다.[10]

한우고기가 삼겹살보다 싸다?

'고급 삼겹살'과 파격 세일에 들어간 '한우 국거리'의 가격이 역전되었다. 2005년 돼지고기와 소고기 시장의 모습이 흥미롭다. 2005년 7월 지에스 리테일(GS Retail)은 "13일부터 31일까지 지에스 슈퍼마켓과 마트 등에서 한우 불고기, 장조림, 국거리용 목심, 우둔 등 부위를

100g당 1980원(원래 판매가 100g당 3680원) 균일가에 내놓는다"라며, "한우고기 소비 촉진을 위해 1등급 등심도 100g당 4280원에 판매해 오스트레일리아산 고급 등심(100g당 4580원)보다 더 싸게 판다"고 밝혔다. 또 그랜드마트도 14일부터 21일까지 1등급 한우 불고기, 국거리를 40~50% 할인해 100g당 1680~1860원에 판매했다. 녹차·한방 삼겹살 등 기능성 삼겹살이 100g당 2000원을 웃도는 점을 고려할 때 돼지고기가 한우고기 가격을 넘어서는 희한한 일이 생긴 것이다.

　당시 돼지고기 가격이 고공행진을 계속함에 따라 소고기와 돼지고기 가격이 맞먹는 사례는 수입 육류 간에도 나타나고 있다. 수입 냉동육의 경우 삼겹살과 소고기 목심이 2005년 6월 초 할인점 소매가격을 기준으로 800~900원대로 같아졌다. 대한양돈협회 관계자는 "2003년 12월 미국발 광우병 파동 이후 대체 수요가 돼지고기로 많이 옮겨온 반면, 2002~2003년께 돼지값이 떨어지자 양돈 농가가 감소해 돼지고기 공급이 줄어들면서 수급 불균형이 계속되고 있다"고 설명했다. 돼지고기 도매가격은 광우병 파동이 일기 전인 2003년 7월에 1kg당 2792원이었으나 2년 후에는 4338원으로 껑충 뛰었다. 반면 광우병 파동과 가격경쟁력 저하로 소비 부진을 겪고 있던 한우는 1kg당 도매가격이 1만4700원에서 1만3435원으로 떨어졌다.[11]

　2005년 양돈 농가들이 상대적으로 소비가 부진한 부위인 국산 돼지고기 등심과 안심 부위의 소비 홍보에 나섰다. 당시 한돈자조금관리위원회 위원장(대한양돈협회 회장 겸직)은 그해 7월 12일 기자간담회를 갖고 "소비자들이 삼겹살만 선호해 외국산 돼지고기 수입이 늘고 있다"며 "국산 돼지고기 등심, 안심 부위도 많이 소비해달라"고 요청했다. 2004년 돼지고기는 10만9000톤이 수입됐으며, 이 중 59%가 삼겹살이었다.

국내 돼지고기 소비량(85만 톤)은 생산량(75만 톤)보다 많았다. 16개국에서 수입하면서 돼지고기 자급률은 88%에 불과하지만, 국내산 돼지고기 등심과 안심 부위 등 삼겹살 이외 여타 부위는 남아돌고 있는 상황이었다. 한돈자조금관리위원장은 "과거 일본에 남는 부위를 수출했지만 2000년 구제역 발생 이후 일본의 수입 중단 조치에 따라 러시아, 필리핀 등지로 판로를 돌렸으나 그 실적은 미미한 상태"라고 덧붙였다. 그는 "최근 삼겹살은 kg당 1만2000원대이지만, 등심과 안심은 삼겹살 가격의 30% 수준(4000원대)에 불과하다"며 "삼겹살에 대한 소비 편중이 돼지고기 가격 상승을 부추긴다"고 강조했다. 또 당시 돼지고기 가격 상승의 주요 원인에 대해서는 미국산 소고기 수입 중단, 동남아 조류인플루엔자 발생으로 닭고기·소고기 대체육으로서 돼지고기 수요가 증가한 점, 돼지 사육 마릿수 감소 등을 꼽았다.

돼지 목살은 삼겹살보다 비싸다?

중국에서 난세에 사치가 극에 달했다. 남북조시대 유송(劉宋)왕조(420~479)의 참군(参軍) 주랑(周朗)이 당시의 상황을 "… 맛있는 술을 물 보듯 하고 고기와 생선을 풀잎 보듯 하는 사람이 부지기수(…漿酒霍肉者, 不可称紀)"라 했다(왕런샹). 하지만 사치는 풍요가 전제조건이다. 동진(東晉, 317~420)을 세운 사마예(司馬睿, 276~322)가 즉위했을 때 경제적으로 궁핍했다. 이때 돼지 한 마리가 생겨도 그것을 제일 맛있는 음식으로 여길 정도였다. 당시 사람들은 돼지고기의 목살을 가장 맛있는 부위로 생각했지만, 신하들은 이 부위를 감히 먹지 못하고 황제가 먹도록 남겨두었다. 그래서 돼지 목살은 금지하는 저민 고기라는 뜻으로 '금련(禁臠)'이라 했다. 최근 중국 소비자는 목살에 큰 관심을 두지 않는 듯하다. 다른 부위에 비해 가격이 싸기 때문이다. 금련이란 이름이 붙을 정도로 인기 있던 당시에는 파격적인 조리법이 있었던 것으로 보인다.

특별한 조리법이 있거나 없거나, 조리법이 변하면 고기 부위의 선호도나 인기가 달라질 것이다. 삼겹살 유행도 조리법(조리도구)의 변화와 무관하지 않다.

이런 말이 있다. "풍년에는 병이 많고, 흉년에는 병이 적다(혜강, 嵇康, 224~263)." 혜강은 "맛있는 음식은 오장육부를 애태우고, 맛있는 술은 위장을 버리며, 맛좋은 냄새는 골수를 썩게 한다"라 하고, 또 "구불진미(口不盡味)"라고 했다. 즉 '맛을 따지지 말고 음식을 절제하라'는 의미이다. 현재 소비자는 고기를 구매할 때 맛과 건강을 우선적으로 생각한다. 한우고기 딜레마이면서 삼겹살 딜레마이다.

2013년 국내산 식육 판매업체의 돼지고기 부위별 판매가격 조사 결과, 삼겹살 가격이 100당 1749원(표준편차 462원)으로 나타났으며, 목심 1712원(표준편차 387원), 갈비 1354원, 안심 1216원, 앞다리 1133원, 등심 1115원, 뒷다리 728원 등의 순으로 조사되었다. 평균가격으로는 삼겹살 판매가격이 더 높지만(표준편차는 더 크다), 일부 판매업체(정육점의 경우)에서는 목살 가격이 더 높았다.[13] 이 시기부터 소비자의 건강에 대한 관심이 늘기 시작했다. 즉 소비자는 돼지고기를 구매할 때, '기름기 적은 부위'를 직접 고르거나 "목살 주세요"라고 주문하기 시작한 것이다.

다양하고 촘촘해진 식생활 트렌드

돼지고기 하면 삼겹살이 가장 먼저 떠오를 정도로 돼지고기 소비 패러다임이 변했다. 한우고기는 여러 가지 음식이 있어 다양한 방법으로 소비되고 있으나, 돼지고기는 삼겹살구이로 소비 방식이 집중되어 있다. 지금까지 살펴본 우리 양돈산업의 역사와 함께 현재의 돼지고기 소비 트렌드를 이해한다면, 미래 돼지고기 소비와 생산이 어떻게 변화할지 짧게나마 전망해볼 수 있을 것이다.

최근 돼지고기 시장 트렌드의 키워드는, 1) 종의 다양성, 2) 돼지곰탕의 출현, 3) 고기의 가치를 높이는 숙성 기술, 4) 냉동 삼겹살의 소환이라는 뉴트로 열풍, 5) 특수부위 구이 식당 창업 등이다. 이러한 돼지고기 시장의 트렌드는 생산성 중심, 가격 중심의 돼지고기 시장이 맛 중심으로 소비 패러다임이 전환되고 있음을 말해준다. 국내 한돈산업이 생산성 위주의 양적 성장 시대를 끝내고 맛과 품질을 중요시하는 질적 성장 시대로 이동하고 있다는 것을 의미한다.

품종 따라 달라지는 고기의 맛

1930년 전국의 가축통계를 살펴보면, 소는 161만1585마리, 돼지는 138만6891마리를 사육하고 있었다. 이 중 돼지는 조선종이 59.6%, 버크셔종이 35.4%, 요크셔종이 0.9%, 중국종이 3.9%였다.[16] 2017년 돼지 사육 마릿수가 1000만 마리가 넘어가고 있는 지금의 돼지 품종은 어떻게 구성될까? 우리나라에서 키우는 돼지의 종별 분포가 궁금한데, 우리나라에 사육되고 있는 돼지도 크게 5종 정도는 개별 집계가 이루어져야 한다.

국내에서 사육되고 있는 돼지 품종 중에서 가장 많이 사육되는 'LYD' 삼원교잡종은 랜드레이스(Landrace), 요크셔(Yorkshire), 듀록(Durce)을 교잡한 것이다. 이 품종은 적당한 맛과 생산성을 담보할 수 있어 1980년대 이후 국내에서 가장 많이 사육되고 있는데, 유럽과 미국 등지에서도 가장 일반적인 품종이다. 다만 유럽과 미국은 돼지고기를 신선육이 아닌 햄과 소시지 같은 육가공품으로 주로 소비한다. 햄과 소시지로 가공할 경우 돼지고기의 맛과 풍미가 달라지기 때문에 신선육 자체의 맛보다는 생산성이 상대적으로 중요할 것이다. 가공 기술이 맛을 좌우하는 큰 변수이니 생산성이 높은 LYD 삼원교잡종을 선호할 만하다. 우리나라는 돼지고기를 주로 신선 상태의 식육을 조리하여 소비하기 때문에 생산자인 양돈 농가는 품종에 대해 진지하게 고민할 필요가 있다.

버크셔는 듀록과 함께 지방형, 육질형 돼지로 분류된다. 우리나라에서 이들 품종은 1970년대까지 주로 사육되다가 LYD에 밀려 그 수가 급감했다. 일부 지역 이름을 붙인 흑돼지 브랜드는 대부분이 버크셔 계열로서, 버크셔K, 특정 지역 이름의 흑돼지 등으로 명맥을 유지하고 있다.

'YBD'는 종돈 전문업체인 다비육종이 개발한 품종으로, 피부 표면에 거뭇거뭇한 얼룩무늬가 있어 '얼룩도야지'라는 브랜드로 출시되고 있다. YBD는 새끼를 잘 낳는 요크셔와 육질이 좋은 버크셔를 교배시켜 만든 다비 퀸 골드에 마블링이 풍부한 듀록을 교배시킨 삼원교잡종이다. LYD보다 생산성은 떨어지지만 고기 맛은 뛰어나다. 최근 '신도세기'라는 고급 삼겹살 식당에서 브랜딩을 책임지고 판매와 홍보를 하고 있다.

1970년대 말까지만 해도 제주도에선 돗통에서 재래 흑돼지를 한두 마리씩 키웠다. 밭농사가 많은 제주에서는 흑돼지 똥이 최고의 퇴비였기 때문이다. 이런 배경을 가진 제주 흑돼지는 몸 전체가 윤기나는 검은 털로 덮여 있으며, 얼굴이 좁고 턱이 곱다. 앞으로 쫑긋 곧추선 작은 귀가 특징이다. 30kg이 넘지 않을 정도로 몸집이 작고 날씬하며, 성장이 느린 것은 단점으로 지적된다. 한때는 번식이 잘되고 몸집이 큰 외래종과의 교배를 권장하면서 순종 재래돼지가 멸종되다시피 했지만, 현재 복원되어 천연기념물 제550호로 지정해 보호하고 있다.

상업적 목적으로 외래종과 교잡된 흑돼지가 사육·유통되고 있는데, 2012년 조사에 따르면 전문 흑돼지 농장은 17곳으로 총 5만~7만 마리 정도가 사육되고 있다. 지금은 하루 300여 마리가 도축된다. 흔히 제주 흑돼지와 교잡한 외래종이 버크셔일 것으로 추정하고 있으나, 유전자 분석 결과에 의하면 버크셔보다는 요크셔가 강하다고 한다.

듀록은 미국 뉴저지의 적색 대형종인 저지 레드(Jersey Red)와 뉴욕주에서 사육하던 털이 붉은 듀록을 교잡해 만든 품종이다. 그래서 듀록저지라고도 부른다. 담홍색부터 적갈색까지 털 색깔이 다양하다. 체

---

* 최근에는 'LYB' 품종, 즉 랜드레이스, 요크셔, 버크셔를 삼원교잡한 돼지를 명품 브랜드인 루이비통을 흉내 내서 '루이비돈'으로 브랜딩하여 제주도의 식당 '숙성도' 등에서 판매하기 시작했다. LYB 루이비돈 지방은 융점이 낮고 고기가 이전 LYD에 비해 더 부드러워서 다소 실크 같은 부드러움이 있다고 한다.

형은 머리에서 엉덩이까지 둥그스름한 반월형이다. 체격에 비해 머리가 작은 편이며, 귀는 앞으로 서 있거나 끝이 아래로 처진 형태다. 듀록은 일반 돼지고기보다 고기 색이 진하고 근내 지방 함유량이 많아, 육질이 부드러우면서 육즙이 풍부하고 감칠맛이 뛰어나다. 고기의 맛과 품질이 우수하지만, 순종 듀록은 개체 수가 적어 육질 향상을 위한 교잡용으로 주로 사용한다. 우리나라에 유통되고 있는 듀록 역시 다비육종에서 키우고, 신도세기라는 식당에서만 판매하고 있다.

외식업계를 중심으로 품종에 관한 관심이 높아지고 있다. 버크셔는 요리사들 사이에서 인기가 높아지고 있고, YBD와 듀록은 전국 각지의 여러 식당에서 판매되고 있다. 제주 흑돼지는 이미 명실공히 대한민국 최고의 돼지고기로 명성이 높아 앞으로도 그 명성은 이어질 것으로 전망된다.

돼지곰탕까지 나타나다

"왜 서울에서는 순댓국은 되는데 돼지국밥은 안 되는 거야?" 도드람포크˙는 2007년 당시 도드람양돈조합 조합장(고 진길부)이 돼지국밥을 시도하면서 경희대학교 수원 캠퍼스 구내식당에서 시범 판매를 한 적이 있었다. 시범사업 결과, 앞다리를 주원료로 이용해서 예상보다 원가가 높고, 서울과 수도권에서는 돼지국밥이 환영받지 못하는 메뉴로 확인되었다. 도드람은 이후 '본래 순댓국'이라는 브랜드의 프랜차이즈 사업을 시작했다. 돼지국밥과 순댓국은 서로 비슷한 맛이지만, 수도권에서는 돼지국밥보다 순댓국을 더 선호하는 것으로 추측된다. 이들

˙ 현 도드람한돈

국밥은 모두 부산물과 저지방 부위를 활용한다는 면에서, 돼지고기 소비를 촉진하기 위해서는 최적의 음식이라 생각된다.

복합 유기생산체인 육류는 부위별 균형 있는 소비가 중요하다. 특히 돼지고기 소비가 우리나라처럼 삼겹살에 편중된 시장에서는 돼지의 여타 부위를 어떻게 소비하는가가 숙제다. 2017년 초 '몽로'의 박찬일⁺ 세프가 제주산 돼지고기를 이용한 돼지국밥집을 기획했다. 제주산 일반 돼지고기는 국물이 진하게 나오지 않아서 버크셔K라는 돼지고기로 '광화문국밥'집을 오픈했다. 박찬일 세프가 운영하는 '광화문국밥'은 여러 언론을 통해 소개됐는데, 잘 설명된 중앙일보 기사의 한 대목을 소개한다.

"박찬일은 자신이 출시한 돼지국밥에 대해 부산의 돼지국밥과 이름은 같지만 서울 음식이라며 오히려 장국밥에 가깝다고 밝혔다. 기록에 남은 '무교탕반'의 맥을 잇는 '돼지장국밥'이 정확한 표현이라 부연한다. 부산도 돼지국밥이 동네마다 음식점마다 다르지만 거칠다는 공통점은 있다. 부산에 가면 '신광국밥'이나 '할매국밥'에 많이 가는 편이지만, 다른 집에 가도 맛이 없었던 적은 별로 없다. 동네마다 웬만큼 하는 집은 곳곳에 있다."

버크셔K는 일반 돼지보다 비싸고 맛도 다르다. 아마도 아미노산 구조가 다른 것 같다. 소고깃국 맛도 나는데, 감칠맛이 일반 돼지의 2배쯤은 되는 듯하다. 고기는 보통 10일~2주 숙성하지만 '광화문국밥'집에서는 3주 동안 숙성시킨다. 그렇게 해서 국밥을 만들면 소고기로 끓

⁺　요리연구가이자 맛 칼럼니스트. 주요 저서로는 『노포의 장사법』, 『백년식당』, 『박찬일의 파스타 이야기』 등이 있다.

이던 서울 장국밥 맛과 비슷하다. 박찬일의 '광화문국밥'집은 초기 사골 등 돼지뼈를 전혀 사용하지 않고 버크셔 앞다리와 뒷다리를 5:5로 사용해서 국물이 곰탕처럼 맑은 것이 특징이다. 사람들이 '광화문국밥'집의 돼지국밥에는 닭발이나 닭뼈가 들었다고 추측하고 블로그에 아는 척을 한다. 아마도 버크셔라는 전혀 생소한 품종을 잘 알지 못하기 때문일 것이다. 요즘 '광화문국밥'집에서는 초기 버크셔 대신 듀록 앞다리와 뒷다리를 이용해 국밥을 끓이고 있다.

박찬일의 '광화문국밥'집과 거의 같은 시기에 마포 합정동에 '옥동식'이란 돼지곰탕집이 생겼다. 음식점 메뉴에 돼지곰탕은 낯선 이름이다. 돼지곰탕은 '돼지국밥의 새로운 장'이라거나 '새로운 장르'라는 평이 나온다. 부산·경남 지역에서 흔히 먹는 돼지국밥과는 보기에도 같지 않은 음식이다. 이 곰탕은 놋그릇에 한 김 뺀 쌀밥을 담고 종잇장처럼 얇게 저민 수육을 몇 장 얹어 뜨거운 국물에 몇 차례 토렴(더운 국물을 여러 번 부었다가 따라내어 덥히는 일)해서 낸다. 투명에 가깝게 맑은 국물 맛은 시원하고 깔끔하다. 첫인상이 맑은 한우곰탕으로 유명한 '하동관' 곰탕과 흡사하다.[15] 이런 버크셔의 국물 맛이 20세기 초반 수입된 외래 품종 중에서 가장 인기를 얻는 이유가 됐는지도 모르겠다. 박찬일 셰프의 말에 따르면, 같은 고기를 끓였을 때 버크셔나 듀록이 일반 돼지(LYD)보다 더 진한 국물이 나온다고 한다. 사람들은 '광화문국밥'과 '옥동식'의 돼지곰탕을 서울식 돼지국밥이라 부르기 시작했다.

서울식 돼지국밥이 던지는 의미는 앞다리와 뒷다리 요리의 확대다. 구이 중심의 고기 섭취 문화 속에서는 앞다리와 뒷다리는 환영받지 못했지만, 탕용으로는 아주 훌륭한 대접을 받을 수 있다는 것이다. 습식 음식 문화 속에서는 돼지 부위별 균형 잡힌 소비가 가능한 것이다. 이렇게 버크셔나 듀록 같은 특수 품종은 다른 품종보다 생산량이 적고 비용이 많이 들어 거래가격은 비싼 편이지만, 서울식 돼지국밥 같은 메뉴가 확산되면 앞다리와 뒷다리의 소비량이 확대될 것이다. 이런 경우 양돈업계가 늘 고민하던 저지방(또는 지금은 적절치 못한 명칭이지만 '비선호') 부위의 소비 확대와 품종의 다양성 확대로 이어질 수 있다. 하지만 육류시장에서 소고기, 돼지고기, 닭고기는 서로 경쟁관계이고, 돼지고기 시장에서 삼겹살, 목살, 앞다리 등의 부위가 소비자의 선호도에 따라 서로 경쟁관계에 놓이게 된다. 소비자 1인당 돼지고기 소비량이 한정될 경우, 즉 국민 한 사람이 소비하는 소비량은 급격히 늘지 않기 때문에, 한 부위의 소비가 늘면 다른 부위의 소비가 줄어들 수 있다. 특정 부위의 소비가 줄면 그 부위의 가격은 떨어질 가능성이 높다. 앞다리와 (또는) 뒷다리 소비가 늘어나면 다른 부위(예를 들어 삼겹살) 소비량이 줄고 가격은 떨어질 수 있다는 것이 산업 차원에서 우려로 다가온다.

고기의 가치를 높이는 기술, 숙성(Aging)

1990년대가 갖는 의미는 '구조 변화의 시기'로 표현할 수 있다. 세계적으로 모든 산업에서 생산 기술, 소비 문화 등에서 획기적인 변화가 나타난 시기이다. 식품산업도 예외가 아닌데, 소비자들이 건강하고 더 편리한 식품을 요구하기 시작했고, 식품업계는 이런 소비자의 요구를 충족시키기 위해 발빠르게 움직였다. 우리나라 육류시장에서는 조리 방식 변화와 함께 구이 요리가 본격화한 때이다. 이 시기에 너도 나도 돼지고기는 삼겹살, 한우는 등심을 숯불에 구워 먹었는데, 이들 요리의 특징은 지방 맛이 매우 강하고 그 맛이 고소하다는 것이다. 마블링이 잘된 고기는 매우 고소하다.

이에 더해 최근 유행하기 시작한 숙성육은 지방 맛에 아미노산의 감칠맛이 더해진 독특한 풍미를 자랑한다. 최근까지 우리 식육업계에서는 숙성의 개념이 매우 희박했다. 사후강직이 풀리는 정도를 숙성이라 생각해 강직이 풀리는 때를 가장 고기 맛이 좋은 시기로 이야기하기도 했다. 냉장·냉동 물류가 발달하지 못했던 시절 최대한 도축 일에 가깝게 고기를 먹는 것이 신선한 고기를 먹는 방법으로 생각했다. 지금도 정육점에 걸려 있는 '오늘 소 잡는 날'이라는 펼침막이 아마 고기의 숙성보다 신선도가 더 중요했던 과거의 잔영일지도 모르겠다.

우리나라에 건조 숙성육, 즉 드라이에이징(Dry-Aging)이 도입된 시기를 『라망』이라는 잡지는 2009년으로 소개한다. "서울에 드라이에이징 스테이크가 도입되기 시작한 시기는 2009년 말이다. 미국에서 드라이에이징 스테이크를 즐기던 셰프와 몇몇 외식기업이 선구적으로 건조 숙성 방식을 들여왔다. 미국 유명 스테이크하우스의 드라이에이징 방법에 대한 벤치마킹을 기반으로 연구한 끝에 자신만의 스타일을 찾은 건식 숙성육은 뉴욕식 스테이크의 모습으로 소비자들과 만났다. 잘 숙성되어 풍미가 응축된 티본 스테이크와 채끝등심은 미식가들의 입맛을 사로잡았고, 2011년경에는 대중적으로도 폭발적인 인기를 얻었다. … 건조 숙성육은 대부분이 스테이크로 소비된다."

이 드라이에이징 스테이크는 미국, 그중에서도 뉴욕에서 탄생했다. 육류를 주된(Main) 요리로 즐기던 유럽인들이 미국 대륙으로 이주하며 스테이크를 메인 요리로 선보이는 스테이크하우스가 생겼다. 최초의 스테이크하우스는 1827년 뉴욕에 설립된 델모니코스다. 이곳은 정중한 인테리어와 고급스러운 식기로 무장한 프렌치 파인 다이닝 레스토랑에 가까웠다. 지금처럼 뜨거운 접시에 스테이크와 몇 가지 간단

한 사이드 디시(Side dish)를 서빙하는 뉴욕 스테이크하우스의 원형은 1887년 피터 루거에서 시작된다. 이곳엔 건식 숙성육 창고가 갖춰졌고, 미국의 최고 등급인 프라임(Prime) 소고기를 선반에 가득 올려 숙성시키며 손님이 오면 큼직한 두께로 정형해 뜨겁게 구워내면서 명성을 얻었다.

이와 같이 뉴욕의 전통 있는 스테이크하우스에서 옛날 식을 고집하고 있던 건조 숙성 방식은, 1960년대 후반 습식 숙성 방식인 진공포장 기술이 개발·보급되자 진공관앰프 또는 삐삐와 워크맨이 사라지듯 거의 사라진 상태였고, 몇몇 스테이크하우스에서 비법으로만 남았다. 습식 숙성 방식, 즉 진공포장의 효과는 1936년 프랑스에서 처음 냉동육을 고무 라텍스 백에 넣어 공기를 빼고 포장했더니 저장 수명이 연장된 데서 확인되었다. 그 후 1942년 오스카 마이어(Oscar Meyer)사가 진공포장 기법을 발명하여 1947년 미국의 그레이스(Grace)사가 최초로 냉장 소고기 포장육을 생산했다. 1960년대 후반에는 부분육을 숙성·유통시킬 목적으로 진공 포장육이 생산됐으며, 1980년대에 상자육(Boxed meat)의 형태로 자리 잡았다. 1980년대에 들어와서 생육은 상당 부분 지육 방식에서 부분육 유통 방식으로 전환됐는데, 미국에서는 이미 1980년대 초에 부분육 유통 비율이 88%였고, 그중 진공 포장육이 90%를 차지했다. 진공포장은 공기 중에 식육이 노출되지 않아 미생물로부터 보호되고, 수분 감량이 없고, 고기가 부드럽게 숙성된다는 장점을 가지고 있어서 포장 기술에서 대세로 자리 잡았다.

습식 숙성을 할 수 있는 진공포장 기술이 우리나라에 도입된 건

---

* 『라망(la main)』 매거진, '소고기', Vol.42, 2017.3.

1990년대 중반이다. 1995년 미국산 냉장 진공포장 소고기를 수입했고, 일본에 냉장돼지고기를 수출할 목적으로 진공포장 기술을 도입한 것이다. 우리나라에서 습식 숙성은 부분육 유통이 발달한 돼지고기를 대상으로 먼저 보편화되었는데, 이는 대형할인점의 요청과 일부 브랜드 돼지고기의 차별화 전략 때문이었다. 실제 유통기한이 10일 이내인 국내 유통 돼지고기는 랩 포장만으로도 충분히 보존성을 유지할 수 있으나, 돼지고기의 진공포장이 보편화되면서 돼지고기의 습식 숙성에 대한 개념도 도입된 것이다. 이는 곧 식육 시장 전반으로 전파되었다.

뉴욕 스타일의 건조 숙성 스테이크와 거의 같은 시기에 부여 서동한우에서는 한국식 건조 숙성육이 개발되고 있었다. 사실 돼지고기의 숙성, 특히 건조 숙성은 2014년까지는 부정적 통념 때문에 시도되지 않았다. 과거 온도체 지육이 유통되던 시절에는 도축 직후 지육 뒷다리 중심 온도가 40℃가 넘어가고 여름철 상온에 장시간 방치되는 경우가 많아 지육의 뒷다리부터 먼저 부패하는 경우가 많았다. 이때부터 돼지고기는 안에서 썩는다는 통념이 있었던 것 같다. 1990년 중·후반부터 도축장이 현대화되고 돼지 등급 판정이 시작되면서, 국내 도축장도 예냉시설을 갖추기 시작했다. 온도체가 아닌 냉도체 유통이 시작되면서 돼지고기도 건조 숙성을 시도할 수 있는 환경이 만들어졌다.

2014년에 '블랙스미스'라는 레스토랑을 스테이크하우스로 재브랜딩(Re-branding)하는 작업을 하기 위해 저자(김태경)가 '서동한우' 유인신 대표와 최초로 돼지고기 건조 숙성을 진행해 보았는데 성공적이었다. 돼지고기 건조 숙성과 소고기 건조 숙성의 가장 큰 차이점은, 돼지고기의 경우는 돼지고기 고유의 냄새 제거 효과가 매우 크다는 점이다. 돼지고기를 건조 숙성하면 돼지고기 이취가 사라져 돼지고기의 품격이 높아진다. 우리나라에서 돼지고기 숙성이 유행하기 시작한 이유로는 2010~2011년의 구제역 여파로 돼지의 품질이 나빠진 것을 가장 크게 꼽을 수 있다.

각 식당이 돼지고기 품질에 이상이 생기자 경쟁에서 살아남는 차별화 전략으로 돼지고기 숙성을 선택했다. 특히 돼지고기의 건조 숙성은 2014년 숙성한돈, 진저피그, 바람맛 돼지가 선구자적 역할을 했으며, 제주돼지로 교차숙성 한 '만덕식당' 그리고 제주 노형동에 있는 '숙성도'가 교차숙성의 대표 삼겹살 식당이다.

냉동 삼겹살의 뉴트로 열풍

1990년대 삼겹살 시대를 열었던 냉동 삼겹살은 2000년대 냉장육 유통이 일반화되면서 사라졌는데, 사라진 지 20여 년 만에 다시 유행하고 있다. 1985년은 '들국화'라는 그룹이 1집 앨범 '행진'을 발매해서 큰 인기를 모았던 해다. 2018년 '행진'이라는 냉동 삼겹살집이 1985년 식으로 냉동 삼겹살을 팔면서 이와 유사한 냉동 삼겹살집들이 우후죽순처럼 생겨나기 시작했다. 이들 삼겹살집 모두 인기가 있다.

이들 국내산 냉동 삼겹살집은 뉴트로(새롭다는 뜻의 'new'와 복고를 의미하는 'retro'를 합친 신조어. 복고를 새롭게 즐기는 경향)한 분위기를 연출하고, 옛날 방식의 냉동 삼겹살은 냉장 삼겹살보다 다소 저렴한 가격으로 판매하면서 인기몰이를 하고 있다. 고객으로서는 옛 추억이 있는 고소한 삼겹살을 조금 싼 가격에 먹을 수 있다는 점이 좋을 것이고, 식당 운영

· 습식 숙성을 한 다음 다시 건조 숙성을 하는 방식. 이는 습식 숙성과 건조 숙성 각각의 장점을 살려서 고기의 가치를 더 높일 수 있다.

자로서는 고객이 직접 구워 먹으니 구워주는 서비스가 빠지기 때문에 인건비 절감 효과가 크다. 아마도 소득주도형 성장 정책에 따른 최저인 건비 인상에 대비한 식당 운영 모델이라고 봐야 할 것이다. 문제는 지난 30년 동안 얼리지 않은 돼지고기 냉장육이 냉동육보다 더 맛있다고 프로모션해왔는데, 고객들이 냉동육의 새로운 맛을 알게 되면 곧 이어 초저가형 수입 냉동 삼겹살 식당이 늘어나지 않을까 하는 우려가 든다.

특수부위 전문 식당들

뒷고기, 덜미살, 그리고 뽈살은 돼지의 머리 부위에서 나오는 고기들이다. 뒷고기는 고기를 발라내는 작업자들이 너무 맛있어서 뒤로 빼서 따로 먹었다고 할 정도로 식감이 좋고 육즙이 풍부하다. 덜미살은 머리 뒤쪽 목덜미에 해당하는 부위로, 맛이 담백하고 식감이 꼬들꼬들하여 술안주로 최고다. 뽈살은 돼지 한 마리에 100g 정도 나올 만큼 희소한데, 담백하면서 감칠맛이 돈다. 특수부위 전문 식당에선 여기에다 돼지껍데기, 막창, 돼지염통, 오소리감투, 유통, 울대 등 전통적인 부산물까지 구워 먹을 수 있다.

최근 들어서는 '인계동껍데기', '강돈', '모소리', '돼먹은 집' 등 돼지머리를 작업한 머리고기들을 구워 파는 식당들이 늘고 있다. 이런 식당들은 너무 자주 먹어 식상해진 삼겹살과는 차별화된 식감, 저렴한 가격 면에서 인기가 높다. 다만 돼지머리는 내장과 함께 돼지 부산물로 분류되어, 돼지나 소고기에 적용되는 이력제의 대상이 아니다. 그러다 보니 작업 환경이 위생적이지 못하고 불법으로 유통될 소지가 다분하다. 또한 신고 의무가 없다 보니 유통기한을 위조해도 확인할 길이 없어 관련 법의 사각지대에 놓여 있다. 이들은 정육처럼 심부 온도가 5℃

이하일 때 유통되어야 한다는 법령을 적용받지 않아 미생물이 급격히 증식할 수 있는 상태로 운송된다면 소비자가 위험에 노출될 가능성이 있다.

　과거 돼지머리는 고사용으로 쓰이거나 별도 처리를 거쳐 국밥집에서 주로 사용했으나, 구이용으로 가치가 새롭게 인식되고 있다. 우리나라도 유럽처럼 돼지머리를 지육에 붙여서 정육 라인에서 가공 처리하는 도축 방식을 고민해야 할 때가 된 것 같다. 부산물 시장은 아직도 전통적인 환경에서 다뤄지고 있어서 변화에 상당한 저항이 예상된다. 경제성 측면이나 위생을 고려해서 조심스럽게 접근해야 할 분야다.

---

*　돼지머리 부위 등 특수부위육들을 위생적으로 생산하고 유통하기 위해서는, 돼지 도축 시 머리를 분리하지 않고 지육에 붙여서 몸통을 2등분하는 작업을 해서, 머리 부위가 정육 라인에서 위생적으로 가공되도록 하는 유럽식 도축법을 검토할 필요가 있다.

수입산 돼지고기를 많이 먹게 되었을까

돼지 소비가 본격적으로 늘어난 것은 언제부터인가? 경제가 성장하면서 육류 소비가 늘 것으로 예측되면서 1970년대 중반 기업적 농장이 늘어나기 시작했다. 사료를 구매해서 급여하고, 수컷을 거세하면서 돼지고기 냄새가 덜해졌고, 조리 방법이 바뀌면서 삼겹살 붐이 일어났다. 서울 광화문, 무교동 일대 직장인들의 삼겹살 회식이 빈번해진 것도 이때부터였다. 아직도 많은 육류 소비자는 회식 또는 저녁 식사 메뉴로 삼겹살을 선택한다. 삼겹살이니까 소주 한잔인지, 소주 한잔을 위해 삼겹살인지 헷갈리는 결정이다.

삼겹살이든 목살이든 돼지고기 소비가 최근 들어 주춤한 이유는 여러 가지이다. 우선 소비의 목적이 바뀌었다. 배고팠던 시대엔 지방이 겹겹이 낀 삼겹살로 저렴하게 고기를 섭취하는 것에 만족했

다. 그러나 이제는, 배가 덜 고픈 지금은, 조금 비싸더라도 품질이 좋고 다양한 고기를 골라서 섭취하는 '가치 소비'의 시대가 됐다.

노인 세대 또는 젊은 세대의 1인 가구가 증가한 것도 하나의 원인으로 추정된다. 치킨은 주문하면 고기를 따로 구울 필요 없이 배달받아 바로 먹기만 하면 된다. 반면 외식, 회식 때 주로 먹는 삼겹살은 고기를 굽는 번거로움이 따른다. 가정 내 혼술이나 혼밥이 증가하고, 회식 문화도 바뀌면서 '술집형 고깃집'은 타격을 받았다. 1인 가구를 겨냥해 도입한 한돈·한우 자판기(1대당 1500만 원)는 약 1년간 운영한 결과 9곳의 매출이 4200만 원에 그쳤다(2018년 김태흠 자유한국당 의원실 분석).

김태경 마케터는 "고기의 자발적, 비자발

적 소비를 구분해야 한다"고 말한다. 비자발적 소비란 편의점 도시락 등을 먹는 것, 자발적 소비는 정육점에 가서 소비자가 능동적으로 사 먹는 것을 뜻한다. 비자발적 돼지고기 소비는 계속 늘지만, 소비자가 직접 선택해 (구워) 먹는 수요는 줄어든다는 설명이다. 자발적 소비의 경우 개인 맞춤형, 온라인 친화형으로 가고 있다. 스타트업 '고깃간'은 정육점에 갈 시간이 없는 이들을 위해 PC, 모바일을 통해 돼지고기(삼겹살, 목살, 가브리살, 항정살)를 주문하면 다음 날 바로 배송받는 서비스를 제공하고 있다. 유통마진을 줄여 시중보다 합리적인 가격에 내놓고, 명절 선물세트 등도 출시해 다양성을 높였다. 돼지고기의 위기는 사실 '국산'의 위기라고 봐야 맞다. 국내 시장에서 수입산 돼지고기 비중이 늘어나는 상황에선

그렇다는 얘기다.

햄, 소시지 등 가공제품의 원료육으로 값싼 수입산 수요가 늘고, 이베리코 돼지고기 붐이 일면서 돼지고기 수입이 증가했다. 도토리를 먹여 키우는 스페인산 흑돼지(하몽의 원료)인 이베리코는 반짝하는 인기 탓에 원산지를 속인 '가짜 이베리코'가 속출했다. 한돈(국내산 돼지고기) 자급률은 70%로 떨어졌다. 돼지고기 수입이 늘어난 배경에는 미·중 무역분쟁 여파도 있다. 한국농촌경제연구원은 2018년 중국이 미국산 돼지고기에 대해 25%의 관세를 책정한 뒤, 미국 측이 중국으로 갈 예정이던 물량을 한국, 일본 등으로 보내고 있다고 분석했다. 2019년 관세는 62%까지 올랐다. 2018년 당시 자유한국당 홍문표 의원실에 따르면, 그해 2월 기준 115kg 돼지 한 마리 출하 평균가격

은 27만1000원, 양돈 농가가 돼지 한 마리를 키우는 데 드는 비용은 36만7000원으로 출하할 때마다 8만~9만 원의 적자를 보는 구조다. 국산 돼지고기 산업은 어떻게 나가야 할까.

2018년 말 '우리나라 대표 브랜드 돼지고기 개발을 위한 기초조사'에 착수했던 문정훈 교수는 "삼겹살에 편중된 돼지고기 소비 문화 때문에 외국 삼겹살을 너무 많이 소비한다"면서, "다양한 부위를 활용한 구이 상품을 개발할 필요가 있다"고 제언했다. 특히 돼지에서 나오는 육량의 3분의 1은 후지(뒷다리)인데, 국내에선 선호하지 않는 부위다. 문 교수는 "후지를 구이로 쓸 때 식감을 좋게 하려면 숙성 기술을 개발해야 한다"고 덧붙였다. 일본에는 고도의 숙성 기술을 활용해 일반 고기보다 180~200%의 추가 이

윤을 창출하는 전문가도 있다. 현행 등급제 변경도 고려해볼 만하다. 현행 국내 도매시장 돼지 등급은 무게와 돼지 등지방 두께로 판정된다. 115kg 기준으로 등지방 두께가 얼마나 얇으냐가 핵심이다. 등지방이 두꺼우면 낮은 등급이나 등급 외 판정을 받는다. 그런데 흑돼지 계열은 등지방이 많다.

농가 입장에서는 흑돼지라고 따로 등급을 매겨주지 않으니 낮은 등급을 받을 흑돼지를 기를 이유가 없다는 것이다. 결국 생산성에 초점을 맞춘 삼원교배종(전체의 95%)만 고집하게 되고 품종의 다양화가 이루어지기 힘든 구조가 되어버렸다. 한국판 이베리코가 나오기도 어렵다. 정부도 한돈의 고급화·차별화 전략이 필요하다는 데 공감하고 있다. 스페인 북부 바스크 지방의 재래돼지는 이베리코

보다도 비싸게 판매되며 1마리당 순익이 40만 원에 달하는 것으로 조사됐다. 송태복 농식품부 축산경영과 과장은 "지리산 흑돼지 등 우리 고유 브랜드를 더 활성화할 필요가 있다"고 말했다.[16]

1 김태경·연승우, 『삼겹살의 시작』, 팜커뮤니케이션, 2019, p.52.

2 김태경·연승우, 『삼겹살의 시작』, 팜커뮤니케이션, 2019, p.52.

3 김태경·연승우, 『삼겹살의 시작』, 팜커뮤니케이션, 2019, p.60.

4 한국축산발달사 편찬위원회, 『한국축산발달사』, 1998.

5 매일경제, '수입 돼지고기 통조림 괴력 과시', 1989.11.

6 도드람양돈협동조합, 『도드람 25년사』, 2015, p.137.

7 김태경, 〈브랜드 돼지고기의 브랜드 아이덴티티 확립에 관한 연구〉, 건국대학교, 2003.

8 한돈협회, '국산 돼지고기 판매점 인증제 본격 추진', 2007.10.

9 경향신문, 〈여적〉 삼겹살 데이', 2005.3.

10 매일경제, '삼겹살 16개 국가서 수입', 2005.6.

11 한겨레, '한우가 삼겹살보다 싸다?', 2005.7.

12 경향신문, '삼겹살 소비 편중 수입 급증, 양돈農 등심 안심도 드세요', 2005.7.

13 최승철 외, '한우고기 소비유통 모니터링', 2014.3.

14 동아일보, '1930년 가축통계', 1931.6.

15 중앙일보, 〈이택회의 맛따라기〉-손님 줄보다 음식이 먼저 동난다… 옥동식의 버크셔K 돼지곰탕', 2017.

16 중앙일보, '치느님에 치이고 소고기에 쫓기고… 위기의 삼겹살', 2019.

우리 돼지 이야기

제주에서 신화까지

제주도, 돼지, 돼지고기

문헌 기록에 따르면, 13세기 고려가 원나라에 지배당한 이후 우리나라에 말, 소 등 다른 가축과 함께 돼지가 도입되어 사육됐을 것으로 보는 견해가 있다. 중국 문헌인『신당서』와 조선 후기 실학자 한치윤(韓致奫)이 단군조선~고려시대의 역사를 서술한『해동역사』에 탐라에서는 개와 돼지 가죽으로 옷을 만들어 입었다는 기록이 있는 것으로 보아 제주도에서의 돼지 사육은 아주 오래됐다.

당시 사육됐던 제주 재래돼지는 흑색 소형종이었다. 지금까지 전해지는 고문헌에는 제주에서 사육됐던 가축이나 야생동물들의 상황이 비교적 상세히 기록되어 있다. 제주도에서 귀양살이(1520년 8월~1521년 10월)를 하다 사약을 받아 죽은 충암 김정(金淨, 1486~1521)이 저술한「제주풍토록」에는 "토산(土産)이 더욱 절소(絶少)하여서 짐승은 노루, 사슴, 산돼지 등이 가장 많고 오소리가 또한 많으나 이것 외에는 여우, 토끼, 호랑이, 곰 따위는 모두 없다. 새 종류는 꿩, 까마귀, 솔개, 참새 등이 있으나 황새, 까치 등은 없다"고 적혀 있다.

---

* 제주도 유배생활에서 체험한 그곳의 풍토와 상황을 사실적으로 기록한 글로, 김정의 문집인『충암집(冲庵集)』에 수록되어 있다.

조선시대 제주 풍속 등을 기록한 『남사록』에는 "고라니, 사슴, 멧돼지 등 여러 짐승은 다 모든 숲에서 난다.… 소는 흑색, 황색, 얼룩 등 여러 종류이며 뿔이 매우 아름다워 술잔이 될 만하면 집집이 소를 쳐서 수백 마리의 떼를 이룬다. 고라니, 사슴, 노루, 돼지, 삵, 물개, 지달 (오소리), 빈주가 있다. 산에 포악한 짐승이 없다. 범, 표범, 곰, 승냥이, 이리같이 사람을 해치는 짐승이 없으며 또한 여우, 토끼 부엉이, 까치 같은 동물도 없다. 염소는 우도와 비양도에 있다"고 기록되어 있어 이 당시 가축과 야생동물의 종류를 알 수 있다.

이상의 기록들을 참고할 때 고려~조선시대 제주에서 사육됐던 가축으로는 소, 말, 돼지, 염소, 낙타, 양, 닭, 나귀, 개 등이고, 야생동물은 멧돼지, 고라니, 사슴, 노루, 오소리, 삵, 꿩, 까마귀, 솔개, 매, 참새 등이 존재했던 것으로 보인다. 그러나 과거에 제주에 존재했던 야생동물 중 고라니, 삵 등은 지금은 찾아볼 수 없어 어느 시점에서 멸종되었는지 짐작할 수 있다.[2]

원나라 지배하에서는 원의 목호들이 제주에서 직접 가축을 사육했기 때문에 목장 조직이나 목양 기술은 그들의 영향을 직접 받았다. 이들은 말 목장뿐만 아니라 소 목장, 돼지 사육장, 양 목장, 고라니 목장들을 세우고 축종별로 조직적인 집단 사육을 했다. 돼지 집단사육장이 있었다는 기록이 있으나 언제까지 지속됐으며 어떻게 사육됐는지는 잘 알려져 있지 않다. 제주에서는 오래전부터 자급자족을 위해 집집마다 돼지를 사육했다. 주로 경조사 때에 돼지고기를 이용했고, 명

---

* 『남사록(南槎錄)』은 일종의 일기체 형태로 서술된 책으로, 김상헌(金尙憲, 1570~1652)이 1601년(선조 34년)에 안무어사로 제주에 파견되어 기록한 일종의 기행문이다.

절 등 큰 민속 행사 때도 돼지를 도축했다.

제주에서 돼지우리는 독특한 형태를 보인다. 가정에서 사람의 변을 돼지 먹이로 활용하기 위해 돼지우리와 변소를 같이 조합하여 만들었는데 이를 '통시', '통제' 또는 '돗통' 등으로 불렀다. 이원진의 『탐라지(耽羅志)』에도 "이 지방의 돼지는 작고 야위어서 산돼지의 비대함만 못 한데, 이는 곧 산돼지는 제멋대로 풀, 나무 뿌리, 나무 열매 등을 먹을 수 있으나 집돼지는 사료가 부족한 때문임을 알 수 있다"라는 기록이 있는 것으로 보아 당시의 돼지들은 먹을 것이 부족하여 체구가 왜소했음을 알 수 있다.

집에서 키우는 돼지에게 급여한 것은 부엌에서 나오는 구정물, 보릿겨나 조겨 등 약간의 농업 부산물, 그리고 사람의 변이 전부였다. 땅이 척박해서 농사짓기가 어려웠고 흉년이 들 때는 사람도 굶어 죽는 경우가 많았던 제주에서 곡식을 돼지에게 먹이는 것은 어려운 일이었다. 따라서 돼지 먹이를 확보하는 수단으로 사람의 변을 섭취하게 했던 것으로 보인다.[3]

돼지를 사육하는 목적 또한 1960년대까지는 돼지고기 생산·판매용보다는 농토의 지력 유지 수단인 퇴비 생산과 경조사용으로 많은 농가에서 부업으로 사육했다. 토양이 척박하여 농사가 매우 힘들었던 제주에서, 가축의 배설물을 집에서 나오는 각종 쓰레기나 풀 등과 섞어 만든 두엄은 땅을 기름지게 하는 유일한 수단이었다. 겨울철 축사에서 키우는 가축의 분뇨로 만든 퇴비는 농사용 거름으로 아주 소중히 이

---

* 1653년(효종 4년) 이원진(李元鎭)이 편찬한 전라도 제주목, 정의현(旌義縣), 대정현(大靜縣, 지금의 서귀포시 대정읍) 읍지(邑誌).

용됐다. 돼지우리의 분뇨를 밖으로 퍼내어서 밭에 뿌리기도 했다. 특히 돼지 거름을 보리 씨와 잘 섞어 밭에 파종했는데, 척박한 땅에서 곡식을 얻기 위한 제주 사람들의 지혜였다.

　제주에서 기르는 돼지는 소형 흑돼지로, 1946년에 약 4만~5만 마리 정도가 가정에서 사육되고 있었다. 1960년도에 이시돌 목장에서 외국산 개량돼지를 수입한 것을 시작으로, 개량 돼지들이 농촌에 도입되면서 생산성이 떨어지는 제주 재래돼지 사육 마릿수는 급감하게 됐다.

'천연기념물 제주 흑돼지'와 '식당용 제주 흑돼지'는 다르다?

'제주 흑돼지'가 천연기념물로 지정됐다. 문화재청이 '제주 흑돼지'를 국가 지정 문화재 천연기념물 제550호로 지정한 것이다. 이에 따라 국비 지원을 받아 연구자들의 관심 속에 '귀하신 몸' 대접을 받는 '천연기념물' 제주 흑돼지가 있는가 하면, 주민과 관광객들에게 인기를 모으며 날마다 식당에서 사람들의 '입에 오르내리는' 제주 흑돼지도 있다.

　이들 흑돼지는 유전자 특성 분석 결과, 다른 지방 재래돼지와는 차별화된 혈통의 고유성을 유지하고 있으며, 외형상으로도 육지 흑돼지가 귀가 크고 앞으로 뻗은 데 비해 제주 흑돼지는 귀가 작고 위로 뻗어 있다. 일반 돼지(교잡종)는 다 자랄 경우 사육기간이 165~180일, 무게 110kg 정도 되지만, 제주 흑돼지는 210일, 무게 90kg 안팎이다. 그렇다면 '천연기념물' 제주 흑돼지와 '식당용' 제주 흑돼지가 다른 점은 뭘까?

　제주 흑돼지는 일제 강점기와 근대화 시기를 거치면서 외국에서 도입된 개량종과의 교잡으로 개체 수가 크게 줄어 멸종 위기에 놓이기도 했다. 천연기념물로 지정된 축산진흥원의 제주 흑돼지는 1986년 우도 지역 등 도내 농가들로부터 수집한 5마리가 모태가 됐다. 축산진흥원은 재래가축 유전자원 확보 차원에서 순수 계통번식을 통해 유엔 식량농업기구(FAO)에 제주 흑돼지를 등재시키는 등 혈통을 정립했다. 식당용 흑돼지도 제주 흑돼지를 모태로 한 점에서는 같지만, 외국산 품종인 요크셔와 버크셔 품종을 교잡해 개량한 것이다. 제주 재래 흑돼지가 사육기간이 길고 무게가 적어 수익성이 높지 않은 데 비해, 교잡 흑돼지는 체중과 사육기간이 일반 돼지와 비슷해 경제성이 높고 맛도 뛰어나다.

현재 제주도 내 양돈 농가에서는 8만여 마리 정도의 제주 흑돼지를 사육하고 있다. 하지만 천연기념물로 지정된 제주 흑돼지도 축산진흥원을 벗어나면 천연기념물에서 해제돼 '식당용' 제주 흑돼지와 같은 운명에 놓인다. 김경원 축산진흥원장은 "축산진흥원 안에서는 일정 정도의 마릿수만 천연기념물로 보호하게 된다. 그 이외의 흑돼지는 분양 등을 통해 개량시켜 소비자들을 찾게 된다"고 말했다. 축산진흥원은 제주 흑돼지가 천연기념물로 지정됨에 따라 1986년 제주마와 2013년 제주흑우와 함께 3개의 천연기념물 축종을 관리하게 됐다.[5]

몸국의 대체품으로 시작한 고기국수

몸국(몸국)은 제주 지역에서 돼지고기 삶은 육수에 불린 모자반을 넣어 만든 국이다. 주재료가 돼지고기와 모자반인 음식으로, 제주 지역에서 쉽게 접할 수 있는 재료들을 이용한 것이다. 원래 제주에는 밀국수가 존재하지 않았다. 1900년대 초반부터 제주에 몰려온 일본인들이 제주시 북신작로 칠성통 등지에 군락을 이루고 살면서 고운 밀가루와 그 밀가루로 만든 건면이 도입됐다. 이때 일본의 수산물과 유사한 품질의 제주 수산물에 대한 착취가 시작됐다. 전복, 소라 등의 조개류와 톳, 천초, 모자반 등의 해조류를 채취하는 족족 전량 일본으로 가져가버린 것이다. 제주 사람들에게는 중요한 행사용 식재료인 모자반을 모두 빼앗아갔지만, 일본은 제주 특유의 돼지는 특별히 탐하지 않았다. 이는 아마 메이지유신 이후에야 고기를 먹기 시작한 그들로서는 서양 사람들의 소고기 먹는 문화를 좇느라 소는 반출했지만,

돼지는 남겨놓았던 것으로 추정된다. 제주도의 재래돼지는 일제 강점기 동안 다행히 원형이 계속 보존됐다.

이러한 배경에서 제주 사람들은 돼지 섭취 문화의 전통을 이어갈 수 있었다. 돼지 삶은 국물에 당시 도입된 건면을 삶아 육지의 잔치 음식인 국수를 만들고 수육을 국수에 얹어 먹으면서 고기국수가 등장했다. 이 고기국수가 일반화된 것은 제주 시내권의 경우 1920년대로 조사됐다.

여러 유형의 돼지 설화

돼지는 오랜 세월 인간과 밀접한 관계를 맺고 있다. 잡식동물이며 먹는 모습이 게걸스럽고, 유난히 더럽고, 욕심 많으며, 우둔함과 게으름의 표징으로 이야기되기도 한다. 또한 남의 것을 탐하는 탐욕적인 모습도 설화문학에 나타난다. 그러나 이와는 정반대로 남을 도와주기도 하며, 성실의 상징으로 표현되기도 하고, 지혜로운 모습으로 설화문학에 등장하기도 한다. 돼지는 길조를 의미하는 짐승으로도 등장하고, 재신(財神)을 상징하는 등 다양한 유형의 돼지 설화가 있다.

임금을 도운 지혜로운 돼지

『삼국유사』 권1 사금갑(射琴匣) 조에 돼지의 지혜로움을 얘기하고 있다. 쥐와 돼지의 도움으로 왕이 왕비와 내통한 스님을 징벌하는 내용이다. 동물을 의인화한 우화의 일종으로 특히 쥐와 돼지의 협동은 서로 공통의 관심을 갖고 조화를 이루는 삶에 대한 가르침을 준다. 그래서 매년 정월 상해(上亥, 첫 돼지날) 상오(上午, 첫 말날)일에 모든 일은 삼가고, 15일을 오기일(烏忌日)이라 하여 찰밥으로 제사를 지냈다는 것이다.

돼지꿈을 꾸면?

꿈을 풀이하는 사람들은 사람이 돼지를 몰아오거나 등에 지고 오거나 차에 실어오면 재물 또는 돈이 생긴다는 등으로 해몽을 한다. 돼지가 방 안으로 들어오면 어떤 부자가 찾아올 것이며, 문 밖에서 서성대면 좀 더 훗날에 협조자를 만나게 될 것이라고 말하기도 한다. 또 자기가 돼지가 되거나 돼지 속에서 파묻혀 돼지 행세를 하면 부자가 되거나 좋은 집에 살게 될 것이라고 해몽하는 사람도 있고, 돼지꿈을 꾸면 음식이 생긴다는 식으로 해석하기도 한다. 꿈속에 돼지와 함께 걸어오면 반가운 사람이 온다고 하며, 돼지꿈을 꾸면 헌 집을 헐고 새집을 짓거나 사업 확장 가능성이 있음을 암시하고 추진해온 일이 결실을 맺는 등 행운과 축복을 안겨준다고 해석한다. 이처럼 해석의 종류는 다양하지만, 모두 길몽으로 보고 있다. 따라서 돼지꿈을 꾸면 좋은 일이 있을 것임을 뜻하는 것만은 틀림없다.

미련하고 욕심도 있는 돼지

다음의 개와 돼지의 이야기에서는 돼지의 미련함과 어리석음을 보여줌과 동시에 개의 사랑을 빼앗아 할머니의 사랑을 독차지하려는 이기심까지 보여주고 있다. 자기 자신의 장점과 특성을 알아보지 못한다는 면에서 미련함, 다른 사람의 행복을 빼앗아 사랑을 독차지하려는 면에서는 이기심을 뚜렷하게 보여주고 있다. 너무 과한 욕심과 미련함이 결국 화를 부른다는 내용이다.

　어느 시골에 할머니가 돼지와 개를 키우며 살았다. 할머니가 나물을 캐러 간 사이 개가 돼지우리로 놀러 갔다. 놀러 온 개에게 돼지는, "할머니는 너한테 누룽지를 주지만 나한테는 구정물이나 밥 찌꺼기만 준다. 너만 귀여워해!"라며 개를 시기하여 투덜거렸다. 이에 개가 "넌 늘 잠만 자니 그렇지"라고 자기 나름으로 조언해주었다. 그러자 돼지는 "그럼 어떻게 하면 할머니에게 귀여움을 받을 수 있니?"라고 물었다. 개는 "난 도둑이 들어오지 못하게 집을 지키니까"라고 대답했다.

돼지는 그 말을 들은 다음부터 할머니에게 귀여움을 독차지하기 위해 저녁마다 잠을 안 자고 "꿀꿀꿀"거렸다. 할머니는 돼지가 아파서 그러는 줄 알고 다음 날 침쟁이를 데려와 침을 놓아주었다. 할머니가 침을 놓아준 것이 자신이 저녁에 잠을 안 자고 집을 지켜 귀여워서 그러는 줄 알고 돼지는 다음 날 저녁에는 더 크게 "꿀꿀꿀" 하며 소리를 질러댔다.

이에 할머니는 돼지가 너무 아파 꿀꿀거리는 줄 알고, 치료를 포기하고 다음 날 장에다 팔아버렸다.

속담에 등장하는 돼지

돼지는 한민족과 약 4000년 전부터 함께 생활해왔으며 돼지와 관련된 민속은 다양하다. 돼지는 신화에서 신통력을 지닌 동물, 길상으로 재신이나 복의 근원, 제의의 희생물, 집안의 재산을 상징한다.

한국 민족의 고대 문헌이나 문학에는 돼지가 상서로운 징조로 많이 나타나고, 지신을 상징하여 풍년을 기원하는 뜻으로도 여겨졌다. 특히 한국 민족은 꿈에서 돼지가 등장하면 용꿈과 함께 좋은 꿈으로 여겼다. 용꿈은 권력, 벼슬 따위를 상징하는 꿈으로, 돼지꿈은 부의 상징이라는 면에서 차이가 있다.[6] 돼지 그림이나 돼지의 코는 번창의 상징이나 부적으로 이용되기도 한다.

꿈과 연결된 속담을 보면 한결같이 꿈속의 돼지는 확실히 손아귀에 쥐어야 복을 받을 수 있다는 의미를 가진다(표 1). 꿈속에서 돼지를 만나되 죽여서는 안 되며 잘 몰고 들어와야 한다는 것이다.

속담	풀이
꿈속에 돼지가 깃을 물어들이면 비가 온다.	꿈속의 돼지가 복을 가져다준다는 것
꿈에 돼지를 보면 재수가 있다.	부와 복을 상징
돼지꿈을 한 번 꾸면 음식이 생기고, 두 번 꾸면 옷이 생긴다.	돼지꿈을 길몽으로 해석
꿈에 돼지를 죽이면 대길하다.	꿈속의 돼지를 손아귀에 쥐면 큰 복이 생긴다는 것
돼지를 몰고 들어오는 꿈을 꾸면 뜻하지 않은 재물이나 축의금, 사례금이 생겨 주머니가 풍성해진다.	꿈속의 돼지를 집으로 들이면 예상하지 못한 금전적 여유를 준다.
꿈에 돼지를 잡으면 길하고, 돼지가 저절로 죽으면 흉하다.	꿈속의 돼지는 복을 의미하여 잡으면 복이 생기고 놓치면 불행하다.
돼지띠가 식복이 있다.	돼지띠는 잘 먹고 잘산다.
돼지띠는 잘산다.	
돼지코인 사람은 잘산다.	돼지를 닮은 사람은 잘산다.

〈표 1〉 돼지 관련 속담과 풀이

복을 부르는 민속신앙 속 돼지

민속신앙 속 돼지에서는 12지(支)에서의 돼지, 제사 문화 속 돼지, 그리고 신앙과 돼지에 관한 내용을 다룬다. 12지 상과 돼지의 관계를 살펴보면 일 년 열두 달 중 돼지는 10월에 해당한다. 하루의 시간에서는 오후 9시부터 11시까지를 가리키며, 이때를 해(亥)시라 한다. 또한 방위로는 서북향을 표시하고 있다. 그리고 오행상 돼지는 물(水)과 관계가 있으며, 물의 속성상 만물을 소생시키고 복을 준다는 의미가 내포되어 있다.

한국인의 돼지에 대한 일반적인 인식은 어떠할까? 그저 어렸을 때부터 사람이 주는 밥 찌꺼기를 불평 없이 먹어대고, 그 먹는 모습이 너무 게걸스러운 것 같아 사람들은 욕심꾸러기의 대명사로 돼지를 꼽는다. 동물 중에 게걸스럽게 먹지 않는 동물은 별로 없다. 돼지는 먹는 욕심 외엔 딴 욕심이 없다. 무엇이든지 먹을 수 있는 잡식동물이다. 그러면서도 강하게 자란다. 열심히 먹기 때문에 살이 쪄서 우리 인간들에게 영양과 건강을 가져다준다.

신에게 제사를 올릴 때 빠뜨릴 수 없는 것이 돼지이다. 이것은 예부터 돼지를 신성한 동물로 여겨왔기 때문이다. 죽으면서도 미소를 잃지 않는 동물은 돼지밖에 없을 것이다. 자손이 귀한 집에서는 아들을 낳으면 10세 때까지 '돼지'라고 부른다. 이는 돼지가 다산(多産)의 상징으로 한 번에 새끼를 여러 마리 낳기 때문이다. 순진, 명랑, 다산 등의 의미가 돼지띠의 운세와 관련이 있다.

돼지띠를 갖고 태어난 사람들은 대체로 성격이 진솔하다고 한다. 겉으로는 거칠어 보여도 속마음이 따뜻하다고도 한다. 돼지띠들은 남과 크게 다투지 않는다. 남의 감정을 돋우고 분위기를 악화시키는 것을 꺼리고 잘 참기 때문이다. 물의 성질을 지닌 돼지띠 남자들은 대체로 한 가지 목표를 정하면 그것을 달성할 때까지 꾸준히 추진하는 성격이라고 한다. 또한 자신이 얘기하기보다는 주로 상대방의 얘기를 귀담아

듣는 편이고, 설사 상대방 얘기가 틀렸다 하더라도 질타하기보다는 이해하려고 힘쓴다. 이렇다 보니 때로는 사람들에게 이용당하기도 한다. 대체로 돼지띠생들은 주위에서 알게 모르게 도와주는 사람이 많다. 젊은 시절에 괴로운 일이 있어도 성실히 일에 전념하기 때문에 주위로부터 신뢰를 얻는다. 만년(晩年)에는 젊었을 때 쌓았던 실력과 인맥, 또는 재산에 의해서 풍요로운 삶을 누린다. 하지만 타고난 강정(強精) 때문에 충돌이 잦을 수 있는 점을 유의해야 한다 등의 식으로 풀이한다.

중국인들이 보는 돼지띠의 성격도 게으름은 있지만, 역시 본성이 순진하고 명랑하다는 것이다. 사람들과의 사귐이 극히 아름다우며, 한번 사귀면 그 사람을 버리려 하지 않는다. 특히 연인들 사이에선 한번 애정을 주면 잘 바꾸지 않는 성격이 있다고도 한다.

돼지띠는 항시 위에서 복성(福星)이 높이 비춰주어서 12지 중에서 재운이 가장 뛰어나다고 한다. 돼지띠생이 배우자를 선택할 때는 양띠나 토끼띠가 좋고, 호랑이띠와 짝하면 길흉이 교차한다. 그 외 쥐, 소, 용, 말, 닭, 개띠도 좋은 것으로 보고 있다. 그리고 뱀띠와 원숭이띠와는 화합하기 어렵다고 한다. 이것은 그들의 재치와 교활함을 당해낼 수 없기 때문이다. 그러나 이러한 얘기들이 꼭 맞는가는 의문이다. 스마트폰 시대에 각자 스마트하게 해석하면서 지혜롭게 결정할 문제이다. 좋은 관계도 부정적인 선입견이 작용하면 좋지 않은 관계이거나 아예 맺지도 못할 관계가 될 수 있다. 띠 간 운세는 동물들의 속성에서 비롯된 얘기들이기 때문이다.

『삼국사기』 유리왕 19년 조에 보면, 일찍이 돼지는 국가의 신성한 제사를 올릴 때 희생물로 바쳐졌음을 알 수 있다. 민간 풍속에서도 산신에게 제를 올릴 때는 대체로 돼지를 잡고 재앙을 피하려 했던 것이다.

요즘 우리도 제사를 지낼 때는 팥고물이 섞인 붉은 고사떡을 돼지 머리와 함께 신에게 바친다. 적색은 재앙을 막는 색깔이고, 돼지는 질병과 화재를 예방하는 기능이 있다는 것이다.

곡물신으로서의 돼지

동양에서는 고고학적 유물을 통하여 곡물신으로서의 돼지의 역사를 찾아볼 수 있다. 중국 허무두(河姆渡) 유적에서 발굴된 도분(陶盆)의 돼지 몸체에 곡물의 이삭을 그려, 마치 돼지가 곡물 자체인 것처럼 표시되어 있다(그림 1). 이러한 문양의 출현은 돼지가 곡물신으로 숭배됐기 때문에 가능하다.

〈그림 1〉 도분(陶盆) 속 돼지
자료 출처 김인희, 〈한중의 돼지 숭배와 돼지 혐오〉, 「중앙민속학」, 2004.

다음 그림은 돼지가 곡물신임을 더욱 구체적으로 보여주고 있다(그림 2). 그림 속 돼지는 무성하게 자라 늘어진 곡물단을 끌고 가는 모습으로 형상화되어 있다. 곧, 돼지는 풍년을 이끌어오는 곡물신인 것이다.

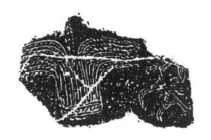

〈그림 2〉 곡물신으로 표현된 돼지
자료 출처 김인희, 〈한중의 돼지 숭배와 돼지 혐오〉, 「중앙민속학」, 2004.

돼지가 곡물신으로 인정받을 수 있었던 것은 돼지의 생태학적인 특징과 관련이 있다. 즉 돼지의 수신(水神)으로서의 성격, 돼지가 곡물 생산을 증진시키는 퇴비 마련용 동물이라는 점이다. 고구려의 유리왕조와 같은 설화는 중국의 소수민족인 뤄바(珞巴)족에게도 전하고 있다. "예전에 모자가 위험에 처하여 돼지우리로 피했다. 어머니가 하늘로 올라가 구원을 요청하는 동안 아들은 어미 돼지와 함께 생활했다. 돼지는 아들에게 '나는 이미 늙었으니 나를 죽여라'라고 말했다. 아들은 듣지 않았다. 돼지는 또 말하기를 '네가 내 머리에 있는 이를 잡으면 나는 죽게 된다. 그러나 너는 나를 먹지 말고 덩어리로 잘라서 대나무가 자라는 곳에 두면 너에게 이웃이 생기게 될 것이다'라고 했다. 아들은 어미 돼지의 말을 따랐다. 과연 후에 돼지고기를 놓은 곳에 마을이 생기고 사람들이 몰려들었다."

이처럼 돼지가 설화 속에서 곡물신으로 그려지는 것은, 원시 농경사회에서 돼지가 중요한 역할을 했고 그만큼 신성시되던 존재였기 때문일 것이다. 돼지는 애초에 숲 지대나 그늘진 강둑 같은 곳에서 살았는데, 돼지가 사는 곳은 인간이 살기에도 적당한 곳으로 볼 수 있다. 돼지는 곡물을 주식으로 하기 때문에 인류 역사에서 많은 공헌을 했으나, 이율배반적으로 인간들에게 부정적인 존재로 인식되고 멸시를 받기도 했다.

수신(水神)과 산육신(産育神)으로서의 돼지

돼지가 물의 신으로 숭배된 이유는 그의 신체적 특징과 관련이 있다. 돼지는 덥고 건조한 기후에는 신체구조 특성상 잘 견뎌내지 못한다. 소, 양, 염소 등과 비교해볼 때 돼지는 체온 조절 능력을 몸속에 별로 갖추지 못하고 있다. 남쪽 지방의 경우, 여름철 날씨가 더우면 돼지는 종종 물로 뛰어들어가거나 진흙으로 목욕을 하면서 더위를 식힌다. 일상생활 속에서 사람들은 돼지가 목욕을 한 후에 비가 내리는 것을 자주 발견할 수 있었고, 이를 돼지가 비를 내리게 하는 모종의 능력을 가진다고 본 것이다.

돼지와 비의 관계는 고고학적 자료를 통해서도 증명이 가능하다. 중국 최초의 용은 돼지 형상을 하고 있었다(그림 3). 이와 관련된 유물들은 중국 동북부(내몽골과 랴오허강 유역)에서 발생한 신석기 문화인 홍싼(紅山)문화에서 발견할 수 있다.

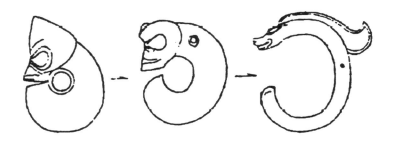

〈그림 3〉 돼지 형상의 용
자료 출처 : 김인희, 〈한중의 돼지 숭배와 돼지 혐오〉, 『중앙민속학』, 2004.

한국의 민간에서 기우제를 지낼 때 돼지는 중요한 제물이다. 옛 문헌에는 "한발이 심할 때 돼지 한 마리를 제물로 기우제를 지냈다"는 기록들이 여럿 있으며, 근대까지 돼지는 기우제의 중요한 희생물로 사용됐다.

한 번에 열 마리 이상의 새끼를 낳는 돼지는 이러한 특징 때문에 산육신(産育神)으로 숭배됐다. 현재도 한국과 중국의 민가에서 많은 새끼를 거느린 돼지 그림을 걸어놓은 것을 볼 수 있다. 이는 또한 많은 재물을 얻기를 바라는 마음에서 걸어놓은 것으로 돼지는 부(富)를 의미하기 때문이다.

돼지가 가지는 산육신으로서의 특징은 현재 중국의 민간에 다양하게 남아 있다. 윈난 일대에는 어린아이에게 호랑이 모양의 신발과 함께 돼지 모양의 신발을 신게 한다. 이는 생명의 출생과 생명의 영생을 상징하기 때문이라고 한다.

오랫동안 즐겨 먹은 양식 : 한국 돼지고기 요리의 과학

감자탕

감자탕의 주재료는 돼지 등뼈라 할 수 있다. 여기에 부재료로 감자, 우거지, 깻잎, 대파, 들깻가루 등이 들어간다. 양념으로는 마늘, 된장, 고춧가루, 간장, 후추 등이 사용된다. 감자탕 조리법은 먼저 돼지 등뼈를 찬물에 3~4시간 담가서 중간중간 물을 갈아주며 핏물을 뺀다. 핏물을 뺀 돼지 등뼈에 된장과 조미료, 감자를 넣고 푹 끓인다. 주재료인 돼지 등뼈의 잡냄새를 없애기 위해서는 들깻가루, 후추, 들깻잎 등 다양한 향신료를 활용한다. 우거지, 시래기, 배추 등 어떤 채소를 넣느냐에 따라 다양한 감자탕을 만들 수 있다.

감자탕의 영양학적 특성을 보면, 돼지 등뼈에는 칼슘과 비타민이 함유되어 있으며, 뼈에 붙은 돼지고기는 단백질이 풍부해 보양이나 어린이 성장 발육에 도움을 준다. 또 다른 주재료인 감자는 100g당 70킬로칼로리 정도로 탄수화물 17g, 단백질 2g을 함유하고 있다. 또한 비타민C와 칼륨, 철, 칼슘 등과 같은 무기질 함량이 높다. 특히 칼륨은 체내 나트륨 배출을 돕기 때문에 국, 찌개와 같이 국물 음식을 많이 먹는 우리나라 사람들에게는 특히 이로운 식재료이다.

감자탕은 식재료를 쉽게 구할 수 있고 비싸지 않은 돼지 등뼈와 감자를 주재료로 만들어진 음식으로, 먹거리가 풍족하지 못한 시기에 서민들의 음식에서 이제는 기호식품으로 많은 대중이 즐겨 찾는 음식으로 자리 잡았다. 감자탕이 지금과 같이 친숙한 대중 음식이 된 것은 프랜차이즈 산업의 영향이 크다.

곱창구이

돼지 창자는 소장, 대장(대창), 막창 순서로 이루어져 있다. 돼지 곱창은 돼지의 소장을 말한다. 소의 창자 중에서 소장은 곱창, 대장은 대창이라 한다. 소와 돼지 곱창의 차이점은, 소의 곱창은 기름기가 많고 속에 있는 곱을 그대로 사용해서 요리를 하지만, 돼지의 곱창은 창자를 뒤집거나 갈라 세척한 후에 사용하기 때문에 맛과 요리 방식에 차이가 있다. 돼지 곱창의 경우 외국에서는 내부의 점막 물질을 제거한 후 주로 소시지의 케이싱 재료로 사용한다. 돼지 곱창은 창자 중에서 가장 얇은 부위로, 가늘고 막이 약해서 붙어 있는 내장지방을 떼어내다 보면 훼손되기 쉽다. 우리나라에서는 순대 외피로 많이 쓰이며, 순댓국의 주재료로 사용된다.

소곱창은 콜라겐이나 엘라스틴 같은 탄력섬유가 많은 것이 특징이다. 고단백 저콜레스테롤 식품인 곱창은 씹는 맛도 쫄깃쫄깃하며, 소화효소를 많이 함유하고 있어 소화·분해 작용이 뛰어나다.

곱창구이를 맛있게 먹으려면 잡내를 제거하고 육질을 부드럽게 만드는 것이 관건이다. 곱창은 결체조직단백질과 소화효소를 많이 함유하고 있기 때문에 특유의 냄새가 난다. 따라서 이 특유의 냄새가 안 나게 조리하는 것이 중요하다. 그러기 위해서는 우선 찬물에 담가 핏물과 이물질을 충분히 제거하고, 밀가루 등을 사용하여 주무르거나 마늘 또는 생강으로 잡냄새를 없앤다. 그런 다음 곱창 안에 물을 흘려보내 장내 이물질이 빠져나오게 한다. 이때 곱창의 맛을 좌우하는 곱이 빠져나오지 않도록 양쪽 끝을 묶고 표면의 두꺼운 지방분을 손질해 조리에 이용한다. 소곱창 안에 있는 '곱'은 소장 내의 노폐물과 분비물(소화액 등)이 고형화된 것이다. 곱창은 씹는 맛이 쫄깃쫄깃한 데다 그 안에 든 곱의 맛이 고소해서 미식가들이 찾는 음식이다.

1983년에 나온 조리서 『육류요리』에 소개된 곱창구이 조리법은 다음과 같다. 곱창에 붙은 기름을 떼어내고 잘라서 소금을 골고루 뿌려 잘 주무른 후, 물로 곱창의 속과 겉을 씻고 물기를 빼둔다. 손질한 곱창에 군데군데 칼집을 낸다. 곱창에 참기름, 후추, 소금을 치고 잘 주무른다. 센 불에 석쇠를 달구어서 기름을 살짝 바른 다음 곱창을 골고루 펴놓고 뒤집어가며 굽는다. 불이 약하면 곱창 표면의 단백질이 빨리 굳어지지 않아 속에 있는 육즙이 흘러나와 맛이 떨어지므로 센 불에 굽는다.

소 내장육을 이용한 우리 음식을 연구한 결과에 따르면, 서민층뿐만 아니라 궁중에서도 내장육이 중요한 식재료로 사용됐다. 내장 특유의 냄새를 잡기 위해 파, 마늘, 생강, 후추, 고추, 산초 등 향신료를 사용했다. 곱창은 다른 살코기에 비해 철분과 비타민이 풍부하고, 가격도 저렴하며, 맛도 독특해서 허약한 사람이나 환자의 병후 회복식, 보신 요리에 이용하면 좋다.

김치찌개

현재 우리나라 국민이 가장 선호하는 음식은 김치찌개라는 조사 결과가 있다. 일부는 된장찌개가 아닌가 생각하겠지만, 정도의 차이가 크지는 않아도 김치찌개가 한 수 위이다. 찌개는 오늘날 우리나라 음식에서 차지하는 비중이 매우 크다. 찌개의 역사는 조선시대 조리서에는 보이지 않다가 조선 말기에 편찬된『시의전서(是議全書)』에 '조치'란 이름으로 비로소 등장하는 것으로 보아 이 음식 이름이 이 무렵에야 국에서 분화되어 나온 것으로 짐작된다.

조치는 찌개를 뜻하는 궁중 용어로 알려져 있으며, 김치찌개는 김치조치라고 하였다. 김치조치 조리법은 이렇다. 먼저, 김치를 썰어서 뚝배기에 담는다. 소고기와 편육은 채로 썰어서 깨소금, 후춧가루, 참기름 등으로 양념하여 뚝배기에 담고 물을 부어서 장조림간장으로 간을 맞춘다. 파를 썰어서 위에 얹고, 밥솥에 중탕으로 쪄가지고 먹을 때에 다시 한 번 잠깐 끓여서 상에 내놓는다.

김치조치의 조리법에는 찌개에 이용된 김치의 숙성도에 대한 언급이 없지만, 오늘날 김치찌개는 신 배추김치를 활용해 만든 국물 음식이다.

이때 신 김치는 대개 김장김치를 말한다. 『여성동아』 1977년 12월호의 별책 「김장백과」에 신 김치로 만드는 음식 12종을 소개하고 있다. 그중 하나가 김치찌개다. 만드는 법을 보면, 신 김치는 물에 한 번 살짝 씻은 다음 4~5cm 길이로 썰어서 냄비에 담는다. 돼지고기도 얄팍썰기를 하여 신 김치와 함께 기름을 두른 냄비에서 볶는다. 여기에 표고, 찐 어묵 썬 것, 파, 다진 마늘을 함께 넣어 볶다가 물을 조금 붓고 간을 맞춘 후 뚜껑을 덮어 익힌다. 푹 익힌 다음 뜨거울 때 상에 올리면 맛깔스러운 김치찌개가 된다고 한다. 생강을 넣어서 끓이면 더욱 맛이 좋아진다고 했다.

최근 선풍을 일으키며 인기를 끌고 있는 김치찌개가 있다. 바로 묵은지 김치찌개다. 보통 6개월 이상 저온에서 김치가 숙성되면 신맛은 적고 특유의 발효된 맛이 강한 묵은지가 만들어진다. 여기에 돼지고기 살점을 두툼하게 썰어넣거나, 꽁치 또는 고등어 같은 생선을 푸짐하게 넣어서 끓이면 밥도둑 김치찌개가 완성된다. 김치찌개는 동치미 무나 깍두기, 먹다 남은 김치에 된장과 고추장을 풀면 구수한 맛이 나고, 멸치 대신 돼지고기나 돼지갈비를 넣고 끓이면 한겨울 영양식이 된다. 김치찌개는 처음부터 물을 붓고 끓이면 김치가 물러져 맛이 덜하다. 기름을 조금 넣고 먼저 센 불에서 볶는 것이 비법이다. 김치가 부드러워지면 그때 물을 붓고 불을 줄여서 김치가 푹 무르도록 끓인다. 간은 김칫국물로 해야 국물 맛이 더욱 깊어진다.

김치찌개는 된장찌개 다음으로 한국 사람들이 일상음식으로 즐겨 먹는 대표 찌개류다. 김치는 한국의 대표 저장식품이자 발효식품으로, 한국 사람들이 끼니마다 반찬으로 먹는 음식이다. 김치찌개는 김치와 연관된 한국인의 입맛을 보여준다. 김치찌개는 먹고 남은 김치나 신 김치도 버리지 않고 다른 음식으로 활용해서 먹는 생활의 지혜를 엿볼 수 있는 음식이다. 영양 면에서는, 한국 사람들의 식생활이 곡물과 채식 중심이었음을 고려할 때 김치찌개는 김치에 돼지고기, 두부 등 단백질 식품을 함께 조리함으로써 영양소를 보충할 수 있는 역할도 한다.

돈가스

돈가스는 돼지고기를 썰어 간을 한 뒤 밀가루, 빵가루, 달걀 등의 튀김옷을 입혀 튀긴 요리이다. 이 돈가스의 유래는 슈니첼(Schnitzel)로 이야기되는데, 이는 18세기부터 오스트리아에서 먹던 송아지 튀김 요리이며, 이것이 유럽 전역에 널리 알려져 대중적으로 즐겨 먹는 음식이 됐다. 프랑스에서는 코틀레트(Cotelette, Pork cutlet)라는 이름의 음식이었는데 이것이 일본의 메이지 시대인 1872년경에 일본에 전파됐다. 얇게 썰어낸 돼지고기를 기름에 튀긴 이 음식을 포크 가쓰레쓰(カツレツ)라고 부르다가 1929년에 도쿄의 한 식당에서 돈가쓰(豚カツ)라는 이름을 사용하기 시작했다. 돼지를 뜻하는 '포크'는 돼지 돈(豚) 자로, '커틀릿'은 일본식 발음으로 가쓰레쓰(カツレツ)로 부르다가, 줄여서 돈가스(豚かつ)라 하게 됐다.

우리나라에 돈가스가 처음 들어온 것은 1930~40년대이지만, 본격적으로 알려지기 시작한 것은 1960년대 경양식집이 생기기 시작한 때로 보는 것이 맞다. 한국의 돈가스는 일본과 달리 잘려 있지 않고, 고기를 두드려 넓게 편 '왕돈가스'의 형태로 푸짐해 보이는 효과가 있었다. 여기에 밥, 수프, 김치, 국, 고추, 단무지, 샐러드 등을 곁들이는 방식으로 한국의 돈가스가 만들어졌다.

1970~90년대 전국에 걸쳐 성행한 경양식집은 돈가스가 당대의 대

표 외식 메뉴로 자리매김하는 데 큰 역할을 했다. 특별한 날에 가족들과 함께 먹는 음식, 데이트할 때 큰맘 먹고 가서 근사하게 먹는 음식 등의 이미지로 돈가스는 대중의 사랑을 받았다. 이후 2000년대에 들어 여러 국가의 음식들이 한국에 들어오면서 '서양식' 음식점이라는 독점적인 지위를 가지던 경양식집은 쇠퇴해갔다. 이 시기부터 돈가스도 기사식당, 분식점 등으로 자리를 옮기며 저렴하고 양 많은 대중 음식으로 인식되기 시작했다. 현재는 돈가스 형태를 크게 세 가지로 나눌 수 있는데, 첫째는 일본식 돈가스로 '정통'을 강조하는 방식의 외래 음식이다. 둘째는 과거 경양식 스타일로 든든하고 맛있는 한국식 돈가스이다. 이는 과거의 향수를 느끼기 위한 사람들이 많이 찾는다. 셋째는 기사식당, 분식집, 뷔페의 돈가스로, 저렴하지만 인기가 많다.

유럽에서 일본을 거쳐 한국에 전파된 음식인 돈가스는 서양 음식이자 일본 음식이며 한국의 음식이기도 하다. 음식을 비롯한 문화는 전파되면서 변용되어 현지화해가기 마련이다. 소고기 요리인 슈니첼이 돼지고기 튀김인 포크커틀릿이 되고, 이것이 고기를 먹지 않던 일본인들이 거부감 없이 고기를 먹기 위해 튀김이라는 조리법을 택하며 포크가쓰레쓰가 됐다가, 한국에 와서는 김치와 함께 먹는 돈가스가 됐다. 돈가스의 유래와 역사를 통해 문화 전파의 일면을 보게 된다. 한편 문화를 이해하기 위해서는 그 문화가 스며든 음식을 맛보아야 한다.

돼지갈비

돼지갈비는 돼지 제1 갈비뼈에서 제4 또는 제5 갈비뼈까지의 부위를 분리하여 정형한 것으로, 쫄깃한 씹는 느낌과 고소한 맛이 난다. 돼지갈비는 소갈비보다 육질이 더 부드럽고 육색이 더 밝은 선홍색을 띤다. 돼지갈비구이의 경우 소갈비와는 달리 질기지 않고 육질이 연해 맛이 있으며, 구우면 윤기가 도는 갈색의 요리가 식욕을 자극한다. 3개월 정도 된 암돼지의 갈비가 가장 연하고 맛있으며, 고기 결이 매끈하고 탄력이 있다. 돼지갈비는 기름이 많지 않은 것이 좋다. 갈비는 질긴 근막이 겉을 감싸고 있는데, 조리를 위해서는 이것을 제거해야 한다. 또한 표면에 붙어 있는 기름을 얄팍하게 저며서 떼어내고, 찬물에 담가서 핏물을 뺀 다음 생강즙과 청주에 1시간 정도 재워 요리에 이용한다.

1960년대 일간 신문에 보도된 돼지갈비 조리법은 '튀김'(동아일보 1960.3.31, 1962.12.12), '조림'(경향신문 1963.9.3), '전골'(경향신문 1969.3.17) 등으로 다양했다. 하지만 오늘날 구이로 많이 먹는 것에 비해, 과거 조리서에서는 돼지갈비를 주로 찜용으로 많이 소개했다.

『이조궁정요리통고(李朝宮庭料理通考)』(1957)에서 '돼지가리(갈비)'는 찜의 재료로 소개했고, 구이로는 '돼지족'이 수록되어 있다. 『한국음식』(1988)에서는 "돼지갈비는 연하므로 손쉽게 요리할 수 있고 고소한 얄은 맛이 있어 여름철 음식으로 적합하다"라고 하고, 돼지갈비 찜 요리 과정을 다음과 같이 소개하고 있다. "돼지갈비를 3cm 정도로 자르고 기름기를 제거한 뒤, 파, 마늘, 간장, 고춧가루, 후춧가루, 설탕을 갈비에 골고루 조미하여 잠깐 볶다가 물을 붓고 끓인다. 고기가 익은 후 풋고추를 넣고, 국물이 거의 다 조려진 뒤에 남은 양념을 넣은 다음 뜸을 들여 윤기를 낸다."

이 밖에도 이 조리서에서는 돼지갈비를 이용하는 음식으로 '돼지갈비튀김찜'이 기록되어 있다. 한편 구이용 돼지고기 부위로는 갈비보다 등심, 방앗살, 뒷다리를 추천했다. 『한국의 요리』(1983)에서 소개한 돼지갈비구이 요리 과정은 다음과 같다. "토막낸 갈비에 칼집을 많이 넣은 다음, 간장과 고추장, 설탕, 고춧가루, 파, 마늘, 생강, 깨소금, 참기름, 청주, 후춧가루로 만든 양념장을 붓고 고루 배도록 주무른다. 그리고 뜨겁게 달군 석쇠에 얹어 잘 굽는다."

1950년대 중반에 서울 마포구 일대에서 당시로는 생소했던 돼지갈비를 미군이 쓰던 드럼통 위에서 구워 파는 식당이 생겨나기 시작했다. 이후 돼지갈비구이는 외식 메뉴로 점차 인기를 얻었다. 1997년 4월 4일 자 경향신문 기사에는, 1990년대 후반에 신촌 그레이스백화점 맞은편에 있는 신촌 첫 골목이 돼지갈비타운으로 바뀌었다며 직장인들이 숯불구이 철판에 둘러앉아 돼지갈비를 구워 먹는 모습을 보도하고 있다. 또한 서양식 돼지갈비구이인 '바비큐 립'을 대표 메뉴로 하는 패밀리 레스토랑이 1995년 압구정점 개업을 시작으로 우리나라에 들어와 색다른 돼지갈비구이를 선보이기도 했다. 이처럼 돼지갈비 조리법이 찜 위주에서 구이로 보편화하는 과정은 외식산업의 발달과 맞물려 있다.

돼지국밥

돼지국밥의 유래는 고려시대에 왕이 백성들에게 돼지고기와 개고기를 나눠준 것에서 비롯됐다는 설, 6·25전쟁 때 피난민들이 돼지로 설렁탕을 만든 것에서 비롯됐다는 설이 있다. 특히 전쟁 발발로 미군이 주둔하면서 미군부대에서 나오는 각종 육류의 부산물과 재료를 이용한 국밥집이 들어서기 시작했다. 1960년대 초까지만 해도 돼지국밥은 거의 없었다. 돼지국밥은 6·25전쟁 때 미군부대 주변에서 여러 가지 고기류를 넣고 만들어 먹던 국밥을 말한다. 원래는 가리국밥 같은 북한 음식이었지만, 월남하여 부산으로 피난 온 북한 사람들이 정착하면서 경상도 고유의 음식으로 고착화한 것으로 보는 것이 타당하다. 이를 뒷받침하는 것으로서 서울, 경기, 충청 등지에서는 순대국밥이나 소머리국밥은 많지만 돼지국밥은 거의 없고, 부산, 밀양, 대구를 중심으로 한 경상도 지역에서는 흔히 볼 수 있는 음식이 돼지국밥이기 때문이다.

돼지국밥은 부산, 창원, 밀양, 대구 등 경상도 지역에서만 맛볼 수 있는, 지역성이 강한 향토 음식이다. 정확한 문화적 유래를 발견하기는 어렵지만, 오랜 세월 이어져온 탕반 문화에서 시작된 것으로 추론할 수 있다. 1950~60년대 급속히 확산된 돼지국밥은 6·25전쟁 중 피난민들이 소뼈 대신 구하기 쉬운 돼지 부산물로 설렁탕을 만든 데서 뿌리 내린 것이다. 돼지뼈로 우려낸 육수에 고기를 넣고 밥을 말아 먹는 방법은 부산을 비롯한 경상도 일대에만 퍼져 있는 음식이다. 사골 육수에 밥을 말아 먹는 전통 방식의 탕반 문화가 전쟁과 피난을 배경으로 탄생하여 부산의 역사와 함께 계승된 음식이라 할 수 있다. 돼지뼈와 내장, 수육 등을 이용하므로 맛이 깊고 진하며 소고기보다 돼지고기 소비가 많아 돼지고기 수급이 원활하고, 고기를 먹고 난 부산물인 뼈를 이용하므로 가격이 저렴한 경제적인 음식이다. 칼슘, 단백질 등 다양한 영양소가 많이 함유되어 있어 서민들의 쓰라린 속을 시원하게 풀어주는 해장 음식이면서 한 끼 식사로 든든한 서민 음식으로 자리 잡게 됐다.

돼지국밥은 향신료와 내장을 다소 많이 넣는 '대구식', 설렁탕을 연상시키는 뽀얀 색깔의 국물로 대표되는 '밀양식', 곰탕식의 맑은 국물로 대표되는 '부산식' 등으로 구분된다. 넓은 의미에서 돼지국밥의 종류로는 돼지국밥, 내장국밥, 순대국밥이 있다. 돼지국밥에는 수육만, 내장국밥에는 내장만, 순대국밥에는 순대와 수육을 함께 넣는데, 수육과 내장이 섞인 섞어국밥이 있고, 수육, 순대, 내장이 다 들어가는 국밥도 있다. 돼지국밥의 조리 과정은 대부분 뚝배기에 밥을 먼저 담고 삶아놓은 수육을 넣어 육수로 토렴하지만, 따로국밥은 삶아놓은 수육을 그릇에 담아 육수로 토렴하고 밥은 따로 제공한다. 돼지국밥의 주재료는 도살 직후의 돼지 사골(갈비뼈, 등뼈) 및 돼지고기, 내장 등을 부위별로 구입하여 이용한다. 주로 80~100kg의 암돼지를 이용하고 있다.

돼지 특유의 냄새를 없애는 방법으로는, 소주를 수시로 넣고 된장이나 생강을 함께 넣기도 한다. 이와 같이 육수에 된장, 간장, 생강 등을 이용하면 돼지 냄새를 억제하는 동시에 독특한 맛을 내기도 한다. 육수는 대부분 갓 잡은 돼지의 사골을 이용하며, 때로는 냉장 사골을 이용하기도 한다. 냉동 사골은 건조되어 있어 육수의 질이 저하되므로 거의 사용하지 않는 것이 정설이다. 사골 육수의 색은 맑은 우윳빛을 나타내고, 고기 비율이 많아질수록 육수 색은 우윳빛이 약해지고 맑아진다.

돼지국밥 한 그릇의 열량은 480킬로칼로리 정도로, 함께 나오는 반찬들을 포함하여 한 끼에 약 500킬로칼로리이다. 열량은 높지 않은 반면에 고기의 단백질, 육수의 칼슘, 밥의 탄수화물에다 반찬에 비타민과 무기질 등이 포함되어 있어 기초 식품군을 고루 갖춘 건강식이다.

두루치기

두루치기는 냄비에 돼지고기, 오징어, 두부 등을 썰어 넣고 각종 채소와 함께 볶다가 물을 조금 부어 자작하게 끓인 음식이다. 일반 조리법상 볶음에 속하며, 국물의 양은 찌개와 볶음 중간쯤이다. 2008년에 나온 『한국의 전통 향토 음식-경북』에서는 소고기, 콩나물, 버섯, 박고지 등을 이용하는 '두루치기국'이라는 음식도 볼 수 있다.

두루치기라는 용어가 언제 어떻게 생겨났는지에 대해서는 여러 주장이 있다. 우선 두루치기의 원 뜻은 "한 가지 물건을 여기저기 두루 쓰는 것"을 의미하니 두루치기 음식이란 두루두루 누구에게나 구미에 맞는 음식을 의미한다는 주장이 있다. 또는 음식점에서 시작된 이름이라는 주장도 있다. 충청도 지역에서 '두루치기'라는 음식 용어를 널리 퍼뜨린 식당으로 대전의 '진로집'을 꼽는다. 1969년에 문을 연 이 식당에서 손님들이 술안주로 만들어준 두부 요리를 좋아해 식당 주인에게 '두부를 맛있게 매 쳐라, 때려라, 매 때려라, 두루 쳐 내와봐라'라고 주문하다가 '두부두루치기'라는 이름을 붙이게 돼 이 말이 일반화된 것이라고도 한다.

1966년판 『국어대사전』(민중서관)에 수록된 두루치기의 뜻은 "조개, 낙지 같은 것을 슬쩍 데쳐서 양념을 한 음식"이라고 했다. 이후에 발간된 국어사전에도 비슷한 뜻이었다가, 1994년판 『새국어사전』(동아출판사)에는 "돼지고기, 조갯살, 낙지 따위를 슬쩍 데쳐서 갖은양념을 한 음식"이라고 하여 '돼지고기'가 등장한다. 하지만 '슬쩍 데친' 음식이라는 점에서 현재의 두루치기와는 다르며, 구체화된 설명이 없어 어떤 음식이었는지 정확히 알 수가 없다.

두루치기는 지역마다 그 나름의 색깔을 띠면서 전해진다. 충청도 지역에서는 1990년대 중반 두부두루치기가 대전 지역을 중심으로 인기를 모았다. 1994년 8월 26일 자 경향신문은 "대전의 명물로 꼽히는 음식이 두루치기다. 두부두루치기는 두부와 소고기, 쇠 간, 무, 배추 속대, 버섯, 호박고지 등을 함께 볶는 모둠 요리이다. 고춧가루 등 갖은 양념을 듬뿍 넣고 볶기 때문에 매콤하고 담백한 맛이 일품"이라고 했다. 한편 전라도 지역에선 소고기, 내장 등을 재료로 해 화려한 고명을 얹어 만드는 음식이었다. 그리고 경상북도 안동의 양반가에서 유래됐다는 경상도식 두루치기는 갑작스레 방문한 손님을 위해 각종 채소와 채로 썬 소고기를 넣어 센 불에 전골 방식으로 재빨리 끓여내는, 약간의 국물이 있는 음식이다. 그러나 시대 흐름에 따라 돼지고기와 콩나물, 풋고추, 양파, 고추장 등을 넣고 끓여 만든 음식으로 변형됐다고도 한다. 1972년 2월 4일 자 동아일보 기사에서는 경상도식 두루치기를 "김치를 빤 뒤 세겹살의 돼지고기를 넓적넓적하게 썰어 고추장, 마늘, 생강을 넣은 양념장과 함께 팬에 볶는다"라고 했다. 그런데 1976년 조리서 『한국요리』의 '경상도 두루치기'는 또 다른 조리법을 소개하고 있다. "돼지고기 대신 소고기, 처녑, 간 등을 곱게 채 썰고 볶은 뒤 콩나물, 무, 버섯, 배추, 박고지 등과 함께 모두 섞어 실고추, 후추, 깨, 설탕 등으로 양념하여 버무린 다음 밀가루를 푼 국물을 조금 붓고 걸쭉하게 끓인다"고 했다.

일반에 알려진 돼지고기 두루치기 만드는 법은 돼지고기를 비계까지 포함하여 깍둑썰기를 하고, 익은 김치를 썰어서 함께 넣어 김칫국물을 자작하게 부어 끓인 다음 고기와 김치가 거의 익으면 마늘과 파를 썰어 넣고 설탕을 살짝 넣어 볶아 국물이 자작하게 될 때까지 졸인다. 그리고 두부두루치기 조리법은, 두부는 1cm 두께로 썰고 돼지고기는 납작하게 썬다. 고추장, 고춧가루, 간장, 다진 파, 생강, 깨소금, 후추, 참기름을 넣어 양념장을 만든다. 냄비에 식용유를 두르고 돼지고기를 볶다가 양념 푼 육수를 넣고 끓이면서 표고, 대파, 청홍고추를 넣는다. 주재료에 따라 돼지두루치기나 두부두루치기, 삼겹살두루치기, 오징어두루치기, 닭두루치기 등으로 다양하게 불린다.

두루치기는 육류와 채소류를 함께 볶아 먹는 음식으로, 자작한 국물이 있어서 밥반찬이나 술안주로도 적당한 음식이다. 돼지두루치기는 돼지고기를 채소와 함께 볶다가 양념을 넣어 조린 음식으로, 고기를 양념으로 재운 다음에 굽는 돼지불고기나 제육볶음에 비하면 원재료의 맛을 더 느낄 수 있다. 고기와 채소 등 구하기 쉬운 재료를 두루두루 넣어 양념하여 하나의 음식이 되도록 쉽게 만드는 볶음에 가까운 음식이다.

몸국(몸국)

제주도 지역 향토 음식으로 대표할 만한 음식 중 하나가 몸국(몸국, 모자반국)이다. 몸(몸)은 녹조류로, 섬이라는 특성상 제주도 어디에서든 바닷가에 가면 얻을 수 있다. 바다에서 채취한 몸은 바닷가 현무암 위에 걸쳐 말린다. 염분이 흡수되어 있으므로 오랫동안 말리더라도 상하지 않는다. 이것을 보관했다가 집안에 대사가 생기면 꺼내 민물에 담가둔다. 그러면 서서히 염분이 빠지면서 부피도 늘어난다. 만약 몸의 염분을 제대로 제거하지 않으면 바닷물로 간을 맞춘 듯이 몸국 국물이 짜면서 쓰다.

몸국을 끓일 때 더욱 맛있게 하려면 돼지 내장 일부와 미역의 대가리 부분인 미역귀를 잘게 썰어 넣는다. 그러면 국물만 먹는 것이 아니기에 식감이 있다. 국물이 너무 맑다고 생각되면 메밀가루를 풀어 넣기도 한다. 대개 국물을 연하게 하여 먹는 것이 보통이지만, 취향에 따라 걸쭉하게 만들어 먹는다. 이런 주변 재료가 들어가는 이유는 돼지고기 국물이 짙어 느끼하기 때문이다. 지방을 자주 섭취하지 못하던 과거에 제주도 지역 사람들은 기름기가 뜬 국물을 그대로 먹었으나, 요즘은 기름기를 빼고 신 김치나 시래기를 넣어 먹기도 한다.

혼례나 상례를 치르기 위해서는 돼지를 도살한다. 돼지 도살은 아무나 할 수 있지만 죽은 돼지를 해체하는 일은 경험 있는 자가 맡는다. 돼지를 해체해서 큰 솥에 넣고 불을 붙여 삶는다. 그사이에 남자들은 돼지 간과 내장을 안주로 술을 나눠 마시며 대사에 협조할 계획을 세우기도 한다. 그동안 내장을 활용하여 순대를 만들고, 완성된 순대를 솥에 함께 넣어 삶는다. 돼지의 선지를 넣기도 한다.

이렇게 도살한 돼지의 뼈와 고기, 내장, 순대를 함께 넣어 삶으니 그 국물은 진할 수밖에 없다. 고기가 적당히 익으면 건져내고, 뼈는 오래도록 삶는다. 돼지기름이 두껍게 뜬 국물은 다른 요리를 할 때 육수로 사용할 수 있지만, 바로 먹기에는 느끼하여 비위가 상하기 마련이다. 이를 조화시키기 위해 넣는 채소에 해당하는 것이 몸이다. 미리 민물에 염분을 뺀 몸을 돼지고기를 삶은 솥에 넣어 끓이면 완성된다. 몸은 돼지고기 지방 흡수를 지연시켜주는 기능을 한다. 돼지기름의 느끼함을 제거하기 위해 배추, 쪽 파, 무, 양파, 풋고추, 마늘, 생강 등을 넣어 먹기도 한다.

해조류와 돼지기름이 섞인 국물은 조금 부드러워진다. 제주도 사람들은 단백질과 지방을 섭취할 수 있는 기회가 부족하기 때문에 돼지를 삶은 국물도 버리지 않고 음식으로 재생산하여 활용했다. 햇몸을 돼지고기 삶은 육수에 넣어 갖은양념을 하면 몸국이 돼지기름과 해조류가 어울려 맛이 있다. 제주도 사람들은 이 맛을 '배지근하다'고 표현하며, 가장 맛있는 몸국이라는 의미로 '참몸국'이라 한다.

몸국은 바다에서 채취한 식용으로 쓰는 몸을 돼지를 삶은 국물에 넣어 만드는 요리로, 일상음식은 아니다. 제주도 지역에서 돼지를 삶는다는 것은 집안에 대사를 치른다는 의미이기 때문이다. 대사는 혼례나 상례처럼 집에 많은 사람이 찾아오는 일이 생겼다는 것을 의미한다. 집에 온 손님에게 대접하기 위한 음식이니 특별한 음식이라 할 만하다.

불고기

불고기는 갈비구이와 함께 한국인이 가장 좋아하는 고기구이이다. 또한 외국인도 가장 좋아하는 구이 요리로, '코리안 바비큐'로 불리기도 한다. 그러나 문헌에는 1950년대에야 '불고기'가 처음 등장한다. 이때까지만 해도 문헌에 주로 나오는 것은 '너비아니'로, 이를 불고기의 원조로 보기도 하나 만드는 법에서 약간 차이가 난다. 즉 불고기는 한국 전통 육류구이의 맥을 잇는 대표 음식이지만 옛 문헌에서는 찾아볼 수 없다. 문헌에 가장 먼저 등장하는 것은 '불고기'란 단어가 표제어로 제시된 첫 사전인 한글학회의 『큰사전』(제3권, 1950년)이다. 1958년 이후 사전부터 너비아니와 불고기가 공존하다가 불고기가 더 우세해진 것으로 보인다. 1968년판 사전에는 너비아니가 사라지고 불고기만 나타났다.

그 후 1977년판 사전에 너비아니가 재등장하고, 현재까지 너비아니와 불고기가 공존하고 있다. 그리고 조리서상에 불고기라는 단어가 등장하는 것은 1958년 방신영의 『고등요리실습』이다. 여기서는 너비아니의 속칭으로 불고기를 규정했다. 이 시기 국어사전에서 너비아니는 '소고기를 얇게 저며서 양념하여 구운 음식', 불고기는 '구워서 먹는 짐승의 고기'로 의미가 서로 다르게 규정됐다. 1967년 『한국요리』와 1970년 『가정요리』까지도 너비아니와 불고기를 동일하게 본 음식으로 추정할 수 있다. 비로소 불고기가 독립된 명칭으로 등장한 것은 1972년 『생활

요리, 동양요리』였다. 이렇게 불고기가 늦게 등장한 이유는 불고기라는 단어가 너비아니의 속칭이며, 상스러운 이름으로 여겨졌기 때문이라고 보았다. 불고기가 완전히 대중화된 1972년이 되어서야 독립된 명칭으로 조리서에 등장한 것으로 보인다.

또 다른 견해로는 불고기는 광복 이전에 평안도 사투리에서 쓰인 단어이다가 1945년 광복 이후 평안도에서 피난민과 함께 서울에 내려온 것이라고 한다. 이의 근거로 김기림 시인이 1947년 잡지인 『학풍』(2권 5호)에 발표한 '새말의 이모저모'란 글 중에 "불고기라는 말이 한번 평양에서 올라오자마자 얼마나 삽시간에 널리 퍼지고 말았는가" 하고 광복 이후에 서울에서 불고기가 널리 퍼진 사실을 증언했다. 일부에서는 일본의 야키니쿠의 번안어로 보기도 한다.

그러나 이렇게 현대에 불고기라는 이름이 등장하지만, 불고기의 역사를 거슬러 올라가면서 우리나라의 전통 고기구이는 맥적(貊炙)에서 유래했다고 보기도 한다. 맥은 지금의 중국 동북 지역을 가리키는 말로, 옛날에는 고구려를 지칭하는 말이었다. 고구려는 유라시아 대륙에서 유목 생활을 하던 한 부족이 동쪽으로 이동하여 만주 남부 지역의 토착민과 함께 맥(貊)족을 형성하여 우리 조상이 된 것으로 전해진다. 유목민이어서 가축 요리 기술이 뛰어났으며, 주변에 야생하던 마늘이나 부추 등 채소를 장에 섞어 고기의 양념으로 이용한 것이라고 추측된다.

중국에서는 고구려족을 맥족이라 불렀고, 이들이 먹는 고기구이를 '맥적'이라 했다. 중국 진(晉)나라 때 쓰인 3세기경의 『수신기(搜神記)』에는 "맥적은 본래 북쪽 오랑캐의 음식인데 옛날부터 중국에서 귀중히 여겨 중요한 잔치에 먼저 내놓는다"고 나온다. 여기서 북쪽 오랑캐는 고구려인을 뜻하며, 맥적은 이들이 먹는 고기구이를 뜻한다. 맥적은 중국인의 고기 굽는 법과는 달리 미리 장(醬)에 부추나 마늘 등을 섞어 고기를 구웠기 때문에 맛이 달라서 이것을 귀하게 여긴 것으로 보인다. 그러나 이러한 고기 요리의 전통은 이후 약해진다.

고려시대에는 채식을 주로 했다가 고려 말 원나라의 침입으로 다시 육식을 즐기게 됐다. 특히 고려의 수도 개성에는 '설하멱(雪下覓)'이라는 고기구이가 명물로 전해져 내려왔다. 이는 이후 조선시대에도 많이 먹는 고기 요리가 됐다. 조선시대 농서인 『산림경제』(1715년경)의 치선(治膳) 편에 보면 '설하멱적(雪下覓炙)'이라는 말이 나온다. "소고기를 저며 칼등으로 두들겨 연하게 한 뒤, 대나무 꼬챙이에 꿰어서 기름과 소금을 바른다. 충분히 스며들면 뭉근한 불에 구워 물에 담갔다가 곧 꺼내어 다시 굽는다. 이렇게 세 차례 하고 참기름을 발라 다시 구우면 아주 연하고 맛이 좋다"고 했다. 일제 강점기인 1925년 나온 『해동죽지』에는 "설야적(雪夜炙)이란 개성부(開城府)에서 예부터 전해오는 명물로, 갈비나 염통을 기름과 훈채로 조미하여 굽다가 반쯤 익으면 냉수에 잠깐 담갔다가 센 숯불에 다시 굽는다. 눈 오는 겨울 밤 술안주로 좋고, 고기가 몹시 연하여 그 맛이 좋다"고 기록되어 있어, 설야적이 개성의 명물 고기 요리임을 밝히고 있다. 또한 조선 순조 때 조재삼(趙在三)이 엮은 『송남잡식(松南雜識)』에는, '설야멱(雪夜覓)'은 '눈 내리는 밤(雪夜)에 찾는다(覓)'는 뜻인데, 중국의 송나라 태조가 설야에 진나라를 찾아가니 숯불에다 고기를 굽고 있었다는 이야기에서 유래했다고 쓰여 있다. 이후 1800년대 말 저자 미상의 조리책으로 조선 후기의 다양한 음식이 잘 정리되어 있는 『시의전서(是議全書)』에서는 "정육을 잘게 저며 양념한 다음 불에 직접 굽는 것을 '너비아니'라 한다"고 했다. 또한 1939년 방신영의 『조선요리제법』에 '우육구이(너비아니)' 만드는 법이 나오는데, "고기를 얇게 저며서 그릇에 담고 간장(진간장)과 파 다진 것, 깨소금, 후추, 설탕을 넣고 잘 섞어서 불에 굽는다"고 하고 있다.

불고기는 이렇게 오래된 맥적의 맥을 이어 현대에 재창조된 고기 요리라고 할 수 있다. 현대 불고기는 진간장, 꿀, 다진 파, 다진 마늘, 후춧가루로 만든 양념장에 고기를 재웠다가 굽는데 달착지근한 맛이 난다. 과거 특별한 날이나 모임이 있을 때면 불고기를 많이 먹었다. 최근 불고기는 과거 소고기를 주로 사용하던 방식에서 벗어나 다양한 재료로 만드는 불고기가 등장하고 있다. 예를 들어 염소를 양념하여 재웠다가 불에 굽는 염소불고기, 오리를 이용한 오리불고기, 닭을 이용한 닭불고기가 있다. 한국인들이 좋아하는 삼겹살과 오징어를 식재료로 응용된 오삼불고기도 등장했다. 불고기는 주물로 만드는 불고기판에 주로 굽지만, 석쇠를 이용해서 굽는 경우 석쇠불고기라고 특별히 부르기도 한다. 이 밖에도 연탄에 직접 굽는 연탄불고기도 있다.

최근에는 뚝불고기 혹은 뚝배기불고기라는 음식이 식당에 등장했다. 이는 불고기가 뜨거워야 맛있기 때문에 먹는 내내 뜨겁게 하기 위해 뚝배기에 불고기를 담아서 파는 새로운 형태의 불고기 요리이다. 뚝배기에 불고기를 담고 육수를 넉넉하게 부어 끓여 낸 음식으로, 고기의 빡빡한 맛이 없고 육즙에 양념이 더해진 감칠맛이 난다. 뚝배기는 불 위에 직접 올려놓고 음식을 끓여도 깨지지 않아 뜨거운 상태 그대로 밥상에 올릴 수 있으며, 한번 뜨겁게 데워지면 잘 식지 않아서 식사가 끝날 때까지 음식 온도를 따뜻하게 유지할 수 있다는 장점이 있다.

불과 20~30년 전까지만 해도 불고기는 전골 형태로 많이 먹었다. 불고기판의 우묵한 곳에 채소를 담았고, 가장자리에 양념한 고기를 얹어 익혀 먹었다. 그런데 세월이 지나면서 사람들은 국물에 밥을 비벼 먹는 대신, 고기만 먹는 형태를 선호하는 듯하다. 하지만 양념이 제대로 밴 불고기 국물 맛을 잊지 못하는 사람들이 뚝배기에 불고기를 끓여서 국물 맛까지 즐기는 형태로 발전한 것으로 보인다.

1   강태숙, 『제주 축산사』, 아열대농업생명과학연구소, 2007, p.81.

2   강태숙, 『제주 축산사』, 아열대농업생명과학연구소, 2007, p.133.

3   강태숙, 『제주 축산사』, 아열대농업생명과학연구소, 2007, p.142.

4   강태숙, 『제주 축산사』, 아열대농업생명과학연구소, 2007, p.146.

5   한겨레, '천연기념물 제주 흑돼지와 식당용 제주 흑돼지가 다른 점?', 2015.3.

6   윤광봉, 〈12띠의 민속과 상징-돼지띠〉, 국학자료원, 1998.

7   한국문화재보호재단, 『한국음식대관』, 한림출판사, 1997.

한국문화재보호재단, 『한국음식대관2』, 한림출판사, 1999.

황혜성, 『한국요리』, 대학당, 1993.

황혜성, 『한국요리백과사전』, 삼중당, 1976.

한국민족문화대백과(https://encykorea.aks.ac.kr/)

한국콘텐츠진흥원, 문화콘텐츠닷컴(http://www.culturecontent.com/main.do)

한식재단(www.hansik.or.kr)

돼지의 품종, 맛, 영양

한국, 북한, 우리가 소비하는 세계의 돼지까지

개량과 양돈의 역사

우리 재래돼지는 체구가 작고, 식용으로서의 생산성이나 경제성이 낮은 편이었다. 일제 강점기에 일제는 우리나라 돼지의 품종 개량에 힘썼다. 하지만 일제가 품종 개량에 힘쓴 진짜 이유는 조선의 한우를 수탈해가고 대체재로 돼지고기를 공급하기 위해서라기보다는 돼지 사육의 확대를 통해 채비 생산을 늘려 농업 생산을 높이고자 한 것이다. 한반도를 군수물자 보급기지로 만들기 위해 쌀 생산을 극대화함과 동시에 양돈 개량에 적극적이었다.

일제는 1920년대 초반부터 우리나라 돼지의 경제적 가치를 높인다는 목표 아래 영국의 버크셔종을 들여오기 시작했다. 일본의 종돈장에서 100마리를 수입해 우리나라 재래종과의 누진번식을 한 것으로 확인된다. 1927년 당시 돼지 증산 정책에 관한 기사를 보면, 조선 내의 돼지 사육 마릿수는 150만 마리로 조선 재래돼지가 87만4859마리, 버크셔 잡종 6811마리, 요크셔 잡종 6900마리, 중국 품종 2만7015마리, 기타 5431마리였다.

또한 조선에서는 퇴비 마련을 위한 양돈이 왕성하기 때문에 총독부는 버크셔와 조선 재래종을 교잡해 번식한다는 방침을 정했다. 이렇게 교잡해 만든 품종은 풀을 사료로 이용해도 충분히 사육할 수 있을 뿐만 아니라, 조선 재래종에 비하면 체중이 현저히 증대된다고 기록돼 있다. 일제 강점기 버크셔와의 교잡종이 현재 우리나라 사람들이 우리 재래종이라고 알고 있는 흑돼지 품종이다. 물론 재래돼지도 흑색종이 다수였지만 소형 품종이다 보니 체격 면에서 우리가 상상하는 돼지와는 너무나도 다르다. 현재 우리나라에서 키우는 삼원교잡종(LYD)이나 1960년대 많이 키웠던 요크셔 품종이 흰색 계열이기 때문에 흰색 돼지는 외래종, 흑돼지는 재래종이라는 인식이 생겨났을 수도 있다.

돼지 사육의 전환기

1950년 발발한 6·25전쟁은 돼지 사육의 역사를 송두리째 뒤흔들어놓았다. 사육 마릿수는 16만 마리로 사상 최하로 떨어졌지만, 우리나라의 재래돼지가 개량종으로 전면 교체되는 계기이기도 하다. 전쟁의 아픔으로 고통받는 가운데 전 세계적인 구호와 도움의 손길이 국내 양돈산업에 큰 영향을 미쳤다. 전쟁이 끝난 직후 이재민과 빈민을 구제하기 위한 미국 기독교봉사회의 물자 제공 프로젝트에 따라 미국의 아이오와주에서 듀록종과 햄프셔종 새끼 돼지가 우리나라에 처음으로 들어왔다. 1950년대 중반에는 또다시 미국으로부터 체스터화이트종과 폴란드차이나종 등이 입식되는 등 다양한 품종이 반입되었다.

1963년 축산시험장은 버크셔와 랜드레이스, 햄프셔 등 3가지 품종의 종돈을 미국에서 수입해 능력 검정을 시행했는데, 랜드레이스종이 다른 품종보다 우수한 것으로 나타나 이때부터 백색의 랜드레이스종이 국내에 널리 보급되기 시작했다. 이에 따라 그동안 돼지 품종으로 검은색만 선호하던 농민들의 인식도 달라지기 시작해서, 돼지라면 으레 검정 돼지를 연상하던 것이 백색으로 바뀌는 계기가 되기도 했다.

1970년대는 일본으로의 돼지고기 수출과 국내 경제성장에 따른 육류 소비량 증대 등에 힘입어 국내 양돈산업이 급격히 성장한 시기이다. 이때 국내 돼지 사육 마릿수가 증가하여 양돈장의 경영 규모가 확대되기 시작했다. 이전까지 관이 주도했던 종돈 수입과 국내 공급은 대기업이 직접 종돈을 수입하는 형태로 변모했고, 그 양도 기하급수적으로 늘었다.

1970년대 들어 돼지고기의 소비 형태도 변해서, 이전까지만 해도 지방 축적이 많고 다른 품종에 비해 성장이 빠른 지방형(Lard type)을 선호했지만, 이후에는 지방이 적은 살코기형(Meat type)을 선호하기 시작했다. 이에 따라 1970년대 초반만 해도 랜드레이스, 버크셔, 햄프셔 등 삼원교배종을 가장 우수한 교잡종으로 선택했으나, 후반에는 모계로는 랜드레이스종과 대요크셔종을, 부계로는 듀록종이나 햄프셔종을 이용하는 체계로 변환하게 된다. 이후에는 햄프셔종의 선호도가 점차

＊ 미국의 경우, 제2차 세계대전이 종식되던 1945년을 전후로 육류 선호 구조가 급변했다. 즉 소고기와 닭고기 소비가 늘고 돼지고기(Lard type, 지방형) 소비는 상대적으로 줄어든 것이다. 전쟁 종식 후 사회 안정과 경제 부흥으로 이농 현상이 급진전하면서 농촌 인구는 감소하고 도시 인구가 늘기 시작했다. 이때 도시 인구의 소고기 소비량은 농촌의 2배가량에 이르렀고, 돼지고기 소비량은 농촌 인구의 소비량보다 적었다. 이는 전쟁 이전까지는 지방 공급원으로 라드 타입의 돼지를 선호했지만, 정부가 식물성 기름(Oil) 생산을 독려하기 위해 가격 인센티브를 지급하는 정책을 시행한 결과 콩, 땅콩, 아마, 목화와 같은 작목 생산량이 늘어났고, 이들 식물성 기름을 선호하면서 동물성 지방(돈지, 우지)이 덜 중요해진 것이다. 1950년대 미국 오하이오주립대 등의 연구 개발로 지방이 적은 살코기형(Meat type) 돼지 품종과 돼지 사육 기술이 보급되고, 사육기간이 길수록 지방 축적과 사료비 부담이 더 커진다는 연구 결과에 따라 양돈 농가는 사육기간을 단축하면서 지방이 적은 돼지를 생산하기 시작했다. 돼지고기 시장에 미트 타입 돼지고기 공급량이 늘어나기 시작한 것이다. 1960년 어느 소매점 정육코너에는 '이 동네서 가장 기름이 적은 살코기 돼지고기(The Leanest Pork in Town)'라는 대형 광고판을 내걸었다. 이는 지방이 적은 돼지고기를 원하는 소비자의 바람을 충족하기 위한 노력이면서 동시에 그러한 바람을 더욱 부채질하는 마케팅인 셈이다(J.L. Anderson, 〈Lard to Lean : Making the Meat Type Hog in Post-World War II America〉, in Food Chains-From Farmyard to Shopping Cart. University of Pennsylvania Press. 2009).

떨어져서 현재 국내 사육 마릿수는 매우 적다.

최근 몇 년간 눈에 띈 변화 중 한 가지는, 한때 큰 인기를 끌다가 1980년대 들어 사육 마릿수가 급감한 버크셔종이 점차 늘고 있다는 점이다. 버크셔는 성질이 다소 사나워서 사육이 쉽지 않지만, 흑돼지란 점과 맛 등 다양한 속성을 고려하여 선택하려는 소비자가 늘어나면서 이러한 소비자의 요구에 부응하여 버크셔 사육 마릿수가 늘고 있다.

삼원교잡(LYD)으로 활용되는 랜드레이스와 요크셔, 듀록은 수입이 꾸준히 증가하고 있고, 햄프셔종의 경우 2000년대 들어 수입이 크게 줄고 있다. 버크셔는 새끼 수가 적고 성장이 늦는 데다 지방이 쉽게 끼는 단점 때문에 수요가 감소하고 수입이 급감했지만, 2000년대 후반부터 수요 증가와 함께 수입이 늘어나는 추세를 보인다.

북한의 돼지 품종

북한이 보유하고 있는 돼지 품종은 평양종돼지를 비롯해 피현종돼지, 자모종돼지, 대백종돼지, 북부백색돼지, 흰띠돼지, 안흥종돼지, 혜산돼지 등 대단히 많다. 그러나 이 품종 중에서 장려 품종으로 가장 널리 분포하는 품종은 평양종돼지, 피현종돼지, 자모종돼지, 대백종돼지 등이다.

평양종돼지   평양종돼지는 북한의 중화 지방 돼지와 북부 백색돼지 및 대백종돼지의 세 품종 간 교잡으로 육성된 품종으로 7개 계통이 조성돼 있다. 털색은 희고 피부는 연한 장미색을 띠고 있으며 일부에는 검은 반점도 있다. 몸집은 크고 균형이 잡혀 있으며 긴 편이다. 수평 상태의 귀는 앞으로 향해 있다. 수돼지의 체장은 160~163cm이고 암돼지는 144~148cm나 되며, 수돼지의 체중은 278kg, 암돼지는 206kg이다. 한배에 낳는 새끼 돼지는 10~12마리이며, 100kg 도달 일수는 180일로서 비교적 발육이 빠른 편이고, 도체율은 평균 64.4%이다.

피현종돼지는 오래전에 조선 토종돼지, 안흥종돼지(버크셔종), 중국 장이종돼지가 무계획적으로 교배되어 육성된 품종으로 7개의 계통으로 조성돼 있다. 털은 검은색이 기본이지만 주둥이, 이마, 꼬리끝, 네 다리 끝에 흰 점이 있는 것도 있다. 피현종돼지는 고기형 돼지의 체형을 갖추고 몸집이 늘씬하고 뒷몸이 잘생겼으며 귀도 수평이면서 앞으로 향했다. 수돼지의 체중은 240kg이고 암돼지는 184kg으로 평양종돼지보다는 작은 편이다. 수돼지의 체장은 168cm, 암돼지는 149cm 정도이다. 한배에 낳는 새끼 돼지는 평균 10.6마리이며, 비육 시 100kg 도달 일수는 199일이다. 도체율은 64.5%, 정육률은 59%이다.

자모종돼지는 랜드레이스종을 도입해 육종하는 방법으로 개량·육성한 전형적인 고기형 품종이다. 전국 각지의 돼지농장, 협동농장 등에서 교잡 원종으로 널리 이용되고 있는데, 6개의 계통이 조성돼 있다. 털색은 희고 몸매가 늘씬하며 등과 허리가 길고 귀는 눈을 가릴 정도로 드리워 있다. 수돼지의 체장은 182cm, 암돼지는 161cm로 긴 편이다. 수돼지의 체중은 270~360kg, 암돼지는 270kg으로 역시 가장 무거운 품종에 속한다. 한배에 낳는 새끼 돼지는 평균 10마리, 비육 시 100kg 도달 일수는 180일이며, 도체율은 64.8%, 정육률은 60.9%이다.

대백종돼지는 대요크셔종을 도입해 개량·육성한 품종으로 북한의 장려 품종의 하나로서 5개 계통으로 조성돼 있다.

털색은 대요크셔종과 같이 희고, 귀가 위로 곧게 향해 있으며, 몸매의 균형이 잘 잡힌 육용형 품종이다. 체장이나 체중은 대체로 평양종돼지와 거의 비슷하고, 어미돼지가 한배에 낳는 새끼 돼지는 10~12마리이다. 비육 시 100kg 도달 일수는 약 180일이며, 도체율은 65%이다.

우리나라에서 사육 중인 품종

돼지의 품종은 현재 사육되고 있는 흰색 계통의 랜드레이스종, 대요크셔종, 그리고 유색 계통의 듀록종, 버크셔종 등이 있다. 주요 품종의 원산지와 특징에 대해 간략하게 알아본다.

랜드레이스　　　　　랜드레이스(Landrace)는 덴마크가 원산지이다. 몸 전체가 흰색이며, 몸의 길이가 길어 다른 품종보다 고기를 많이 생산한다. 한 번에 낳는 새끼 수는 11마리 정도이며, 젖 생산량이 양호해서 새끼를 키우는 능력이 우수하기 때문에 랜드레이스의 어미 돼지 인기가 높다. 이 때문에 세계 각국에 보급되어 더욱 개량됐다. 미국에서 개량된 미국 랜드레이스종(American Landrace), 스웨덴에서 개량된 스웨덴 랜드레이스종(Swedish Landrace), 영국에서 개량된 영국 랜드레이스종(English Landrace), 독일에서 개량된 독일 랜드레이스종(German Landrace) 등이 있다.

대요크셔　　　　　대요크셔(Yorkshire)는 영국의 요크셔 지방이 원산지다. 이 품종은 세계적으로 사육 마릿수가 가장 많은 품종으로 라지화이트(Large White)라고도 부른다. 이름에서 알 수 있듯이 털색과 피부는 흰색이고, 귀가 반듯이 서 있는 것이 특징이다. 가장 큰 장점은 번식 능력과 포유 능력이 우수하다는 점이다. 따라서 대요크셔종과 랜드레이스종 또는 듀록종과 교배해서 생산된 1대 잡종은 번식 능력이 우수해 삼원교잡종 생산을 위한 모계로 널리 사용하고 있다. 영국이나 덴마크를 비롯한 유럽뿐만 아니라 미국, 중국, 일본 등 세계 각국에서 널리 사육되고 있으며, 우리나라에서도 환영받고 있다.

듀록　　　　　　　　　미국의 뉴저지와 뉴욕주가 원산지인 듀록(Duroc)은 듀록저지종이라고도 한다. 털색은 붉은색이다. 번식 능력과 젖먹이 능력은 중간 등급 정도로서, 랜드레이스종이나 대요크셔종보다 떨어지지만 성장 능력이 우수하고 기후에 대한 적응력이 높다. 일당 증체량과 사료 이용성이 양호해서 1대 잡종이나 삼원교잡종 생산을 위한 부계로 널리 이용되고 있다. 과거 우리나라에서 대요크셔종과 랜드레이스종 다음으로 많이 사육된 품종이다.

햄프셔　　　　　　　　햄프셔(Hampshire)는 영국의 햄프셔 지방에서 미국으로 수입되어 성립된 품종이다. 흑색 바탕에 어깨와 앞다리에 10~30cm 폭의 흰색 벨트를 두르고 있는 모양이 특징이다. 한배에 8~10마리 정도 새끼를 낳는데, 새끼 수에서는 랜드레이스종이나 대요크셔종에 비해 떨어진다. 등지방 두께는 다른 품종에 비교해 얇으나, 도체(屠體) 보존 시 도체의 품질이 떨어진다는 단점이 있다. 우리나라에도 도입되어 교잡종 생산에 많이 이용됐으나, 선호도가 떨어져서 사육하지 않고 있다.

버크셔　　　　　　　맛이 좋기로 유명한 흑돼지 버크셔(Berkshire)는 이름 그대로 영국의 버크셔 지방이 원산지이며, 털 색깔은 검은색이다. 버크셔는 얼굴, 각각의 다리 끝, 꼬리의 끝부분 등 6개 부분에 흰색 털이 있어 육백종이라고도 부른다. 양돈 농가 사이에서는 육백이라고 불린다. 새끼 수가 적고, 성장이 늦으며, 지방이 쉽게 끼는 단점이 있다. 돼지의 품종 중에서는 비교적 일찍 개량된 품종이며, 우리나라에는 1920년대에 도입되어 재래종 돼지의 개량에 널리 이용됐다. 과거 국내 전체 돼지 사육 마릿수의 70~80%를 점유하던 시기도 있었다.

우리 민족과 오랜 세월 함께하며 사육돼온 재래종은 소형종으로서, 고기 생산용 가축으로서의 경제성은 매우 떨어졌지만 1920년대 버크셔종과의 본격적인 누진교배를 시작으로 재래종의 형질은 사라지고, 성장은 빠르고 고기 양이 많은 현재의 모습으로 진화됐다. 한국 사회의 근현대화가 시작된 1960~70년대에는 요크셔, 햄프셔, 버크셔, 랜드레이스 등 다양한 품종이 본격적으로 반입되면서 종돈의 용도 변화가 거듭됐다.

세계의 돼지 품종

나라마다 다른 돼지고기 시각

나라별, 문화별 육류 선호와 돼지고기의 선호 부위가 다르다. 돼지고기를 아예 먹지 않는 이슬람문화권이 있는가 하면 세계에서 가장 인구가 많은 중국에서는 소고기보다 돼지고기를 더 좋아하고 부위를 가리지 않고 먹기도 한다. 한국은 삼겹살을 유난히 좋아하다 보니 그 가치 또한 특별하다. 국내 돼지만으로는 소비를 충족하지 못하고 가격이 높다 보니 세계 여러 나라에서 삼겹살을 수입하고 있는 실정이다.

같은 동북아시아권인 일본에서는 소고기 못지않게 돼지고기를 좋아한다. 돈가스(Pork cutlet)가 발달한 일본은 돼지의 안심과 등심 부위에 대한 수요가 많다 보니 이 부위를 수입하고 있다. 우리나라도 이 부위의 수출국으로 1970년대 이후 일본에 많은 양을 수출했다.

여름철에도 한국과는 달리 습하지 않은 서유럽에서는 돼지 뒷다리를 건조 숙성한 햄이 발달했고, 유럽의 내륙이라 할 수 있는 독일 등지에서는 소시지를 선호한다. 미국에서 가장 많이 소비되는 돼지고기는 삼겹살 부위를 소금에 절여 훈제한 베이컨이다. 삼겹살을 한국인만이 유독 좋아하는 것은 맞지만, 외국에서는 먹지 않는 부위라는 것은 잘못 알려진 상식이다. 돼지고기를 먹지 않는 이슬람권을 제외한 나머지 나라에서는 각 나라별로 삼겹살을 재료로 한 요리가 있다. 이탈리아의 판체타, 중국의 동파육, 일본의 라후테 등이다.

돼지는 세계적으로 100~200여 품종이 존재하는 것으로 알려져 있고, 이 중 상업적으로 사육하는 품종은 30여 종이며, 국내에서는 5개 품종이 사육되고 있다. 이런 품종들은 각 나라별로 국민이 선호하고 그들의 입맛에 맞는 품종으로 개량하고 생산을 이어왔다. 스페인의 이베리코, 일본의 도쿄X 등을 꼽을 수 있다. 물론 우리나라 소비자의 흑돼지에 대한 선호에 발맞춰 소비자의 입맛에 맞게 품종을 개량하고, 생산과 마케팅이 진행되는 것도 해당되겠다.

중국의 돼지 품종

중국은 세계에서 돼지고기를 가장 많이 먹는 나라답게 돼지 품종도 다양하다. 중국에는 100여 종이 존재하는 것으로 알려져 있다. 그중에서도 제일 유명한 돼지품종은 진화주(金華猪, 금화저)이다. 진화주는 돼지 뒷다리로 만드는 햄인 휘투이(火腿)를 만들 때 이용하는 품종이다. 휘투이는 돼지 뒷다리를 통째로 잘라 절여서 만드는 햄으로, 만드는 방식이나 생김새는 스페인의 뒷다리 햄인 하몽과 유사하다.

진화주 품종의 원산지는 중국의 저장성 진화(金華)지구 둥양(東陽)현이다. 이는 중국 품종 중 중형종에 속하는데, 색깔은 앞 부분의 머리와 목, 그리고 뒷부분의 엉덩이와 꼬리가 각각 검은색이고 나머지 몸통이 흰색이다. 몸의 색(검은색)이 앞뒤 둘로 나뉘어지는 특징에서 '두 개의 머리(兩頭)'라고도 불린다. 귀의 크기는 중간 크기이며, 처진 이마, 주름, 짧은 목, 약간 오목한 뒤쪽, 약간 둔한 복부, 더 낮은 엉덩이, 짧은 팔다리와 같은 형상을 보인다. 이 진화주의 피부는 얇은 편이고, 살은 밝고 붉은색을 띠고, 수분이 많고 근육이 부드러우면서 지방이 잘 분포되어 있어 햄과 베이컨에 적합하니 휘투이 재료로 사용되는 것이다.

진화주와 함께 토종 흑돼지인 타이후주(太湖猪)가 있다. 타이후주는 중국 장강 하류 타이후(太湖)가 원산지이다. 타이후주는 체형이 크고 검은 색깔을 띠고 있으며, 양쪽 귀가 처져 있고, 얼굴에 주름이 많은 것이 특징이다. 우리나라와 외국에서는 메이샨주(梅山猪, 매산저)라고도 알려져 있다. 메이샨주라는 품종명 이외에도 여러 가지로 불리고 있으나 1974년에 타이후주로 명칭을 통일했다. 타이후주는 여러 계통이 있는데, 대부분의 계통이 중형종에 속하며, 메이샨주 계통은 대형종에 속한다. 완전히 성숙한 돼지의 체중은 메이샨주 계통의 타이후주는 암컷이 172kg, 수컷이 192kg이며, 기타 계통의 타이후주는 암컷이 102~153kg, 수컷이 128~152kg이다. 번식 능력이 좋아 한배에 낳는 새끼 돼지 수가 세계적으로 인정받는 품종으로, 육질도 양호한 편이나 성장속도가 느린 단점도 있다.

일본의 도쿄X

도쿄X는 일본이 야심차게 개량한 품종이다. 일본은 '돈가스'의 나라 답게 돼지고기 부위 중 등심과 안심을 주로 소비하는 국가다. 안심과 등심은 지방이 거의 없는 퍽퍽한 부위여서 근육 내 지방이 어느 정도 분포해 있어야 한다. 이와 같은 일본의 등심 선호 경향과 부위 특성의 개량 필요성에 따라 육종된 품종이 도쿄X이다.

　도쿄X 개량 이전에 도쿄도(東京都) 축산시험장에서는 1978년도부터 랜드레이스 품종을 개량해서 '에도'란 품종을 만들었다. 1986년에 최종적으로 품종이 완성되고, 곧이어 에도 품종을 이용한 돼지고기 브랜드도 만들어졌다. '에도 포크' 브랜드는 일본에서 인기를 얻었지만, 돼지고기 가격이 떨어지고 1988년 무렵의 호경기로 도시 내 주택이 많이 들어서면서 악취 등 환경 문제가 대두되었다. 이 때문에 도쿄도 내에서의 양돈은 더 이상 어렵게 되면서 양돈 농가의 수가 줄었다.

　도쿄도의 양돈산업을 유지하고, 일정한 경영 규모를 유지할 수 없는 상황에서도 양돈 수익을 달성하기 위해 돼지고기 차별화가 요구되었다. 이에 따라 맛이 좋다는 베이징 흑돼지종, 버크셔, 듀록 등 세 가지 품종의 돼지를 이용해 개량을 시작했다. 이렇게 개량된 품종인 도쿄X 는 유전자를 고정하고 새롭게 합성한 계통*으로, 일본 돼지 품종 등록

---

*　'계통'이란 우수 형질을 유전적으로 고정하는 조작을 반복해 얻어지는 개량된 종돈 집단이다. 계통돈은 어느 개체도 사촌과 혈연관계에 있기 때문에 유전적 능력의 차이가 적고, 능력 자체도 안정적이다.

기관에서 공식적으로는 처음 인정한 품종이다. 도쿄X 품종의 브랜드 이름은 'TOKYO X'로 등록돼 있다.

도쿄X의 등심에는 미세한 지방조직이 있어서 구이, 볶음, 샤브샤브 등으로 적합하다. 반면 배 부위(삼겹살) 지방이 두꺼워 정육 수율이 나쁘고, 지방의 녹는점이 낮아 가공하기 어려워 가공업체에서는 외면하고 있다. 일본요리학회에서 2005년에 발표한 연구 보고에 의하면, 도쿄X, LWD, 버크셔 등 3개 품종에 관한 관능검사에서 도쿄X는 8개 항목의 관능적 특성 중 굳기, 맛있는 느낌에서 좋은 평가를 받았으며, LWD종보다 부드럽고 돼지 냄새가 덜한 것으로 보고됐다.

한편 일본에서 전통 품종은 가고시마 흑돼지이다. 도쿄X가 맛과 함께 소규모 도시 환경에 맞게 개량된 품종이라면, 가고시마 흑돼지는 약 400년 전 오키나와에서 유입된 흑돼지가 가고시마의 풍토에 맞게 개량된 품종으로, 몸통 여섯 군데에 나 있는 백색 반점이 특징이다. 하지만 가고시마 흑돼지 역시 버크셔종에서 자유로울 수 없다. 메이지 시대에 수입돼 유입된 서양 품종인 버크셔가 토종 흑돼지를 밀어내고 현재 흑돼지 위치를 차지하고 있을 것으로 보고 있다. 우리나라에서 현재 유통되고 있는 흑돼지 역시 토종 재래 흑돼지가 아니라 버크셔종 계통이라는 점에서 가고시마 흑돼지와 비슷하다. 하지만 가고시마 흑돼지가 유명한 것은 지역 특산물인 고구마, 엄밀히 말하면 고구마 줄기 사료로 사육하고 있기 때문이다. 고구마 사료가 가고시마 흑돼지 맛의 비결이라는 것은 과학적으로 증명되었다고 한다.

스페인의 이베리코

이베리코는 햄을 위한 돼지 품종이다. 방목과 함께 도토리를 먹이로 키우는 것으로 유명한 이베리코 돼지고기가 최근 국내 시장에 진출하면서 국내 양돈 농가들을 긴장시키고 있다.

원래 하몽(돼지 뒷다리 생햄)으로 유명한 이베리코 돼지이지만, 국내에서는 하몽보다는 이 품종의 삼겹살과 목살이 더 많이 수입되고 있다. 스페인에서는 햄을 '하몽(Jamón)'이라 부르는데, 하몽을 생산하는 데 이용하는 돼지는 크게 두 품종으로, 백색 품종인 '세라노'와 흑색 품종인 '이베리코'이다. 스페인 이베리아반도에서 사육되는 이베리코는 근육질과 표피 지방 축적이 잘되고 근육 내 지방이 많아 전형적인 마블링을 생성하는 것으로 알려져 있다.

광고를 통해 알고 우리가 생각하는, 친환경적이고 값비싼 이베리코는 '베요타'이다. '베요타'는 순종의 이베리코를 방목해서 도토리를 먹여 키운 돼지를 말한다. 이 베요타의 등급이 최상으로 매겨지는데, 이를 얻기 위해서는 17개월 이상 오랜 기간 사육해야 한다. 그만큼 시간과 비용이 소요되기에 생산해서 공급되는 수량은 아주 적다. 이보다 하위 등급인 '세보데캄포'는 잡종 이베리코를 방목해 도토리와 사료를 혼합해 먹여서 키운 돼지를 말하고, 가장 등급이 낮은 '세보'는 일반적인 사육 방식으로 축사에서 키운 잡종 돼지를 일컫는다.

하몽은 돼지의 뒷다리를 통째 소금에 절여 천장에 매달아 수개월에서 수년까지 건조 숙성시켜 만든다. 앞다리로 만드는 하몽은 '팔레타(Paleta)'라고 부른다. '하몽 이베리코 데 베요타(Jamón ibérico de bellota)'는 앞서 설명했듯이 최상의 등급으로 만든 제품이다. 여기서 베요타는 도토리를 말한다. 하몽의 등급은 알파벳 'J'의 개수로 표기한다. 최상급인 5J급 이베리코의 가격은 스페인 현지에서도 1kg당 50유로에서 100유로까지 정해지는 것으로 알려진다.

우리나라에서 접하는 대부분의 돼지는 삼원교잡종(YLD)으로 통일되다시피 했다. 이렇게 되다 보니 품종 획일화로 생산자는 원하는 품종을 선택할 수 없게 됐고, 소비자 역시 다양한 돼지고기의 맛을 즐길 기회를 잃어버렸다. 그러나 최근 스페인산 이베리코와 같은 유색 돼지의 고기가 시장에 등장하면서 흑돼지, 버크셔, 듀록과 같은 품종에 대한 관심과 수요가 증대하고 있다.

YLD

대량생산을 목표로 등장한 교잡종 흰색 돼지가 'YLD'이다. 이 YLD가 현재 우리가 흔히 접하는 돼지고기를 공급한다. 이 품종은 발육이 빠르고 번식 능력이 우수한 요크셔(Y)를 부계로, 번식 능력과 포유 능력이 우수한 랜드레이스(L)를 모계로 이용한다. 요크셔와 랜드레이스를 이원교잡한 1대 잡종(F1)과 고기의 맛과 양이 우수한 듀록(D)을 교잡하면 삼원교잡종인 2대 잡종(F2), 즉 YLD가 탄생한다.

　YLD의 고기 맛과 풍미는 우리에게 익숙하다. 워낙 많은 양이 시중

도처에 공급되기 때문이다. 아직까지는 대부분의 돼지고기 소비자가 좋아하는 돼지고기이다. 그러나 다른 품종에 비해 고소함과 감칠맛이 약하다. 상대적으로 조직이 부드러운 편으로, 굽는 과정에서 지방과 수분의 손실이 많이 발생하여 고기를 구운 이후엔 부피나 무게의 감소 폭이 크다.

이베리코 베요타

소고기와 비슷하게 고기의 적색이 짙고 마블링이 발달해 있다. 지방이 무척 많아 삼겹살은 살코기가 거의 보이지 않을 정도이고 비계층이 두껍다. 하몽(뒷다리), 팔레타(앞다리) 등 햄 생산에 쓰이는 부위 외엔 일정한 규격 없이 정육을 생산해서 판매업체마다 다른 소분할한 부위를 내놓는다.

　지방이 많다 보니 기름이 많이 빠져나오며, 맛은 구운 후에도 고기에 기름이 많이 남아 고소하다. 반면 수분은 적게 배출되어 수축이 심하지 않은 편이다. 지방은 견과류 기름처럼 고소한 향이 강하지만 맑게 느껴지며, 고기의 향이 강렬하고 감칠맛이 있다. 따라서 맛은 있지만, 많이 먹기에는 질리는 맛이 단점이다.

듀록

고기의 색이 짙으며, YLD에 비해 근육이 촘촘하고 근육 사이로 근내지방(마블링)도 꽤 보인다. 같은 목살 부위일지라도 다른 품종과 구별되는 독특한 식감이 있다. 오돌오돌하게 씹히는 식감이다. 구우면서 나오는 지방과 수분은 상대적으로 적은 것이 특징이다. 그러다 보니 고소한 맛과 풍미, 육즙이 많은 특성을 가진다.

YBD

YBD는 요크셔(Y)와 버크셔(B)를 교배한 2대(F2)를 다시 듀록(D)과 교배한 3대(F3)이다. 우리나라에서는 다비육종에서 개발한 종으로, 붉은 갈색 털에 검은 얼룩이 있는 것이 특징으로 '얼룩도야지'란 브랜드로 생산·판매되고 있다. YBD는 YLD와 듀록 돼지고기의 특징이 적절히 섞여 있다. 근육이 다부지게 발달해 있고, 지방이 선명하게 나타나는 것이 특징이다. 육안으로 구별될 정도로 육색이 짙고, 굽는 과정에서 지방과 수분 배출도 적다.

버크셔

다른 품종에 비해 근섬유가 발달해서 정육에서도 잘 드러나고, 마블링도 잘 배어 있다. 다른 품종의 흑돼지와 마찬가지로 육색이 짙은 적색을 띤다. 구울 때 지방과 수분이 배출되는 정도는 보통이고, 고기는 다소 수축된다. 맛은 달짝지근하면서 고소한 것이 특징이다. 기름 향은 맑게 느껴지면서 옅지는 않다. 쫀득하게 씹히는 식감도 다른 고기와의 주요 차별점이다.

재래돼지 – 제주 흑돼지

제주 흑돼지는 몸의 크기가 매우 작고 다리도 짧다. 상대적으로 한배에 낳는 새끼 수가 적고, 성장 속도도 느리며, 근내지방과 지방층이 다량 발달해서 산업적으로 불리하다. 이를 개량한 '우리흑돈'은 비계가 적당하고, 살코기가 촘촘하며, 마블링도 발달한 것이 특징이다. 팝콘처럼 고소한 향이 나며, 기름의 질감과 향은 가볍고, 고기는 감칠맛이 있으면서 부담스럽지 않고 끝맛은 단맛과 고소한 맛이 어우러진다.

돼지고기의 구성성분 중 수분 다음으로 많은 것이 단백질이다. 단백 질은 돼지고기 전체 성분 중 20% 정도를 차지하고 있다. 돼지고기는 인류에게 가장 중요한 동물성 단백질의 원천인데, 그 이유는 돼지고 기의 단백질을 구성하고 있는 아미노산의 조성이 인간의 몸을 구성 하고 있는 아미노산 조성과 유사하기 때문이다. 따라서 영양학적으 로 돼지고기가 우리에겐 '완전한 단백질' 공급원이라 해도 과언이 아 니다.

　돼지고기의 영양성분은 다른 식품들과 마찬가지로 다양한 방법으로 평가된다. 상식적으로 돼지고기는 영양이 풍부하다고 알려져 있는데, 그 이유는 돼지고기가 포함하고 있는 영양성분의 형태가 당연히 우수 할 뿐만 아니라, 그 함량도 다른 식품들에 비해 많기 때문이다. 그러나 구체적으로 어떻게 우수하며, 어느 정도로 많은가를 설명하기는 그렇 게 쉽지만은 않다. 그것은 영양이란 것이 단순히 영양성분 함량만으로 설명될 수 없기 때문이다.

돼지고기의 구성성분

돼지고기의 구성성분을 살펴보면, 약 3분의 2 이상이 수분이고 나머 지는 대부분 단백질이 주종을 이룬다. 이 때문에 돼지고기를 고단백

식품이라고 하는 것이다. 돼지고기는 수분과 단백질 이외에 지방, 탄수화물, 비타민 및 미네랄 등의 영양성분을 각각 소량 함유하고 있다. 이러한 돼지고기의 구성성분은 돼지의 품종, 성별, 연령, 사양 조건, 영양 상태, 건강 상태 등에 따라 차이가 나며, 같은 도체(屠體) 내에서도 부위에 따라 큰 차이가 있다. 특히 지방의 함량은 위의 여러 가지 조건에 따라 그 변이의 폭이 매우 크다.

돼지고기의 수분

돼지고기의 70%가량을 차지하고 있는 수분은 영양학적으로는 아무런 가치가 없지만, 많은 성분들을 용해시켜 포함하고 있으므로, 그 함량과 화학적 특성은 가공 적성, 저장성, 육색, 관능 특성 등 육질에 지대한 영향을 미친다. 돼지고기의 수분 함량에 영향을 미치는 요인에는 여러 가지가 있지만, 돼지고기의 구성성분만을 토대로 보면, 주로 지방의 축적 정도에 따라 수분 함량이 달라진다고 할 수 있다. 즉 일반적으로 지방 함량이 많은 고기가 상대적으로 수분 함량이 적다.

돼지고기가 내외적 환경 변화에 적응하기 위해 체내에 물을 보유하는 능력을 보수력이라고 하는데, 이 보수력은 돼지고기의 품질을 결정하는 주된 요인이다. 고기는 중량 단위로 판매되기 때문에 보수력이 좋지 않아 수분이 밖으로 배출되면, 빠져 나온 물의 무게만큼 금전적 손실이 발생한다. 보수력이 좋지 않은 고기는 돼지고기 가공이나 제품 제조 시 적성 또한 좋지 않다.

돼지고기의 단백질

돼지고기의 구성성분 중 수분 다음으로 많은 것이 단백질로 약 20%

정도를 차지하고 있다. 돼지고기는 인류에게 가장 중요한 동물성 단백질 자원 중 하나인데, 그 이유는 돼지고기의 단백질을 구성하고 있는 아미노산의 조성이 인간의 몸을 구성하고 있는 아미노산 조성과 유사하기 때문이며, 영양학적으로 '완전 단백질'이라 해도 지나치지 않다.

돼지고기를 구성하고 있는 단백질은 근장단백질, 근원섬유단백질, 육기질단백질로 구분할 수 있다. 근장단백질은 근원섬유 사이의 근장에 용해되어 있는, 즉 액체 상태로 고기 속에 존재하고 있으며, 각종 육색소와 효소 등을 포함하고 있다. 근원섬유단백질은 고기의 구조를 형성하고 있기 때문에 구조단백질이라고도 하며, 근육 수축의 주요 단백질인 마이오신과 액틴 및 근육 수축을 조절하는 여러가지 조절 단백질들로 이루어졌다. 육기질단백질은 육단백질의 약 10~20%를 차지하고 있으며, 주로 근형질막, 모세혈관 같은 결합조직을 이루고 있기 때문에 결합조직단백질이라고도 부르며, 콜라겐, 엘라스틴, 레티큘린 등의 섬유상단백질로 구성되어 있다.

돼지고기의 지방

돼지고기의 성분 중 지방은 그 함량의 변화가 가장 크며, 도체 상태 또는 지육 상태에서는 약 20% 내외를 차지하지만, 살코기에서는 약 2~5% 정도를 차지하고 있다. 이러한 지방 함량은 품종, 연령, 사양 조건, 부위 등에 따라 변이가 크며, 그 성질도 달라진다. 돼지고기 내 지방은 주로 근육 또는 근섬유 사이에 축적된 축적지방으로, 대부분이 중성지질로 구성되어 있다.

축적지방을 설명하기 위해서는 기본적으로 고기의 구조를 알고 있어야 한다. 고기를 이루고 있는 가장 기본적인 구조단위는 근섬유로, 이 근섬유가 약 50~150개 정도가 모여 1차 근속을 이루고, 이 1차 근속이 모여 2차 근속을 이룬다. 이렇게 1차 근속과 2차 근속들이 모여 있는 상태를 근육이라고 하며, 고기는 하나 이상의 근육으로 구성된다. 돼지는 비육이 진행되면서 처음에는 근육 사이나 2차 근속 사이에 있는 결합조직에 지방이 침착하고, 계속 비육이 진행되면 1차 근속 사이까지 지방의 침착이 이루어진다. 이것을 이른바 근육 간 지방, 근간지방 또는 근내지방이라고 부르고, 다른 말로는 상강도(霜降度) 또는 마블링(Marbling)이라고도 한다.

돼지고기의 탄수화물, 비타민, 미네랄

돼지고기의 탄수화물은 매우 소량이며, 대부분이 글리코겐이다. 탄수화물은 구조물질로 존재하는 것과 에너지원으로 존재하는 것으로 분류할 수 있는데, 도살 후 돼지고기 속에 존재하는 탄수화물은 극히 미량이기 때문에 그 영양 가치는 무시된다. 에너지원으로 존재하는 글리코겐은 도살 직후 약 1% 정도가 고기 속에 남게 되나, 이것도 사후강직이 진행되는 동안 모두 사라지게 된다. 이렇게 글리코겐은 도살후 점차 사라지기 때문에 영양학적으로는 아무 가치가 없지만, 분해속도와 양은 돼지고기의 pH에 직접적인 영향을 미치며, 결과적으로 보수력과 육색을 좌지우지하게 된다.

이 밖에도 돼지고기 속에는 각종 비타민과 미네랄들이 존재하고 있다. 돼지고기는 비타민B군의 훌륭한 공급원이며, 특히 소고기나 닭고기에 비해 많은 양의 비타민B1을 함유하고 있다. 일반적으로 돼지고기의 비타민 함량은 부위에 따른 차이가 적은 편이며, 비타민 함량은 사료에 첨가되는 비타민 함량에 결정적인 영향을 받는다. 참고로, 소와 같은 반추동물은 사료 내 비타민 함량이 부족하여도 제1 위 내에 있는 미생물들에 의해 비타민 합성이 가능하기 때문에 항상 비슷한 수준을 유지할 수 있다.

돼지고기의 미네랄은 약 1% 정도이고, 그 종류는 칼슘, 마그네슘, 인, 칼륨, 나트륨, 황, 철 등 매우 다양하다. 미네랄 또한 품종, 고기의 부위에 따라 함량이 다르며, 고기의 보수력, 지방의 산패 등에 영향을 미치기 때문에 영양학적인 면뿐만 아니라 가공학적 측면에서도 중요하다.

돼지고기의 필수아미노산

돼지고기의 육단백질은 단백질의 구성성분인 아미노산들이 결합한 형태의 고분자 물질이며, 돼지고기의 세포 및 결합조직을 구성하고 있다. 인간의 몸은 성장과 유지를 위해 끊임없이 단백질 섭취를 요구하는데, 돼지고기 단백질의 아미노산 조성은 인간의 몸을 구성하고 있는 근육단백질의 아미노산 조성과 매우 유사하기 때문에 고품질 단백질로 분류된다.

인체를 구성하는 단백질을 이루고 있는 아미노산들은 20가지가 있다. 그런데 돼지고기의 아미노산 종류도 20가지이며, 이 중 9가지는 필수아미노산이다. 필수아미노산은 인간 체내에서 합성하지 못하기 때문에 꼭 외부로부터 섭취해야만 되는 아미노산을 말한다. 따라서 체내에서 합성하지 못하는 이 필수아미노산들은 우리가 섭취하는 식품들의 영양성분에 꼭 존재해야만 하며, 그 함량도 체내 요구량과 유사할 필요가 있다. 고품질의 식품이란 총 단백질의 함량이 높은 것도 중요하지만, 필수아미노산의 함량을 적절하게 갖추고 있는 것을 말하는데, 돼지고기가 바로 이러한 조건을 모두 갖추고 있다.

세계보건기구(WHO)가 발표한 자료에 따르면, 돼지고기를 포함한 모든 식육은 인간의 몸에 이상적인 필수아미노산을 골고루 갖추고 있다고 한다. 쌀이나 밀가루 등은 필수아미노산 성분 중 하나인 라이신이 부족한 것으로 알려져 있고, 기타 다른 식물성 식품들도 차이는 있지만, 한 가지 이상의 필수아미노산들이 부족한 것으로 보고됐다.

단백질은 우리 인간의 몸 자체를 만드는 성분으로, 근육뿐만 아니라 머리털, 손톱, 피부, 내장 등을 구성한다. 즉 인간은 돼지고기와 마찬가지로 수분을 제외하면 움직이는 단백질 물체라고도 할 수 있다. 따라서 단백질이 우리의 신체를 구성하고 있는 이상, 만일 단백질 섭취가 충분치 못하면 우리의 몸은 균형을 잃고 힘없이 무너질 것이다. 보통 성인 남자(25세 이상)는 하루에 약 63g의 단백질이 필요한 것으로 알려져 있다. 여성의 경우는 이보다 적은 양이 필요하지만, 임신부나 산후 수유 중인 여성은 더 많은 양의 단백질을 섭취해야 하며, 성장기의 어린이나 청소년도 예외가 아니다.

인간의 단백질 요구량과 돼지고기

돼지고기의 단백질 양은 수분과 지방의 함량에 따라 15~35%의 변이를 보이지만, 매우 풍부한 고급 단백질을 함유하고 있다. 현대사회의 많은 사람들은 건강을 고려하면서 돼지고기 섭취를 기피하려는 경향이 있다. 적색육에 대한 우려와 함께 과도한 지방 섭취를 자제하려 하기 때문일지도 모른다. 물론 건강을 위해 돼지고기의 섭취를 줄여야 한다는 주장에는 그 나름의 논리가 따르지만, 비과학적인 부분도 적지 않다. 최근 '저탄고지(低炭高脂, LCHF=Low Carbohydrate High

Fat)' 식단이라고 해서, 탄수화물은 적게, 지방을 충분히 섭취하는 다이어트 방법들이 온·오프라인상에 넘쳐나고 있다. 체중 감량에 집착해서 무조건 탄수화물은 적게 먹고(또는 전혀 섭취하지 않고), 삼겹살처럼 기름기 많은 음식은 제한없이 섭취하기도 한다. 비록 다이어트 결과 체중 감량이라는 성취에 행복해질지 모르지만, 특정 식품에 편중되거나 지방을 과도하게 섭취하면 건강을 해칠 수 있다. 핵심은 일정한 열량을 섭취하면서, 탄수화물 섭취 비중을 제한하고, 부족한 에너지를 지방이 들어간 식품으로 대체하는 것이다.

세계에서 동물성 단백질을 가장 적게 섭취하는 뉴기니아 원주민들은 40세쯤 되면 우리나라의 80세 노인 이상으로 피부에 주름이 지고, 머리털 색은 하얗고, 허리가 굽어져 곧 사망에 이른다. 이유인즉, 단백질 섭취량이 너무 적다 보니 빨리 늙고 단명한다는 것이다. 사람 몸의 거의 모든 부분이 단백질로 만들어지기 때문이다.

인간의 질병과 관련해서 단백질은 매우 중요한 역할을 한다. 예를 들어 혈관도 단백질 보충이 부족하면 심근경색을 유발하기 쉽다. 특히 육단백질 섭취가 부족한 노인들에게 뇌 연화, 치매 발병률이 높은 것도 뇌수가 단백질로 이루어져 있기 때문이다. 따라서 건강을 위해서라면 필수아미노산을 충분히 갖추고 있는 돼지고기로 하루 단백질 요구량을 섭취하는 것이 바람직하다. 이러한 섭취 관행은 곧 질병을 예방하고 장수하는 하나의 지름길이고, 장수하기 위한 올바른 행동은 생명 시스템을 구성하는 주요 화합물(탄수화물, 단백질, 지방, 핵산)을 균형 있게 섭취하는 것이다.

돼지고기의 지방은 대부분 중성지방

돼지고기의 구성성분 중 지방 함량의 변이가 가장 크고, 그 특성도 돼지의 품종, 연령, 사료, 부위에 따라 달라진다. 돼지고기에 축적된 지방은 대부분이 중성지방인데, 이 중성지방의 대부분은 대표적인 3가(三價) 알코올인 글리세롤과 고급 지방산으로 된 트리글리세라이드이다. 극히 소량의 디글리세라이드, 모노글리세라이드, 콜레스테롤, 콜레스테롤 에스터, 유리지방산 등도 함유하고 있다.

단백질의 구성성분이 아미노산이라면, 지방의 구성성분은 탄소 분자 사슬을 가지고 있는 지방산이라고 할 수 있다. 그런데 이 탄소 분자들의 수와 화학적 구조에 따라 지방산의 성질이 달라진다. 즉 지방산은 크게 탄소 사슬에 이중결합 또는 삼중결합을 가진 불포화지방산과 불포화 결합이 없는 포화지방산으로 분류된다.

돼지고기의 지방은 고에너지 물질인데, 그 이유는 단백질이나 탄수화물이 1g당 약 4칼로리 정도를 가지는 반면, 지방은 그 2배가 넘는 약 9칼로리를 가지기 때문이다. 따라서 돼지고기 가공제품 제조 시 첨가하는 돈 지방은 중요한 가공적 특성도 있지만, 고칼로리를 첨가한다는 의미도 있다.

소비자가 육류나 육제품을 선택할 때 풍미(香)도 고려한다. 돼지의 지방은 육제품의 풍미에 지대한 영향을 미친다. 풍미는 맛과 밀접하다. 인간이 식품을 먹는 가장 큰 이유는 영양과 맛을 동시에 만족할 수 있기 때문이다. 사실 한우고기의 맛이 훨씬 낫지만, 호주머니 사정이 빠듯한 사람에게 한우고기는 가격이 비싸다 보니 선뜻 접하기 어렵다. 돼지고기는 이상적인 영양성분을 조성하면서도 맛있는 식품으로 알려져 있다. 소고기와 마찬가지로, 그 맛의 대부분은 지방으로부터 온다. 이

밖에도 지방은 몇 가지 필수영양소들, 즉 필수지방산인 리놀레산, 리놀렌산, 지용성 비타민A, E, K 등을 함유하고 있다.

돼지고기의 지방과 우리의 건강

돼지의 지방 함량은 변이가 크지만, 일반적으로 도체의 경우 20% 안팎, 정육의 경우 10% 안팎 그리고 살코기의 경우 2~5% 정도를 함유하고 있다. 이에 따라 돼지고기는 지금까지 고지방 식품으로 인식되고 있다. 고지방 식품이라는 점 때문에 20세기 중반 산업화 이후 건강에 민감해진 소비자들로부터 강한 반발을 받았으며, 돼지고기업계도 돼지고기 및 돼지고기 제품의 지방 함량을 줄이기 위한 많은 노력을 하게 됐다. 즉, 육종과 사양 방법의 기술 개발로 체외 지방량이 적은 이른바 살코기형 돼지를 생산하고, 부분육 가공 시 피하지방을 철저하게 정형하며, 돼지고기 가공제품 생산 시 지방 함량을 극도로 낮추게 됐다.

현대인의 식생활 패턴과 건강에 관련하여 돼지고기 내 지방 함량은 논란의 대상이 되어왔다. 대부분의 이런 논쟁의 핵심은 돼지고기의 지방이 현대인의 건강에 미치는 영향 중에서 좋은 점보다는 나쁜 점에 초점을 두었으며, 그 내용도 과장된 것이 사실이다. 문제는 대부분의 사람들이 돼지고기를 포함한 식육의 지방이 건강에 해로우며, 따라서 돼지고기를 먹으면 건강을 해친다고 믿는다는 것이다. 구체적인 예로, 돼지고기가 많은 양의 포화지방산을 함유하고 있으며, 이 포화지방산은 심혈관계 질환과 밀접한 관련이 있다는 것이다. 이 포화지방산에는 높은 수치의 나쁜 콜레스테롤(LDL 콜레스테롤)이 있으며, 이 물질이 혈관을 막아 동맥경화를 유발하고 혈관 손상과 각종 심혈관 질환을 유발할 수 있다는 것이다.

흥미로운 것은 이렇게 발표되는 주장의 대부분이 통계적인 자료에 기초하고 있다는 점이다. 예를 들어 돼지고기를 많이 섭취한 서울·경기 지역 주민들이 돼지고기를 상대적으로 적게 섭취한 강원도 지역 주민보다 심장병 발병률이 높다라는 식이다. 이런 주장은 반박하기 어렵지 않다. 에스키모인의 섭취 습관이 한 예이다. 식물이 자랄 수 없는 지역에 사는 에스키모인들은 다량의 동물성 지방을 섭취하며 살지만, 심장병 발병률이 제로에 가깝다. 동물성 지방 섭취와 심장병 발병에 관한 연구는 더 세심하게 살펴볼 필요가 있겠다.

돼지고기의 콜레스테롤

일반적으로 돼지고기 제품이 심장병과 관련 있다는 과학적 이유로, 돼지고기에는 높은 농도의 콜레스테롤이 있으며, 동물성 식품 이외의 식품에는 이 콜레스테롤이 존재하지 않는다는 것이다. 그리고 돼지고기의 지방 조성과 함량에 관한 것이다.

심장병은 포화지방산 함량이 높은 음식물을 과다하게 섭취하는 것이 주요 원인이다. 그리고 돼지고기는 이러한 포화지방산을 포함해서 총 지방의 함량이 높은 것이 사실이다. 사람들은 돼지고기를 먹으면 과다한 지방을 섭취한다고 생각한다. 그 이유는 식품으로서 돼지고기의 지방 함량은 거의 모두가 도체 상태 또는 지육 상태에서의 함량으로서, 그 지방 함량이 대략 20% 이상이라고 알려졌기 때문이다. 하지만 최종적으로 요리에 사용하는 살코기의 지방 함량은 5% 안팎에 불과하다. 그리고 식탁에서 요리된 고기를 먹기 전에 눈에 보이는 지방은 다시 제거하기 때문에 실제로 섭취하는 지방 함량은 그렇게 많지 않다.

콜레스테롤에 관해서는 모든 사람들이 건강에 나쁜 물질로 인식하고, 동맥경화의 원인이며, 그 수치가 낮을수록 좋은 것으로 생각하고 있다. 그러나 알려진 바와 같이 체내 혈청 콜레스 테롤치의 약 3분의 1은 음식물에서 유래하고, 나머지 3분의 2는 간장에서 합성되는데, 이 콜레스테롤은 성호르몬이나 부신피질호르몬 생성의 원료로 쓰일 뿐만 아니라 각종 세포막의 재료로도 쓰인다. 따라서 콜레스테롤은 과다하면 동맥경화의 원인이 되지만, 생명 시스템의 유지를 위해서는 필수적인 물질이며, 신체의 영양이나 건강 상태를 나타내는 지표로 이용된다. 이 콜레스테롤의 수치가 높을 경우에는 확실히 건강에 나쁜 것으로 보이지만, 반대로 그 수치가 낮으면 수명이 단축된다. 즉 동맥경화가 원인인 심근경색에 걸리지 않기 위해서는 콜레스테롤 수치가 낮은 쪽이 유리한 것이 사실이나, 그 수치가 너무 낮으면 뇌졸중이나 폐렴에 걸릴 가능성이 높다. 따라서 굳이 높은 농도의 콜레스테롤 식품을 섭취할 필요는 없지만, 반대로 내릴 필요도 없다는 것이다.

일반적으로 사람들은 소고기, 돼지고기, 닭고기 중 지방 함량, 특히 콜레스테롤과 관련하여 돼지고기 섭취를 기피하는 경향이 있지만, 실제로 콜레스테롤이 제일 많은 육류는 닭고기이다. 엉덩이 부위를 비교할 때, 소고기와 돼지고기는 거의 동일한 수준의 콜레스테롤을 함유하고 있지만, 닭고기는 1.5배 정도 높다. 따라서 지방이 많은 고기의 대명사로 떠올리는 돼지고기는 상당한 오해를 받고 있는 것이다. 최근에 발표된 자료에 의하면, 지방 함량이 가장 많은 삼겹살의 경우도 오징어를 포함한 다른 몇가지 동물성 식품들에 비하면 콜레스테롤 함량이 매우 적은 것으로 나타났다.

돼지는 그동안 수차례에 걸친 육종 개발과 사양 방법의 발달로 등지방 두께 및 근내지방 함량이 줄었다. 돼지의 목심이나 뒷다리 부위의 경우 피하지방을 제거하면 껍질째 먹는 영계보다 상당히 적은 칼로리를 섭취하게 된다. 특히 사람들의 다이어트나 근육 생성을 위해 닭가슴살을 권장하는데, 이때 돼지 뒷다리살은 그 효과뿐 아니라 맛까지 제공할 수 있다는 사실이 간과되고 있다.

1 김태경·연승우, 『삼겹살의 시작』, 팜커뮤니케이션, 2019.

역사와 문화를 만든 돼지

기록과 문화로 되짚어본 재미난 돼지

"돼지를 이해하지 못하거나 퇴비 더미 근처에 가보지 않은 사람은 누구도 대통령이 될 자격이 없다(해리 트루먼, 1884~1972, 미국 33대 대통령)."

성 안토니오와 돼지

한배에서 태어난 새끼 돼지 중 가장 작은 돼지 또는 막내를 '탄토니(Tantony) 돼지'라 한다. 이는 돼지와 돼지치기의 수호성자인 성 안토니우스(Saint Antonius)한테서 비롯된 말이다. 예술작품 속의 안토니우스 성인은 목발, 작은 종, 책, 그리고 돼지와 함께 등장한다. 돼지가 안토니우스 성인과 같이 등장하는 이유는 분분하다. 그중에 안토니우스 성인이 바르셀로나를 방문했을 때, 왕이 자신의 아픈 아들을 치료해주길 청했지만, 그 마을 절름발이(목발을 짚고 있는)가 안토니우스 성인에게 눈이 먼 새끼 돼지가 있다는 얘기를 하자 그 새끼 돼지를 먼저 치료해주었다는 이야기가 눈길을 끈다.

안토니우스는 '수도원장 성 안토니우스'라고 불리는데, 수도 생활을 하면서 최초의 수도원을 설립했기 때문이다. 그는 서기 356년 1월 17일에 세상을 떠난 후, 이날을 성 안토니우스를 그리스도교 수도원 제도의 설립자로 기리면서 축일이 되었고, 1096년에는 성 안토니우스의 자

선수도회가 설립되었다. 이 수도회 수사(修士)들이 여러 나라에 병원을 설립해서 자선사업을 실천했는데, 이때 수사들이 자신들을 알리기 위해 돼지 무리 중에서 암퇘지 한 마리의 목에 방울을 달았다. 수사들의 선행 덕분에 이 돼지들은 길거리를 자유롭게 돌아다니면서 도토리와 너도밤나무 열매를 먹거나 쓰레기로 여겨지는 먹이를 먹으면서 청소까지 한 것이다.

한편 1242년 성 안티니우스 수도회는 런던에도 병원을 설립했는데, 수사들이 피부병에 걸린 환자를 치료할 목적으로 돼지를 길렀다. 돼지 고기와 돼지 지방(Lard)을 얻기 위해서이다. 돼지들은 돼지를 치는 주민들에겐 상품 가치가 없는 것들로 기증받은 것들이었다. 이 돼지들은 목에 종을 달고 먹이를 찾아 자유롭게 거리를 돌아다녔다고 한다.

이런 배경에서 목발, 작은 종, 돼지와 함께 책을 든 안토니우스 성인이 그려졌다. 돼지는 안토니우스 성인의 이야기 속에서 등장하는 하나의 소재이면서, 인간의 병을 치료하는 데 도움을 주는 동물이었다. 하지만 많은 기록에서는 돼지에 대한 오해와 편견이 적지 않다.

돼지는 억울하다

그렇다. 돼지는 분명 억울하다. 영국의 국왕이 소의 등심살을 맛보고 어찌나 맛이 있던지 작위를 내려 '등심 경(Sir Loin)'이라 불렀다 한다. 소와 더불어 사람의 입맛에 수천 년을 봉사해왔고, 고기 맛 또한 소에 버금가는데도 돼지에게는 작위는커녕 '돼지 목에 진주' 하는 식으로 경멸한다. 돼지에 대한 편견은 역사와 전통이 있다.

---

* 새러 래스, 김지선 옮김, 『돼지의 발견-깔끔하고 똑똑한 돼지의 문화사』, 2007, 뿌리와이파리

영국의 작가 헨리 모턴은 그의 작품 속에서 그 편견을 다음과 같이 표현하고 있다. "한 잔 술에 원숭이처럼 까불고, 두 잔 술에 공작처럼 뽐내고, 세 잔 술에 사자처럼 으르렁대고, 넉 잔 술에 돼지처럼 꿀꿀댄다." 이는 다음의 두 가지 설화와 관련된다. 1915년판 가스터의 『루마니아 조수담(鳥獸譚)』에 보면 고대 헤브루의 구전 설화를 모아놓고 있는데, 그 가운데 포도주의 연원 설화에 돼지가 한몫하고 있다. 인간의 시조인 노아가 포도 묘목을 심고 있는데, 한 마신(魔神)이 나타나 일손을 도와주겠다고 자청한다. 노아는 그 청을 들어줘 돕도록 한다. 마신은 먼저 산양을 죽여 그 피를 포도 묘목의 뿌리에 뿌린 다음, 사자의 피를 뿌리고 마지막으로 돼지의 피를 뿌렸다. 그 후 그 포도로 술을 빚어 마실 때, 음주 초기에 약간 취기가 돌 때는 흥이 나서 마치 산양 새끼처럼 뛰어다녔다. 이보다 더 마셔 취하니 으르렁대는 사자처럼 흉포해졌고, 다시 더 마셨더니 흙탕물이나 오물 속에 나뒹굴면서도 그 더러움을 모를 정도가 되는 것이 마치 돼지와 같다는 것이다.

그리스의 설화는 다음과 같다. 한 성자가 돌 위에 앉아 쉬는데 근처에 아름다운 풀 한 포기가 나 있었다. 이 풀을 뿌리째 뽑아서 길을 가는데, 햇볕에 시들 것을 우려해서 새의 뼈를 하나 주워 그 속에 넣어 갖고 갔다. 그러자 새의 뼛속에서 자라난 그 풀이 뼈 밖으로 튀어나오자 성자는 풀을 더 큰 사자의 뼛속에 넣어 갖고 갔다. 가는 동안 더 자라난 풀이 다시 뼈 밖으로 삐져나오자 돼지(혹은 당나귀라고도 함) 뼈 두개를 주워 풀을 담았다. 그리하여 목적지인 낙시아(그리스 낙소스)에 이르렀을 때는 이 풀의 뿌리가 새와 사자와 돼지의 뼈에 엉켜서 뗄 수가 없을 정도가 된 것이다. 그리하여 풀을 뼈째 땅에 심었더니 그 풀이 자라 포도가 됐다는 것이다. 그리하여 술에 취해 주정을 하는 것이 새(또는 산양), 사자, 돼지처럼 진행한다는 것이다.

세상의 사물을 역설적으로 보고 익살스레 바라본 앰브로스 비어스의 『악질사전(惡質辭典)』에서는, "돼지는 식욕이 왕성한 점에서 인류에 가장 가까운 동물인데, 그 식욕의 범위는 사람에 뒤진다. 왜냐면 돼지는 돼지만은 먹지 않기 때문이다"라고 했다. 돼지 사회에서 별나게 많이 먹는 돼지가 있다면 아마도 '사람처럼 처먹는다'고 말할 것이다. 이것은 비어스의 역설이기에 돼지를 옹호한 느낌이 들지만, 사실은 먹는 모습으로 본 돼지의 속성을 비꼰 것이고 돼지에 대한 편견이다.

돼지(Pig)라는 영어 단어는 돼지 이외에 이 편견을 나타내는 말로도 널리 쓰인다. 'Pig' 하면 탐욕스럽고 완고하며 욕심 많은 사람을 의미하며, 'Piggy-wig'는 돼지 새끼를 뜻하면서 더럽게 생긴 아이를 뜻한다(그림 1). 'pigsty'는 돼지우리를 뜻하면서 더러운 방을 뜻하기도 한다. 'go to pigs' 하면 놀고 먹고 도락에 빠진다는 뜻이다. 미국의 은어로 '돼지고기(Pig meat)'는 성(性) 체험이 없는 여자를 뜻한다. 성 체험이 없는 여자란 순결 면에서는 플러스 가치를 갖지만, 섹스 면에서는 마이너스 가치를 갖기 때문에 돼지에 대한 편견이 이 같은 은어를 생성한 것이다. 이 밖에도 'bring pigs to a market' 하면 손해 나는 장사를 뜻하고, 'buy a pig in a puke' 하면 보지 않고 분별없이 물건을 산다는 뜻이 된다. '돼지'라는 말이 들어가기만 하면 무슨 말이건 미련하고 어리석은 이미지가 덧씌워진다. 또 '피그 라틴(Pig latin)' 하면 말을 거꾸로 부르는 어린이들의 은어를 뜻했다. 예를 들어 'police'를 'ecilop'으로, 'beer'를 'reeb'

＊　미국 작가 앰브로스 비어스가 1905년에 쓴, 사전 형식을 빌려 냉소적이고 신랄한 독설과 블랙 유머를 정리한 책.

으로, 'look'를 'kool'로 부르는 것을 돼지를 이용해 표현한 것이다.

　이같이 생활과 언어 속에 등장하는 편견은 많은 인류의 정신적 배경이 된 『성서』에서 비롯된 것으로도 본다.

288 ~ 289

〈그림 1〉 돼지에 관한 오해
자료 출처 : BIZARRO ⓒ 1989 by Dan Piraro, 『돼지의 발견』(새러 래스, 김지선 옮김)에서 인용.

성서 속 돼지 편견

유대교에서는 돼지고기 섭취를 금지했다. 이슬람교에서도 마찬가지로 돼지고기 가공품을 금지하는 규정이 있다. 돼지를 부정한 동물로 보고 돼지고기를 못 먹게 하고 있는데 명확한 이유는 분명하지 않다. 그중에서, 되새김질을 하지 않는다(신명기 14장 5절), 남은 음식물이나 인간의 배설물 등 온갖 것들을 가리지 않고 먹는다(그래서 더럽다 : 베드로 둘째 서간 2장 22절, 『탈무드』 'The mouth of a swine is as dirty as dung itself.'), 다른 육지 동물과 달리 한배에서 여러 마리의 새끼를 낳는다 (그래서 유심히 지켜보지 않으면 어느 돼지가 첫 새끼인지 알 수가 없다. 이는 『구약성서』에서 식용으로 사육된 육지 동물의 첫 수컷 새끼를 바쳐야 한다는 것과 관련된다.), 다산하는 돼지(암컷)는 여러 번의 짝짓기로 새끼의 아버지를 확인하기 어려울 수 있다(출애굽기 20장 10절, 신명기 14장 5절) 등의 이유가 있다. 중동 지역에서의 돼지에 대한 현대적 해석으로는, 물과 먹는 사료의 양이 많아 인간과의 자원 이용에 경합되고, 지리적으로도 부적합하다는 것이다(마빈 해리스, 니콜 루에인).

『성서』는 바로 유대교를 모태로 하고, 유대교는 바로 동유럽의 사막에서 형성됐다. 이 지역에서 돼지에 대한 편견이 성서에 반영되었을 것이다. 『구약성서』의 신명기 14장 3절 등에서 돼지에 대한 편견이 발견되고, 『신약』의 루가복음 8장 26절, 마태오 7장 6절 등 여러 군데에서 등장한다.

중동 또는 근동 지역에서의 돼지에 대한 부정적인 견해를 현대적으로 해석한 인류학자 마빈 해리스(Marvin Harris)의 설명에 따르면, 고대 이스라엘과 근동 지역은 돼지 사육에 적합하지 않았다고 한다. 왜냐하면 돼지는 많은 물을 요구하고, 도토리 등이 풍부한 산림지대에서 잘 자라기 때문에 사막 지역은 지리적으로 돼지 서식에 부적합하다는 것이다. 하지만 고고학적 기록에 의하면 중동 지역에서 돼지 사육은 가능했던 것으로 나타났다. 이 지역에서의 돼지에 대한 이해는 이 지역의 뿌리 깊은 문화를 살펴봄으로써 가능할 것이다(니콜 루에인˙).

∗   니콜 루에인(Nicole J. Ruane), 『왜 성경은 돼지고기를 금지했을까?(Why Does the Bible Prohibit Eating Pork?)』, 온라인 옥스퍼드 성서 연구, https://global.oup.com/obso/focus/focus_on_why_does_the_bible_prohibit_eating_pork/

신명기 14장 5절부터 먹을 수 있는 짐승과 먹을 수 없는 짐승을 다룬다. "하느님께서 역겨워하시는 것은 무엇이든지 먹지 말라"면서, 소나 염소와 같이 굽이 두 쪽으로 갈라지고 되새김질하는 짐승은 먹을 수 있지만 새김질은 하지만 굽이 갈라지지 않은 짐승(낙타, 토끼 등)과 굽은 갈라졌으나 새김질을 하지 않는 짐승(돼지)은 부정한 것으로 간주하여 먹지 말라고 한다(레위기 11장 2~8절). 더 나아가 이런 짐승의 주검을 건드리는 것도 금지하고 있다.

『신약』의 마태복음 7장 6절에는 "거룩한 것을 욕되게 하지 말라"고 하면서 "거룩한 것(사원에서 희생된 동물로부터 봉헌한 신성한 고기)을 개에게 주지 말고, 진주를 돼지에게 던지지 말라. 그것들이 발로 그것을 짓밟고 돌아서서 너희를 물어 뜯을지도 모른다"고 하고 있다. 이는 '돼지에게 진주(Pearl)'라는 서양 격언의 유래이다. 물론 이 내용은 이익에 눈이 어두워서 받아들이지 못하는 사람들에게는 하느님의 나라에 대한 거룩한 설교를 하지 말라는 의미이다. 하지만 이 대목에서는 누가 개나 돼지인지, 누가 개나 돼지가 아닌지는 알 수 없고, 돼지를 물어 뜯을지도 모르는 거친 짐승으로 말하고 있다.

베드로의 둘째 서간 2장 22절에서는 '개는 자기가 게운 데로 되돌아간다', '돼지는 몸을 씻고 나서 다시 진창에 뒹군다'라는 속담을 들고 있다.

루가복음 8장 26절(마태오 8장 28~34절, 마르코 5장 1~20절)에서는 마귀와 돼지 떼에 대해 다룬다. 내용은 이렇다. 예수가 제자들과 함께 갈릴레아호수를 건너 게르게사 지방의 뭍에 올랐을 때 마귀 들린 사람과 마주쳤다. 이 사람이 예수께 "왜 저를 간섭하십니까? 제발 저를 괴롭히지 마십시오" 하고 소리쳤는데, 이는 예수가 그 악령에게 그 사람한테서 나가라고 명령했기 때문이다. 예수가 또 그 사람에게 이름을 묻자, 그는 "군대(Legion)"라고 대답했는데, 이는 그에게 많은 마귀가 들어가 있었기 때문이다. 이 마귀들은 예수께 자기들을 지옥(또는 심연, 마귀의 거주지이자 궁극적인 집)에 처넣지 말아달라고 애원했다. 그때 산기슭에 방목하는 큰 무리의 돼지 떼가 있었는데, 마귀들은 자신들을 돼지들에게 보내달라고 간청했다. 예수가 이를 허락하자 마귀들은 그 사람에게서 나와 돼지들 속으로 들어갔다. 그러자 돼지 떼는 비탈을 내리달려 호수에 빠져 모두 죽었다는 것이다.

성서에 양이나 염소 떼는 많이 나온다. 이들은 순한 짐승으로 표현하고, 예수는 이들 동물을 지키는 목자로 상징하지만, 같은 짐승임에도 돼지는 신명기(14장)에서와 같이 부정한 짐승이고 마귀가 붙는 짐승이면서 비탈길을 달려 내려가 죽고 마는 '저돌적인' 짐승으로 보고 있다. 『성서』에서도 돼지를 자신을 죽음으로까지 내모는 사납고 거친 모습으로 표현하는데, 이는 앞서 설명한, 일제 강점기 우리나라 재래종의 특성 중 하나이기도 하다(마태복음 7장 6절, 1931년 『조선총독부 농사시험장 25주년 기념지』).

돼지 앞 발톱의 털 속을 살펴보면 조그마한 구멍들을 볼 수 있다고 한다. 전설에 의하면 많은 악마들이 이 구멍을 통해 돼지의 내부에 들어간다고 한다. 그 구멍들 주변에는 대여섯 개의 낙인과 같은 무늬가 있는데, 이 무늬는 악마들이 돼지 속으로 들어갈 때 낸 발톱 자국이라는 것이다. 이같이 '돼지는 악마의 집'이라는 인식이 서양에선 또 하나의 돼지에 대한 편견일 것이다.

중국 고대 문헌 속 편견

돼지에 대한 편견은 서양뿐 아니라 우리나라를 포함한 동양문화권에서도 예외는 아니다. 다만 성격이 다르다. 서양에서는 종교적인 관점에서 돼지를 보았다면, 동양에선 돼지의 속성을 살피면서 바라보았다.『성서』속에서와 같이『불경』속에서도 돼지는 좋은 이미지를 갖지못하고 있다.

왕자법익양목인연경(王子法益壤目因緣經)에서는, "안하무인으로 큰소리를 치며 시비를 잘 못 가리는 사람은 바로 전생의 당나귀가 환생한것이며, 키가 작고 몸에 털이 많으며 많이 먹고 잠을 늘어지게 자고 더러운 곳만 찾아다니는 사람은 전생의 돼지가 환생한 것"이라 했다. 근본설일체유부비내사(根本說一切有部毘奈耶) 34장에는, 부처님이 여러 비구에게 일러 절에다 생사의 윤회도를 그리게 했는데 그중 어리석고 미련한 사람을 돼지 형태로 그렸다고 했다.

중국 문헌인 도곡(陶穀)의『청이록(清異錄)』에 보면, 소변기인 요강을'야저(夜瀦)'라 한다고 했다. 여기에 돼지 저(猪) 자가 쓰였다. 시인 소동파(蘇東坡)가 불인(佛印)선사와 술을 마시면서 "한 마당에 아름다운 네가지가 있다"면서, 아름다운 기생의 방, 상아로 만든 상, 수정 잔, 백합의 향을 들었다. 이에 불인선사는 대꾸하여 "한 마당에 더러운 네 가지가 있다" 하고는 퇴저(推瀦)의 오수(汚水)를 그중 첫 번째로 들었다. 흐르지 않고 괴어서 썩은 물을 '저(瀦)'라고 한다. 돼지가 더러운 물도 잘 먹거니와 돼지로부터 오수가 나오기 때문으로 해석된다.

『이견지(夷堅志)』에는 다음과 같은 이야기가 있다. 악비(岳飛, 중국 남송초기의 무장이자 학자, 서예가)가 아직 이름을 날리지 못하고 있을 때, 서옹(舒翁)이라는 사람이 악비의 인상을 보고 "너는 돼지의 악령이 붙었다"고 말한 것이다. 정령(精靈)이 사람 속에 들어가면 사람이 달라지는 법이니, 그 사람은 돼지처럼 앞뒤를 가리지 않고 저돌적이며 미련하고 어리석게 굴기에 생을 제대로 마칠 수 없다는 예언을 한 것이다. 그러기에 훗날 뜻을 이루어 어떤 지위를 얻으면 재빨리 그 지위로부터 물러날 것을 고려해야 한다고 충고를 했던 것이다. 본래 악비의 성품이 호방하고 우직해서 이 같은 충고를 웃으면서 흘려 넘겼다. 그 후 악비는 예언대로 재상인 진회의 무고를 받아 재판소인 대리사(大理寺)의 감옥에 갇히게 되었다. 그때 주삼외(周三畏)라는 사람이 악비의 심문을 맡아 밤중에 감옥 근처에 갔다가, 감옥 옆 오래된 나무 아래에 돼지처럼 생긴 괴물이 있는 것을 보고 기겁을 했다. 그 괴물이 서서히 움직여 옥중에 있는 조그마한 사당 속에 숨었는데, 괴물은 악비 속에 들어 있던 악령이 모습을 나타낸 것이라 한다.

중국 문헌『통속편(通俗篇)』권28 수축(獸畜) 조에는 "남의 집 돼지가 우연히 내 집에 들어오면 가난을 몰고 오고, 개가 집에 들어오면 부(富)를, 고양이가 들어오면 효(孝)를 몰고 온다(猪来窮来 狗来富来 猫来孝来)"고 했다.『루씨전가오행(婁氏田家五行)』에도 "돼지는 가난을 부르고 개는 부를 부른다(猫来貧狗来富)"라고 했는데, 이런 표현은 짐승의 행동거지로 점(占)을 치는 풍속을 적은 것이다. 중국에선 돼지가 갑자기 집에 들어오는 것을 매우 싫어하여 이를 잡아 죽이는 습속마저 있었다고 한다. 이 밖에『우아(雨雅)』라는 중국 고대 문헌에도 속물이며 행실이 바르지 못하고 추하게 생긴 사람을 빗대어 '온저두(豱豬頭)'라 한다고 했다. 온저(豱豬)란 머리가 작고 짧아 밉게 생긴 돼지의 일종이다.

우리나라의 편견

우리나라 속담에서도 돼지에 대한 편견을 적지 않게 볼 수 있다. 서양의 '돼지에게 진주'와 같은 내용의 속담으로 '돼지우리에 주석 자물

쇠'란 말이 있다. '돼지 왼발톱'이라고 하면 일반적인 행동에서 벗어나고 어긋난 행동을 뜻한다. 이는 '우도(右道)는 정도(正道)요 좌도(左道)는 사도(邪道)'로 보는 '존우비좌(尊右卑左)' 사상과, 비천한 대상으로 보는 돼지의 이미지가 복합되어 '돼지 왼발톱'이란 속담이 생겨난 것으로 보인다.

여럿이 모여 음식을 먹을 때 눈치 없이 맛있는 음식만을 골라 먹으면서 자기 욕심만 차리는 사람에게 "돼지 그려 붙일라"라고 말한다. 남을 배려하지 않는 사람이니 차라리 돼지 얼굴을 그려서 그 사람 얼굴에 붙여 돼지 모습으로 만들어버린다는 뜻이다. 또한 뭐가 뭔지 분간을 못 할 정도로 엉망이 됐을 때 "돼지떡 같다"라고 하고, 두툼한 얼굴에 울퉁불퉁하고, 이에 더해 형편없이 못생긴 모습을 "돼지 오줌통 몰아놓은 것 같다"라고 말한다.

이 세상에서 가장 쓸모없고 형편없는 것을 말할 때 "칠푼짜리 돼지 꼬리"라고 빗대어 말하고, 누군가 천한 일을 시킬 때 거절하는 말로 "염천교 다리 밑에서 돼지 흘레를 붙이는 것이 낫지"라고 말한다. 흘레는 짐승이 생식을 위해 교미하는 것을 말한다. 이 세상에서 가장 천한 일을 (염천교) 다리 밑에서 돼지 암컷과 수컷 교미시키는 일로 인식했기 때문이다. 추악하고 컬컬한 음성을 "모주 먹은 돼지 껄때청"이라고 하고, 쓸데없이 왔다 갔다 하는 것을 "마파람에 돼지 불알 놀 듯한다"고 말하기도 한다.

또 더러운 것은 더러운 것끼리 사귄다는 것을 "돼지는 흐린 물을 좋아한다"라고 하고, 심지어 "양반 새끼는 고양이 새끼요, 상놈 새끼는 돼지 새끼"라는 말도 있다. 아마 고양이 새끼는 처음 낳았을 때 앙상하고 보잘것없으나 자랄수록 윤기가 나고 예쁘지만, 돼지 새끼는 갓 낳았을 때는 반질반질하고 예쁘나 커갈수록 거칠고 더러워진다는 속성에서 돼지 새끼를 천시받는 상놈으로 본 것 같다. 사실 모든 짐승의 새끼는 돼지를 포함해서 예쁘게 마련인데, 돼지 새끼만을 상놈으로 본 것은 편견이 작용했기 때문일 것이다.

또한 "죽은 석숭(石崇, 중국 진나라의 시인이자 대부호)보다 산 돼지가 낫다"고 한다든가, "돼지가 깃을 물어들이면 비가 온다"고 하는 속담도 얼핏 보기엔 돼지의 가치를 높게 보고 돼지가 영험한 동물이라는 뜻으로도 인정하는 것 같다. 하지만 사실은 짐승 중 가장 비천한 존재로서 돼지를 바라본 것 같다. '돼지가 깃을 물어들이면 비가 온다'는 것은 미련한 사람의 과학적이지 못한 직감이 우연히 사실과 맞은 경우를 비꼬는 말이다. 결국 돼지가 이 세상에서 가장 미련하고 우둔하다고 본 것이다.

이뿐만이 아니다. 돼지를 뜻하는 시(豕), 저(猪), 돈(豚) 자가 들어간 숙어는 거의 모두 부정적인 이미지를 가진다. '시심(豕心)'은 글자 그대로 '돼지의 마음'이란 뜻인데, 의미는 염치 없고 허욕이 많은 마음이다. '시훼(豕喙)'는 돼지의 주둥아리를 뜻하는데 욕심 많게 생긴 사람이나 욕심 많은 사람의 얼굴을 의미한다. '시뢰(豕牢)'는 돼지우리란 뜻이면서 변소를 뜻한다. 그 어원은 변소 아래 돼지를 기르는 데서 비롯됐다고 본다. 과거 우리나라 시골의 똥돼지 예에서 이해할 수 있는 의미이다. 앞뒤를 생각하지 않고 내딛거나 덤비는, 또는 이성적이지 못하고 맹목적으로 무언가 강행하는 행동을 '저돌적(豬突的)'이라고 한다.

자기 자식을 말할 때 어리석다는 식으로 낮추어 겸손하게 표현할 때도 돼지가 등장한다. 돈견(豚犬), 가돈(家豚), 돈아(豚兒)는 각각 돼지와 개, 집돼지, 돼지 새끼를 뜻하는 것이 아니라 자기 자식을 낮춰 말하는 표현이다. 한편 '돈어지신(豚魚之信)'이란 말이 있는데, 언뜻 생각하기엔 돼지와 물고기 사이에 어떤 신의가 있는 것처럼 보인다. 그러나 이는 돼지나 물고기는 감동시키기가 불가능한 동물인데, 이런 동물까지 감동시킬 수 있을 만큼 신의가 크다는 의미이다. '일룡일저(一龍一猪)'란 말이 있는데, 이는 인간은 어릴 때는 각자 다를 바 없지만 학문(공부)을 하는가, 하지 않는가에 따라 용이 되거나 돼지가 된다는 말이다. 극단의 비교에서 가장 비천한 동물로 돼지를 비유하고 있는 것이다.

'요동(遼東)의 돼지'라는 속담도 있는데, 이는 '우물 속 개구리'와 같이 자신이 잘났다고 믿는 사람을 뜻한다. 이 속담은 돼지의 속성에서 비롯된 것은 아니고, 무지나 그릇된 자존감(자존심)에서 유래했다. 요동 땅은 옛날에 우리나라와 인접한 곳이다. 이곳에서 머리가 흰색인 돼지 새끼가 태어났는데, 이를 신기한 것으로 여겨 돼지 새끼를 조정에 바쳤다. 나중에 요동에서 난 돼지들은 모두 머리가 하얗다는 사실을 알게 되었는데, 이로써 '요동의 돼지'라고 하면서 자기 머리만이 하얗다는 식으로 말하는 그릇된 자존감을 빗대어 이렇게 부르게 되었다고 한다.

뛰어난 후각으로 최고급 식재료를 찾는다

유럽에 트러플(Truffle)이라는 이름의 죽순이 있다. 빛깔이 검은 이 죽순은 우리나라의 죽순과 같이 땅 위로 돋아나는 것이 아니라, 땅속에서 자라는 지중식물로서 세계 3대 식재료 중 하나이다. 트러플은 색다른 냄새(이취, 異臭)를 풍기는데, 옛날부터 남자들에게는 정력을, 여자에게는 요염함을 더해주는 스태미너 식품으로 일부 귀족들만 먹을 수 있는 희귀식물이었다고 한다. 프랑스가 알제리를 식민지화하려고 한 동기 가운데는 이 알제리에 트러플과 비슷한 죽순이 많이 났기 때문이라고 할 정도였다. 유럽 사람들에게 이 식품은 산삼만큼이나 희귀하고 소중한데, 이를 돼지가 아니고는 쉽게 발견할 수 없었다.

이 트러플의 이취에 가장 민감한 것이 돼지의 후각이며, 아무리 깊은 땅속으로부터 미미하게 스며나오는 냄새일지라도 돼지는 쉽게 발견하는 것에서 돼지의 가치가 재발견된 것이다. 이 같은 이유에서 트러

세계 3대 식재료 중 하나인 트러플(Truffle)은 한국의 산삼과 비교될 정도로 그 맛과 진귀함이 뛰어나며, 프랑스의 3대 진미(珍味)를 꼽을 때도 푸아그라나 달팽이 요리에 앞설 정도로 귀한 대접을 받는다. 트러플은 강하면서도 독특한 향을 가지고 있어 소량만으로도 음식 전체의 맛을 좌우한다. 인공 재배가 전혀 되지 않고 땅속에서 자라나기 때문에 채취하기도 어렵다. 이 때문에 유럽에서는 '땅속의 다이아몬드'라고 불리기도 한다[네이버 지식백과 : 트러플-땅속의 다이아몬드(푸드스토리, 김한송)].

플을 캐는 유럽 사람들은 옛날부터 돼지를 앞세워 이 트러플을 탐색했다. 숲속을 뒤지던 돼지가 트러플 냄새를 맡으면, 그 돼지는 꿀꿀거리며 앞발로 땅을 헤치면서 그곳을 파면 트러플이 있다고 사람에게 알려주었다고 한다. 그러면 사람은 돼지가 좋아하는 호콩을 보상으로 던져주고 돼지가 그것을 먹는 동안 트러플을 채취했다는 것이다.

밭을 개간하는 돼지의 효용

우리가 잘 몰랐던 돼지의 이용 가치는 서양에서 중세까지 산야를 개간하는 데서 발견된다. 서양에서는 산야의 불모지를 개간하는 데 돼지를 많이 이용했다고 한다. 우리나라에서도 산야를 개간해서 사는 화전민에게 그 화전(火田)을 가꾸는 데 돼지를 이용했다고 한다. 화전은 먼저 밭으로 이용하려는 땅에 불을 질러서 땅 표면에 있는 나무나 풀을 태워버린다. 하지만 지표면에 드러난 초목을 불태웠다 하더라도 그 초목이 완전히 죽은 것은 아니다. 땅속에 어지럽게 퍼져 있는 뿌리들이 살아 있는 한 이들 초목은 되살아날 것이고, 그 땅에 곡물 씨앗을 심더라도 생명력이 훨씬 더 강한 초목에 치여 곡식이 잘 자랄 수가 없다. 이런 이유에 화전민들은 그 땅을 농지로 이용하기 위해서는 초목의 뿌리까지 제거하는 고된 작업을 해야 했다.

이때 이러한 고된 노동을 땅속에서 먹이를 찾기 위해 땅을 파헤치고 나무 뿌리도 먹어치우는 돼지로 대신한 것이다. 이러한 개간 관행은 일제 강점기 때만 해도 보편화되어 있었다고 한다. 돼지를 이용해 화전을 개간하는 방법은 먼저 끈으로 돼지를 묶고, 그 끈의 길이만큼 적당한 거리를 두고 말뚝을 박는다. 그러면 끈에 묶인 돼지는 끈 길이만큼의 행동반경 안에 있는 초목 뿌리를 모두 주둥이로 들춰놓는다. 화전민은 돼지가 들쑤셔 들춰놓은 뿌리들을 거두어버리기만 하면 되는 것이다. 이 같은 방법으로 말뚝만 옮겨 박으면 수일 내로 밭이 완성되는데, 개간하려는 화전 둘레에 목책을 설치하고 대량의 돼지를 가두어놓아 방목시키면 된다. 그러면 좀 더 신속하게 화전을 개간할 수 있을 뿐만 아니라, 돼지들의 배설물이 퇴비로 이용되어서 땅이 비옥해지기도 했다. 이는 다른 나라뿐만 아니라 우리나라의 농경 관행이었는데, 돼지가 농업에서 없어서는 안 되는 유용한 가축이었음을 보여주는 사례 중 하나라고 할 수 있다.

고대 그리스, 로마, 게르만, 게르트 지방에서도 울창한 숲 지대를 개간하여 목초지를 만들 때 이처럼 돼지를 대량으로 이용했다고 한다. 유목민들은 돼지를 끌고 옮겨다니면서 땅을 개간한 다음 목장을 만들어 양을 기르기 시작하면, 개간에 이용한 돼지 중에서 종자용(번식용) 돼지만 남기고 나머지는 잡아먹었다. 이와 같은 개간용 돼지는 멧돼지로부터 집돼지로 가축화되는 단계에서 초기에 해당하는 종자일수록 좋았을 것이다. 야생적인 특성이 아직 많이 남아 있을수록 개간을 위한 효용이 더 크기 때문이다.

돼지의 야생 성향이 강하고 적음은 돼지의 용모에서 쉽게 판단할 수 있었다. 즉 돼지 입 주둥이가 길고 뾰족할수록 야생성이 강하며 땅을 잘 판다. 돼지 입 주둥이가 길고 주둥이 끝에 콧구멍이 있는 것은 냄새를 잘 맡고 땅을 잘 파는 특성 때문이다. 우리나라 재래종 돼지의 입 주둥이가 긴 이유는 농경문화적 이유로 가축으로의 순화를 더디게 하면서 위와 같은 효용을 극대화하고자 그 종자를 소중히 보존했기 때문이 아닌가도 싶다.

친밀성으로 인간에게 봉사하는 돼지

그 밖에 돼지의 특이한 용도로는, 많은 가축 가운데 돼지처럼 사람에게 잘 적응하고 순화되는 짐승이 없다는 친밀함을 들 수 있다. 독일의 가축학자 슈테그만에 의하면, 독일의 북부 지방에서는 갓난아이를 잃어버리고 젖이 불어난 여인이 돼지 새끼를 끌어안고 젖을 먹이는 풍습이 있다고 한다. 또한 뉴기니의 오지에서는 돼지 새끼를 젖 많은 어머니가 먹여 기른다고 한다. 이것은 돼지의 생리가 사람과 가장 비슷하다는 것을 방증하는 것으로 보인다. 우주에서 사람을 대신하는 생체 실험에서 개나 원숭이보다 돼지가 훨씬 효과적이라는 견해도 있다.

돼지가 집을 나갔다가 제 집을 찾아오는 회귀성이나, 주인이나 집사람을 알아보는 지능은 개에 미치지는 못하지만 가축 가운데 개에 버금가는 가축일 것이다. 그래서 유럽 중세에는 영주들이 돼지를 대량으로 길러 그의 영토 내 드넓은 숲속에 수십 마리씩 방목하는 관습이 있었는데 이는 방목 방식으로 사육한다는 뜻이 아니었다. 그 숲속에 외부인(밀렵자)이 들어와서 다른 동물을 사냥하는 것을 감시하기 위한 것이었다. 주인이나 그 가족 앞에선 얌전한 돼지가 낯선 사람의 기척이나 냄새를 맡으면 개와 같이 큰 소리로 짖기 때문이다. 집 지키는 개가 아니라 집 지키는 돼지로서 역할을 한 셈이다.

청소부로서 신통하고 기특한 돼지

이 밖에도 우리에게 유용한 돼지의 효용은 적지 않다. 사람이 살아가는 데는 필수적으로 배설물이나 폐기물이 발생한다. 비록 오늘날 선진 지역에서는 사라졌지만, 이러한 것들을 먹어 없애주는 역할을 돼지가 도맡아준다. 돼지는 사람이 먹다 남은 모든 찌꺼기를 기꺼이 먹

는다. 산간 지방이나 제주도 지방에 남아 있던 혼측(圂厠)처럼 옛날에
는 많은 지역에서 돼지우리 위에 측간이 있었다는 것이다. 이같이 인
간 생활에서 발생하는 폐기물이나 배설물을 돼지가 처리해줌으로써
자연 순환 과정에서 정화시키는 청소부로서의 역할이 컸다. 만약 돼
지가 이런 역할을 수행하지 않았다면 폐기물 처리에 인간의 수고가
적지 않았을 것이다.

신에게 바치는 희생물

고대 그리스에서는 비너스나 아프로디테에게 바쳐진 희생물이 돼지
였다. 『일리아드』에는 아가멤논이 헬리오스 신에게 맹세할 때 증거로
서 돼지를 희생물로 바치고 있다. 고대 그리스에서 돼지는 신성한 짐
승이었고, 그 신성한 짐승을 기르는 사람은 선택받은 신성한 계급이
아니면 불가능했다.

　고대 우리나라에서도 제사를 통해 죄를 빌고 감사의 뜻을 하늘에
알리고자 했다. 그런데 하늘은 너무 멀기 때문에 하늘에 좀 더 가까운
산 위에 제단을 쌓는다. 제단 위에 올라도 신이 계시는 하늘은 너무 멀
어 그 뜻을 전해줄 사자(使者)로서 어떤 신령이 있었으면 하고 생각하
게 됐다. 사람이나 짐승에게는 신령이 깃들어 있다는 것을 알고, 사람
과 가장 가까이 있는 가축의 신령을 사자로 삼을 생각에 가축을 죽여
그 신령을 광복시켜 하늘로 보내려 한 것이다. 심청의 전설이나 일본에
오갔던 조선시대 사신의 이야기에서는 사람을 희생하는 풍습이 엿보이
고, 무당의 풍습에서 소, 돼지, 닭을 희생하는 풍습도 있었음을 알 수
있다. 『삼국사기』에서와 같이, 하늘과 지상의 국가 간의 매개자로서 돼
지는 제사에서 신에게 바치는 희생물이었다.

돼지 가운데 신에게 바칠 돼지는 왕의 특명으로 보호를 받았고, 제관으로 하여금 따로 기르게 했다. 성스럽고 선택받은 이 돼지를 교시(郊豕)라 불렀는데, 그 이유는 마을 밖인 교외에서 기르는 돼지란 뜻이기도 하지만, 교(郊)는 '마을 밖'이란 뜻 이외에 '제사를 지낸다'는 의미도 있기 때문이다. 중국에서는 주나라 때 천자들이 동지에 남쪽 교외에 나가 하늘에 제사를 지냈고, 하지에는 북쪽 교외에 나가 땅에 제사를 지냈다. 이러한 제사 전통을 교사(郊祀)라고 하기 때문에, 교(郊)는 교외라는 뜻 이외에 하늘이나 땅에 제사 지낸다는 뜻을 갖게 되었다한다.

이 같은 희생 풍습은 궁중이나 민간에서 각기 다른 전통으로 이어졌다. 희생물이 될 대상은 사람을 포함해서 소, 말, 양, 돼지, 개가 주를 이루었다. 사람은 주로 뱃사람들 사이에서 해신(海神)에게 바쳐졌다. 인신 희생의 풍습에 관해서는 조선 전기 학자 서거정(徐居正)이 쓴『필원잡기(筆苑雜記)』에 관련 기록이 나온다. 신숙주(申叔舟)가 일본 사신으로 바닷길로 갔다가 돌아올 때 풍파가 일자 뱃속의 아이 밴 여자를 물속에 희생시켜야 한다는 뱃사람들의 고집을 꺾었다는 것이다. 또한 개성 덕물산의 최영(崔瑩) 신당에서 제사 때마다 처녀를 바칠 때 칼로 죽이는 시늉을 하며 피를 낸 무당들의 습속에서도 옛날 인신 희생의 풍습을 엿볼 수 있다.

개와 돼지는 주로 민간에서 바치는 희생물로서, 기우제에서 연못에 산 채로 던져지거나 무당굿을 할 때 돼지를 죽여 그 머리를 제사 단에 올리곤 했다. 조선 초기의 인물, 제도, 문물, 풍습 등을 적은『견첩록(見睫錄)』(작자 미상) 기록에 의하면, 왕실에서도 소, 양, 돼지를 종묘 때 희생물로 올리는데, 태묘(太廟) 제사 때만은 돼지 열한 마리를 잡아 그

네 다리를 굽히고 귀를 세우며 눈을 부릅뜨게 하여 제단에 얹었다. 털도 없는 붉은 돼지가 몹시 무섭고 징그러워서 제관도 차마 고개를 들어 보지 못했다 한다.

이같이 하늘에 제사 지내는 제천, 비 내리기를 비는 기우제, 선조의 신령을 모시는 기묘(祇廟) 등 하늘의 뜻과 통하는 수단으로서 가축을 희생하는 것은 근대에까지 변함없이 이어져왔다. 고구려 때 희생물인 돼지를 나라에서 기르는 관청이 있었듯이, 조선시대 말기까지도 서울 남산의 남쪽 한강변(지금의 여의도)에 제사에 쓸 짐승을 따로 기르는 전생서(典牲署)라는 관청이 있었다. 그 관청의 책임자인 제조(提調)는 예조의 당상관과 맞먹는 높은 벼슬아치였다는 것으로 미루어, 제조의 역할은 국가의 대사를 담당하는 것이었음을 알 수 있다(『대전회통』 권3).

여성에게 좋은 보양식

우리나라 선조들은 집에서 돼지를 기른다는 것을 "집 안에 약방(藥房)을 차렸다"고 말했을 정도로 돼지의 모든 부위가 약용으로 이용됐다. 돼지의 전 부위를 약으로 쓴 것은 한의학이나 음양오행설의 주역 원리와 같은 기초에 의한 것도 있지만, 원시사회부터 이어져온 주술과 민속으로 이용한 것이기도 했다. 돼지고기는 해열이나 해독에 효험이 있다고 한다. 이는 본래 돼지가 물을 좋아하고 주역 원리상 수성(水性)을 가지기 때문에, 물이 열(熱)과 상극이라는 발상에서 이 같은 효험을 가진 것으로도 볼 수 있겠다. 돼지고기는 또한 기(氣)를 보충한다고도 한다. 문헌에서는 보양(補陽)하는 것보다는 보음(補陰)한다는데, 이 또한 돼지고기가 수성(水性)을 가진다는 주역의 해석에 근거한 것으로 보인다.

옛날에는 요즘과 달리 살이 적당히 찌는 것에 가치를 두었다. 따라서 현재 병원에서 진단하는 '비만'에 해당하는 몸을 선호했다. 하지만 비만을 넘은 과도한 비만은 '폭비(暴肥)'라 하여 '허풍(虛風)'이라는 고질의 원인이었다. 풍(風)은 고혈압의 고통스러운 증세이다. 이에 따라 돼지고기를 너무 자주 많이 먹으면 '미독(微毒)'한다고 과도하고 빈번한 섭취를 절제하는 풍조도 있었다. 돼지고기가 비만의 원인이고, 콜레스테롤 증가의 원인인가? 현재는 오히려 건강식으로 알려져 있는 장수식품이다. 돼지고기는 포화지방산과 콜레스테롤을 보충하기 때문에 적극 권장할 만하지만, 중년층 성인병 환자는 조심해서 섭취해야 한다(전세열).

목덜미살은 주당에게 최고의 약

한의학에서는 술이 풍(風, 뇌졸중)을 일으키는 원인이면서 중년의 나이에 기혈을 손상시키며, 술 때문에 얼굴이 검어진다고 한다. 돼지의 목덜미살은 술꾼들에게 최고의 약이다. 술을 많이, 자주 마시면 얼굴이 노래지고 배가 늘어나는데, 이러한 증세에 돼지의 목덜미살이 좋기 때문이다. 그래서 과거에 법도가 있는 집의 아녀자는 그 마을에서 돼지를 잡으면 목덜미살을 미리 주문해서 남편의 술상에 올렸다고 한

---

* 돼지고기는 시스테인을 함유하는데, 시스테인은 유황을 갖는 아미노산이다. 납과 결합한 시스테인은 뇨로 배설되기도 하고 체단백질을 조성하는 데 이용된다. 머리카락이나 손톱 등의 단백질 주성분이 케라틴인데 여기에 시스테인이 많다. 그래서 체내의 납은 머리카락이나 손톱을 통해 나간다. 따라서 납 중독에 돼지고기가 좋다고 한다(유태종, 『돼지고기와 해독작용』, 1983, 양돈). 납독으로 색이 까맣게 변한 놋숟가락을 돼지기름으로 닦으면 색이 복원되는 결과로 볼 때, 돼지비계나 고기가 납독을 제거한다고 예상된다. 광산 노동자가 진폐증을 유발하는 분진을 제거하는 데 삼겹살이 효과가 있다고 믿지만 과학적인 분석이나 효능 측정 결과는 알 수 없다. 다만 광산 노동자 가운데 돼지고기를 많이 먹는 사람과 전혀 먹지 않는 사람들 간에 진폐증 등 직업병 발생률에서 차이가 있는 것으로 나타났다(원종익, "돼지비계 한 점의 위력", 1991, 『과학동아』).

다. 이 목덜미살을 다져서 그것에다 감수(甘遂, 다년생 풀로 한방에서 약재로 쓰임) 가루를 섞어 환약을 만들어 먹기도 했다.

발모제로 쓰인 돼지기름

돼지기름은 약용으로서 그 용도가 다양해서 항아리에 담아 굳혀서 땅속에 묻어두고 연중 썼다고도 한다. 다만 돼지기름의 약효는 따로 정한 날에 이용해야지 그렇지 않으면 약효가 덜하고 빨리 상한다고 했다. 그날은 음력 정월의 첫 해일(亥日)인, 섣달 상해일(上亥日)이다.* 이날에 새 독에다 돼지기름을 담아 서북서향(亥方)의 땅 밑에 묻어둔다. 이렇게 묻어두면 100일 동안은 상하지 않고 쓸 수가 있었다. 이렇게 저장한 돼지기름은 '납지(臘脂)'라고 하여 다른 돼지기름보다 가치가 훨씬 컸다. 그 납지 속에 계란 흰자위 14개분을 넣어두면 더욱 약효가 좋다 했다. 이 돼지기름은 머리카락이 나게 하는 발모제, 이물질이 귀에 들어갔을 때 꺼내는 용도 등 약 100가지의 약방(藥方)으로 다양하게 쓰였다. 어린이의 얼굴 살이 헐어서 난 상처나 아토피 등으로 피부가 헤어져서 온전한 살이 없이 고름과 진물이 흘러 온갖 약을 써도 효과가 없는 데는 음력 섣달에 잡은 돼지기름을 붙이면 잘 낫는다고 한다.

---

* 상해일(上亥日)은 정초 12지일(支日)의 하나로 '첫 돼지날'이라고 한다(『한국세시풍속사전』, 『한국민족문화대백과사전』). 이날에는 얼굴이 검거나 피부색이 검은 사람은 왕겨나 콩깍지로 문지르면 살결이 희고 고와진다고 전한다. 돼지가 살결이 검고 거친 데서 그 반대의 뜻으로 이러한 민속이 생긴 것이다(『동국세시기』, 『한국민족문화대백과사전』, 국어사전). 제주도 속담에 "돗날(돼지날)엔 통시(변소)에서 돗을 내치지 아니한다"라는 것도 있다. 이날은 돼지 본래의 날이라 돼지를 팔고 사거나 잡지 않는다는 의미이다. 부득이한 경우 돈이 급해서 돼지를 팔더라도 돈을 미리 받아두거나 날을 넘기고 가져가게 한다(네이버 지식백과, 『한국세시풍속사전』).

돼지 내장들의 약효

『한방식이요법학』(김호철)에 돼지 부위들의 효능이 소개돼 있다. 그 내용을 보면, 돼지 위장은 그것을 먹으면 위장을 보한다는 이론을 바탕으로 강장·양생하는 데 좋다고 한다. 날마다 먹으면 비위를 보할 수 있고, 몸을 살찌게도 한다고 하고, 비위가 약하거나 소모성 질병으로 허약한 사람에게도 좋다. 소아, 부녀자의 임신 전, 산후 그리고 노인에게 식용으로 좋다고도 한다. 보통 돼지 위를 죽으로 많이 먹는다.

돼지 허파도 폐(肺)를 보하고 해소를 낫게 하는데, 약으로서 허파를 조리할 때는 쇠칼을 쓰지 말고 대칼(竹刀)을 써야 하며 잘게 썰어 깨기름으로 익힌 다음 죽과 더불어 먹으라고 한다. 이 허파와 엿을 같이 먹으면 겨울에 부스럼이 난다고도 했다.

돼지 콩팥도 같은 것은 같은 것끼리 통한다는 생각에서 비롯되었는지, 신장을 보하고 음기를 보충해 방광 기능을 좋게 한다고 했다. 콩팥이 약해져 무의식 중에 사정을 하거나, 밤에 땀을 흘리거나, 또 꿈에 귀신을 만나거나 하면 돼지 콩팥을 구해 외피를 벗긴 뒤 부자(附子, 미나리아재비과에 속하는 투구꽃의 덩이뿌리를 말린 것) 가루를 섞어 물 묻은 종이 위에 얹어 약간 물기를 뺀 다음 술 한 잔과 마시길 너댓 번만 하면 효험이 있다 했다. 또한 노인들이 귀가 멀면 돼지 콩팥으로 흰죽을 쑤어 먹으면 좋다는 속방도 있다.

돼지 콩팥은 폐결핵이 불치의 병으로 인식되던 일제 강점기 때만 해도 돼지를 잡았다 하면 가장 비싸게 팔린 부위였다. 특히 콩팥기름(賢脂)이라고도 하여 양 콩팥 틈에 있는 기름 같으면서 기름이 아니고 또 살 같으면서 살이 아닌 부분이 폐결핵에 좋다고 여겨졌다. 희귀하다 보니 폐병 앓는 사람이 있는 부잣집에서는 일부러 돈사(豚舍)를 지어 대량 사육까지도 했다고 한다.

내장으로 볼 수 없는 돼지 주둥이는 입술의 종기나 도한(盜汗, 수면 중에 나오는 식은땀)을 낫게 하는 약으로 보았다. 혓바닥은 비위가 약한 사람에게 좋으며, 돼지 이빨은 음력 5월 5일(단오날)에 태워서 가루로 만든 다음 보관했다가 어린이들이 경기를 일으키거나, 뱀에 물리거나, 소고기를 먹고 중독된 경우에도 약효가 있는 것으로 알았다. 돼지뼈를 태워 남은 재는 천연두 않는 아이에게 곰보 기운을 덜하게 해주는 약으로 널리 쓰여왔다. 뼈 가운데도 특히 턱뼈가 효력이 큰 것으로 알려졌다.

꼬리, 발톱, 분뇨까지도 – 아낌없이 주는 돼지

돼지 발톱도 약효를 가진다. 각종 피부병에 돼지 발톱을 적목(赤木, 주목. 상록교목으로 한방에서 종기를 낫게 하는 효능이 있다고 약재로 씀)과 함께 태워 그 연기를 쐬면 낫는다 했다. 또 천식이나 담이 끓는 호흡기 계통의 질환에도 이 돼지 발톱이 쓰였다. 돼지 발톱(49개)을 깨끗이 씻어 발톱마다 반하(半夏. 다년생 초본인 끼무릇. 거담작용이 있어 호흡 중추를 진정시키고 기관지 경련을 제거하는 효용이 있다 함)와 백반을 넣어 쇠그릇에 넣고 진흙으로 막은 다음 불 속에 넣어 바싹 태우고, 이 태운 발톱을 가루로 만들어 사향가루와 섞은 다음 죽에 타서 먹으면 좋다고 한다.

어린이의 천연두나 머리카락이 빠지는 경우에도 효력을 가지는데, 이때는 돼지 발톱도 태어난 지 반년이 넘고 1년은 넘지 않은 것이 약효가 있다고 본다. 특히 왼쪽 발톱이나 뒤쪽 발톱이 효력이 있다고 한다. 특히 왼쪽 뒷발톱이 가장 약효가 있다고 하는데, 아마도 돼지는 앞발보다 뒷발로 힘을 더 많이 쓰고, '남좌여우(男左女右. 왼쪽이 양이고 오른쪽은 음으로 보아 남자는 왼쪽, 여자는 오른쪽에 해당한다는 의미)'라는 역리(易理)

에 따라 왼쪽 발톱이 힘을 더 쓸 것으로 풀이한 데서 비롯된 것이 아닌가 싶다. 또한 이 돼지 발톱을 12시간 동안 술에 담가둔 후에 뜸질하는 데 이용하면 뜸질 효과가 더 있다고 여겼다.

돼지 꼬리는 잘라 두었다가 말린 다음 불에 태워서 그 재를 돼지기름에 타 머리에 바르면 머리가 난다 했다. 곧 발모제 또는 양모제인 셈이다. 발모제로 이용하는 돼지 꼬리는 음력 12월에 잡은 돼지의 꼬리여야만 한다. 한편 돼지털을 태운 재를 깨기름에 이겨서 화상 입은 데 바르면 덧나지 않고 흉도 생기지 않는다고 여겨졌다.

심지어 돼지 똥이나 돼지 귀에 낀 때까지도 약이 됐다. 돼지 똥은 걸러서 즙을 내어 술에 타먹거나, 태워서 그 재를 물에 타 먹거나, 그 재를 기름에 이겨 바르거나, 끓여서 그 물로 목욕을 하는 등의 다양한 방법으로 이용됐던 것이다. 이러한 방법은 주로 각종 해독, 피부병 치료, 출혈 증상에 이용되었는데, 특히 귀의 때는 긁어내어 모아두었다가 뱀이나 개에 물린 상처에 발랐다. 이 밖에 돼지를 묶었던 새끼나 돼지우리 속에서 자란 잡초도 약초로 이용됐다. 아낌없이 주는 돼지인 셈이다.

---

1   전세열, 『건강 증진을 위한 식생활 지혜』, 1985, 농업진흥공사.

마치는 글

최승철
김태경

우리 민족과 가장 가깝고 친근하고 고마운 동물이면서, 적당한 가격에 맛있는 고기를 제공하는 동물이 돼지이다. 인간의 생명과 건강에 좋은 단백질을 제공하고, 인간이 기거하는 집 안에서 같이 살면서 복을 가져다주고 화를 막아준다고 신령시되던 동물이 돼지이다. 농경사회에서 필요한 퇴비를 제공해주던 고마운 존재가 돼지이다. 사람이 살면서 그리고 농사를 지으면서 어쩔 수 없이 발생하는 부산물을 처리해주는, 꼭 필요한 동물이 돼지이다.

돼지고기는 긴 역사 속에서 맥적(貊炙)이라는 요리 역사의 주체임에도, 현재 한정된 조리 방법에 갇혀 잔치 요리로서의 역할에서 크게 벗어나지 못하고 있다. 아직 우리나라 음식 문화권에서의 돼지고기 음식은 너무나 한정되어 있다. 돼지와 돼지고기에 관한 스토리가 부재하기 때문이다. 일상식으로서, 주식 메뉴로서 매일 식탁에서 돼지고기를 만나길 기대한다. 그러한 바람이 이뤄지려면 우리가 막연하게 알고 있던 돼지와 돼지고기에 관한 역사와 문화를 어떻게든 가까이 접할 필요가 있다. 만나야 알고, 자주 만나야 이해할 것이다. 사랑은 이해심에서 비롯된다.

우리가 몰랐던, 우리가 더 알고 싶었던 돼지와 돼지고기 이야기를 써보고 싶었다. '삼겹살은 언제부터 많이 먹게 된 거지?', '흑돼지는 진짜 우리 전통 돼지가 맞아?', '왜 요즘 사람들은 수입산 돼지고기를 찾을까?' 하는 궁금증에서 이 책은 시작됐다. 돼지고기 생산·소비체계가 선순환적 발전을 이루려면 돼지와 돼지고기가 억울하게 덮어쓴 오해와 편견을 풀어주는 일도 필요하다고 생각했다. 그래야 돼지고기를 비롯한 외식 생태계에서 건강하고 정직한 식문화가 형성될 수 있기 때문이다.

신의 가축으로서의 돼지 이야기를 선사시대, 삼국시대, 통일신라시대에 걸쳐 다뤘다. 민중의 곁에 있었던 돼지와 돼지고기를 고려시대와 조선시대에 걸쳐 더듬어보았다. 대한제국 시대와 일제 강점기로부터 시작되는 돼지의 근현대사를 광복 이후 현대에 이르기까지 다방면으로 살펴보았다. 축산의 암흑시대에서 양돈 정책의 태동, 규모화와 수출, 소비량의 양적 확대와 돼지고기 브랜드 시대, 건강식품으로서의 돼지고기와 한돈 시대, 그리고 마지막으로 돼지고기 요리와 문화 등 돼지와 돼지고기에 관한 이야기들이 두루 다뤄졌다.

너무나 많은 이야기가 산재하고, 이들을 나름대로 수집했지만, 여전히 미처 다루지 못했거나 살피지 못한 이야기가 있다. 불안한 마음을 진정 독자의 호기심과 요구에 부응하는가 반문하면서 떨칠 수 없다.

돼지고기를 사랑한 우리들의 현대사를 문헌과
자료를 뒤지가며 기록했다
김태경

우리나라의 역사는 역사가 아니고 정치사다. 생활사야말로 '참 역사'
인데 이 분야의 연구가 미진하다. 축산사 연구는 최근 거의 찾아볼 수
가 없고, 특히 축산 생활사, 식육 문화사에 대한 연구를 전문적으로
진행하는 이들이 없다.

　브랜드 마케팅의 가치를 높이는 것은 제품력이나 상품력이 아니라
문화이다. 한 나라의 문화가 곧 브랜드 파워의 원천이 된다. 문화가 풍
성한 이탈리아나 프랑스가 패션산업이나 화장품 산업뿐 아니라 음식
분야에서도 세계 최고로 인정받는 건 오랜 역사와 빛나는 문화의 결과
물이기 때문이다. 5천 년의 찬란한 역사를 가진 우리 민족의 역사 속
에서, 돼지와 돼지고기에 대해 통합적으로 잘 정리한 역사 자료를 찾아
보기 어려웠다. 우리의 역사가 왕과 권력자들의 정치사인 이유다. 역사
는 가난한 민중과 아녀자들에게는 매우 인색하다.

　이 책에서 우리 민족과 함께하면서 관혼상제에서 빠질 수 없는 먹거
리이고, 농업에서 중요한 거름을 제공하던 동물인 돼지에 대한 역사를
정리했다. 『대한민국 돼지 이야기』는 국내에서 거의 처음 쓰여진, 우리
민족의 돼지와 돼지고기에 관한 인문서다. 삼국시대 이전부터 광복 이
후 삼겹살 공화국이 된 현재까지 우리나라의 돼지와 돼지고기 이야기
를 책에 담았다. 부여 건국신화에 나오는 돼지 이야기부터 조선시대 여
의도와 홍제동에서 키우던 돼지, 일제 강점기에 버크셔와 만나게 되는

재래돼지 이야기, 광복 이후 6·25전쟁으로 15만6000마리밖에 남지 않았던 것이 지금 1100만 마리의 거대 한돈산업으로 성장하기까지 아낌없이 돼지고기를 사랑한 우리들의 현대사를 문헌과 자료를 뒤져가며 기록했다.

이밥에 고깃국. 가난했던 시절, 고작 이것이 우리 민족의 목표였다. 가난한 농업국가에서 '압축성장', '한강의 기적'을 만든 것이 삼겹살의 에너지였다. 도시 노동자들의 임금 안정을 위한 값싼 농축산물 공급이 우리 농업의 역할이었던 산업화 시대는 지나고, 이제는 적게 먹어도 맛있는 걸 먹고자 하는 '욕구의 패러다임 전환'이 진행되는 뉴노멀 시대다.

역사는 미래를 살아가는 무기가 된다. 과거 우리 민족과 함께했던 돼지와 돼지고기의 역사를 통해 미래에도 지속 가능한 한돈산업을 발전시켜나가는 새로운 이념이 필요한 시대다. 이 작은 책이, 우리가 지금까지 어떻게 돼지와 돼지고기와 함께해왔고, 어떻게 현재의 한돈산업을 발전시켜왔는지를 걸음을 멈추고 돌아봄으로써 한돈산업의 새로운 이념과 철학, 미래 전략을 정립하는 데 조금이나마 이바지했으면 좋겠다.

고기 시장만큼 비대칭 정보를 가진 시장도 없을 것이다. 이제 고기를 알면 고기가 더 맛있어진다는, 고기에 대한 새로운 예의를 우리 모두 차려야 하는 시대가 되었다. 돼지를 생산·가공·유통하는 식육산업 종사자들은 물론, 돼지고기 전문식당을 운영하는 경영주, 저녁이 오면 삼겹살에 소주 한잔으로 삶의 애환을 나누고 생활의 고단함을 달래는 우리 모두가 『대한민국 돼지 이야기』를 통해 조금만 더 돼지와 돼지고기와 친밀해졌으면 한다.

저자 소개

최승철(농업경제학박사, 건국대학교 식품유통공학과 교수)

고등학교 시절 목장 경영을 꿈꾸다 건국대학교 축산경영학과를 진학했다. 졸업 후 지도교수의 권유로 대학원에 진학해 현재 건국대학교 상허생명과학대학(구 축산대학+농과대학) 식품유통공학과에 교수로 재직 중이다. 축산 경영과 식품 마케팅 전공으로 다수의 연구를 수행하면서 축산 발전을 위해서는 경영·경제학적 접근뿐 아니라, 인문학적 접근의 중요성을 느끼면서 대학 내에 미트컬처비즈랩(Meatculture Business Lab)을 설립했다. 이 책은 이러한 접근의 한 시도이다.

김태경(경영학박사, 식육 마케터, 미트컬처비즈랩 부소장)

건국대학교 축산대학 졸업 후 롯데그룹(롯데햄)에 입사해 수년간 롯데 '후레쉬포크' 마케팅 등을 담당했다. 중간에 다시 학교로 돌아가 마케팅 전공 박사학위를 받고 다시 롯데그룹에 복직해 계열인 TGI프라이데이스에 배치되어 마케팅 팀장으로 근무했다. 이후 도드람푸드, 생생포크 등의 브랜드 마케팅에 참여하였다. 현재는 건국대학교 식품유통경제학과 겸임교수이자 식육 전문 마케터로서 활동하고 있다. 이것이 이 책을 쓰게된 하나의 동기가 됐지만 그보다 우선하는 첫 번째 동기는 돼지에 대한 애정, 또는 사랑이다. 오랜 기간 식육 마케터로서 돼지에 대해 연구를 해오던 중 돼지가 우리 삶과 얼마나 밀접하게 연관돼 있는지에 생각이 미쳤다. 돼지가 지금 현대사회에만 한정되는 것이 아니라 우리 민족의 선사시대부터 현재에 이르기까지 면면히 이어져온 한민족의 생활사에 깊숙이 얽혀 있다는 것을 깨달았다. 근현대 한국의 돼지 축산업 역사와 함께 산업 너머로 한민족 5천 년 역사를 이어오는 동안 우리와 함께 살아 숨 쉬어온 돼지를 찾아 만나고 싶었다.

집필한 책으로는 『숙성, 고기의 가치를 높이는 기술』, 『삼겹살의 시작』, 『대한민국 돼지산업사』, 『외식업 생존의 법칙』 등이 있다.

미트컬처비즈랩(Meatculture Biz Lab)

아는 것이 미식(美食)으로 연결되고, 알수록 더 효과적으로 소비할 수 있는 지금 같은 시대에는 식품 역시 스토리텔링이 무엇보다 중요한 역할을 한다. 『대한민국 돼지 이야기』를 쓰면서 미트컬처비즈랩은 좀 더 효과적인 한돈 홍보 및 마케팅을 위해 반드시 선행·동행되어야 하는 인문학적 고찰을 함께 한다. 이로써 지금껏 쌓아둔 수많은 한돈 관련 자료가 단순한 수치를 넘어 문화와 역사적인 '가치'로서 소비자들에게 각인되고, 건강하고 소중한 먹거리로서 자리 잡을 수 있도록 만들고자 한다. 미트컬처비즈랩의 전신은 건국대학교 식품유통공학과 최승철 교수가 이끌던 '축산경영연구소'이다.

참고문헌

강면희, 『돈』, 향문사, 1975.

강면희, 『한국 축산 수의사연구』, 향문사, 1994.

강명관, '강명관의 조선사회 뒷마당-도살면허 독점한 치외법권지대 있었다', 신동아, 2003.

강인희, 『한국의 맛』, 대한교과서, 1987.

강인희, 『한국인의 보양식』, 대한교과서, 1995.

강익진, '돼지고기 대일 수출 전망과 그 개발 대책', 농촌개발, 1972.12.

강익진, '돼지고기 대일 수출 전망과 기업 양돈의 타당성', 양계, 1973.3.

강태숙, 『제주 축산사』, 아열대농업생명과학연구소, 2007.

고동환, 〈조선 후기 서울의 상업 발달과 도시문화〉, KAIST, 2016.

고바야가와, 〈조선농업발달사〉, 조선농회, 1944.

고영, '대일 돼지고기 수출 확대 방안', 월간양돈 1988.5.

국립민속박물관, '모래 위에 세운 터전: 속초시 청호동', 2014.

국립민속박물관, '제주의 음식문화', 2007.

국립농업과학원, 『전통향토음식 용어사전』, 교문사, 2010.

국제한국학회, 『실크 로드와 한국 문화』, 소나무, 2000.

국토지리정보원, 『전국 돼지 지명 112곳』, 2019.

권대영 외, '한식을 말하다', 한국식품연구원, 2017.

권항기, 〈한국 돼지고기 수출에 관한 연구〉, 건국대학교 석사학위 청구논문, 1973.2.

김달용, 〈豚肉 輸出 增大에 관한 硏究〉, 한국외국어대학교 무역대학원 석사학위 청구논문, 1974.2.

김동곤, '육가공업체에서 본 돈육 수출의 문제점과 대책', 월간양돈, 1988.5.

김동민, '향후 일본의 돼지고기 수입 전망-우리나라 돼지고기 수출과 관련하여', 월간양돈 1989.3.

김대길, 〈조선 후기 우금에 관한 연구〉, 사학연구, 2002.

김덕균, '양돈강좌', 농민생활, 1939.

김상보, 『생활문화 속의 향토음식문화』, 신광출판사, 2007.

김상보, 『조선왕조 궁중의궤 음식문화』, 수학사, 1995.

김상보, 『종가의 제례와 음식』, 월인, 2005.

김상보, 『음양오행사상으로 본 조선왕조의 제사음식문화』, 수학사, 1996.

김신규, 『고고민속논문집2』, 사회과학출판사, 1970.

김영진·홍은미, 〈농무목축시험장(農務牧畜試驗場 1884~1906)의 기구 변동과 운영〉, 한국농업사학회, 2006.

김영전, '앞으로의 豚肉 및 牛肉의 輸出 展望', 축산, 1974.8.

김영호, '나의 주방생활 50년', 중산육영회, 1991.

김우종, '김동인론', 경희대학교 학예부 , 1968.

김용기, 〈敍事文學에 나타난 돼지의 神聖性과 世俗性〉, 語文論集, 2012.3.

김용귀, 〈韓國 豚肉輸出企業의 對日本輸出 마아케팅 戰略에 關한 硏究〉, 고려대학교 경영대학원 석사학위 청구논문, 1988.2.

김원희 외, 〈중국 육식 문화에 대한 소고-고전 문헌 속 돼지와 양을 중심으로〉, 중국인문과학, 2012.

김인희, 〈한중의 돼지 숭배와 돼지 혐오〉, 중앙민속학, 2004.

김재민·김태경 외, 『대한민국 돼지산업사』, 팜커뮤니케이션, 2019.

김정희, 『스토리텔링 이론과 실제』, 인간사랑, 2010.

김종대, 〈돼지를 둘러싼 민속 상징-긍정과 부정의 모습〉, 중앙대학교 한국문화유산연구소, 2008.

김지순, 『제주도음식』, 대원사, 1998.

김지순, '제주도 음식문화', 제주문화, 2001.

김창석, 〈왕경인의 소비생활과 교역〉, 신라문화제 학술 발표회 논문집, 신라문화연구소, 2007.

김치사전 편집위원회, 『김치백과사전』, 유한문화사, 2004.

김태경, 〈브랜드 돼지고기의 브랜드 아이덴티티 확립에 관한 연구〉, 건국대학교 박사학위 청구논문, 2003.

김태경, 〈우리나라 식육산업의 발전에 관한 연구〉, 건국대학교 석사학위 청구논문, 1993.

김태경, '양돈산업의 역사와 한돈산업의 미래', 현대양돈, 2020.7

김태경, '역사 속 고기, 지금 우리가 먹는 고기와 완전히 달라 – 도시형 고기와 농촌형 고기', 월간축산, 2020.7.

김태경, '돼지 20두 사육하면 기업농 소리 듣던 시절도 있어', 현축, 2019.9.

김태경, 『숙성 고기의 가치를 높이는 기술』, 팜커뮤니케이션, 2017.

김태경·연승우, 『삼겹살의 시작』, 팜커뮤니케이션, 2019.

김태연, 〈조선 전기 양과 돼지의 사육 정책〉, 한국교원대학교 석사학위 청구논문, 2017.

김화미, 〈충남 남한강 유역 화전지역의 7월 동제 연구〉, 공주대학교 석사학위 청구논문, 2010.

김혜택, '양돈에 대하여', 농민생활, 1930.

나영아·김상빈·이성우, 〈노걸대를 통하여 본 고려말 식생활고〉, 동아시아식생활학회지, 동아시아식생활학회, 1992.

남동신, 〈원효(元曉)의 대중교화(大衆敎化)와 사상체계(思想體系)〉, 서울대학교 박사학위 청구논문, 1995.

남지대, 〈조선 초기 관서·관직체계의 정비〉, 서원대학교 호서문화연구소 ,호서문화논총 1996.

노봉수, 『식품재료학』, 수학사, 2011.

노진화, 『육류요리』, 한림출판사, 1983.

노혜경, 〈18세기 전구서의 인적 구성과 기능〉, 한국고문서학회, 2008.

농림축산식품부, 『동물근육도감』, 축산물등급판정소, 2001.

농업과학기술원, 『한국의 전통향토음식』, 교문사, 2008.

농업협동조합중앙회, 『농협조사월보』, 1963.4.

농업협동조합중앙회, 『한국의 축산』, 1974.

농촌진흥청 국립축산과학원, 『축산연구 60년사』, 2012.

농촌진흥청, 『기해년 맞아 돼지 이야기 소개』, 2018.

농업협동조합중앙회, '우리나라 양돈업의 현황과 과제', 1980.

대한양돈협회, '일본과 대일 돼지고기 수출 경쟁국의 양돈 현황', 월간양돈, 1989.3.

도드람양돈협동조합, 『도드람 25년사』, 2015.

라망 매거진(la main), '소고기', Vol.42, 2007.

로요환, 『양돈전서 축산기좌』, 축산기술연구회, 1953.

리처드 루트위치 지음; 윤철희 옮김, 『돼지 그 생태와 문화의 역사』, 연암서가, 2020.

마귈론 투생 사마: 이덕환 옮김, 『먹거리의 역사 (상)』, 까치, 2002.

마빈 해리스, 『음식문화의 수수께끼』, 서진영 옮김, 한길사, 1992.

마빈 해리스, 『문화의 수수께끼』, 박종열 옮김, 한길사, 1982.

문순덕, 『섬사람들의 음식 연구』, 학고방, 2010.

문화공보부, '한국민속종합보고서: 충남', 문화재관리국, 1975.

문화재관리국, '한국민속종합조사보고서', 1984.

민병훈, '유라시아의 십이지 문화−돼지(亥)와 쥐(子)', 국립중앙박물관, 2021.

박경순, '2015년 국내외 양돈산업 동향', 농촌경제연구원 2010.

박성래, '우리나라 최초의 농학자 최경석', 과학과 기술, 1994.

박원기, 『한국식품사전』, 신광출판사, 2000.

박유미, 『고구려 음식문화사』, 학연문화사, 2017.

박유미, '맥적의 요리법과 연원−선사와 고대', 한국고대학회, 2013.

박은애, '韓國 古代의 犧牲儀禮', 지역과 역사 ,2011.10.

박영인 外, '豚肉 對日 輸出 展望과 生産 實態는 어떠한가〈座談〉', 현대양계, 1975.9.

박재복, 〈우리나라 양돈문화에 관한 연구〉, 건국대학교 농축대학원 석사학위 청구논문, 1996.

박제가, 『북학의 소편』, 안대회 옮김, 돌베개, 2003.

백두현 외 1인, 『음식디미방 주해』, 글누림, 2006.

백종원, 『백종원의 식당 조리비책』, 한국외식정보, 1997.

부산광역시, 『부산의 향토음식』, 2009.

북한사회과학원 역사연구소, 김일성종합대학 역사학부, 한국과학사 편찬위원회(편저), 『한국과학사』, 여강출판사, 2001.

빙허각 이씨, 『규합총서』, 윤숙자 옮김, 백산출판사, 2014.

서긍(徐兢), 『고려도경(高麗圖經)』, 조동원 옮김, 황소자리, 2005.

서성호, '고려 시기 개성의 시장과 주거 역사와 현실', 한국역사연구회, 역사와 현실 2000.12.

서유구, 『옹희잡지』, 1800.

서유구, 『임원십육지』, 1835.

서현정, 『한국민중구술열전』, 눈빛, 2005.

성경일 외, '한우문화 이야기 -육식문화의 역사 및 한민족의 정체성-', 한우자조금위원회, 2017.

손정우 외, 〈결착제를 달리한 순대의 성분에 관한 연구〉, 한국식품조리과학회, 1999.

손정우, 〈소 내장육을 이용한 음식에 관한 고찰〉, 배화여자대학 배화논총, 2015.

송성현, '일본의 양돈 현황과 우리나라의 돈육 수출 전망', 농업경제, 1973.6.

송찬식, '현방고(懸房考)', 한국학논총, 1984.

쉬왕성, 〈근대 중국의 서양 우량 돼지품종 도입과 토착화 과정〉, 한국농업사학회, 2004.

시노다 오사부, 『중국음식문화사』, 윤서석 옮김, 민음사, 1995.

신권식, '평택일기로 본 농촌생활사', 수원 경기문화재단, 2007.

신민사, 『부업양돈의 사양관리법』, 신민사, 1929.

신정일, '신정일의 새로 쓰는 택리지: 강원도[소를 생구(生口)로 여겼던 횡성 사람들]', 다음생각, 2012.

아우내문화원, 『아우내장 순대』, 1998.

안길모, 『불교와 세시풍속』, 명상, 1993.

안대회·이용철·정병설 외, '18세기의 맛: 조선의 쇠고기 환약', 문학동네, 2014.

양대승·유남영, '지도로 배우는 우리나라 우리 고장: 충청·전라·제주', 주니어랜덤, 2009.

양용진, '국밥 경조사를 위한 특별한 탕국, 몸국과 제주 육개장', 따비, 2019.

어용에르덴, 〈한국과 몽골어의 속담어 비교 연구〉, 강남대학교 석사학위 논문, 2012.

여정수 외, 『재래닭 재래돼지 한우』, 선진문화사, 2019.

오남국 외, 〈저장 온도에 따른 막창의 품질〉, 한국식품영양학회, 2013.

오세준, '중국 上古한자음으로 본 '개' '돼지'의 어원', 中國學報, 2019.2.

오카다 데쓰, 『돈가스의 탄생』, 정순분 옮김, 뿌리와 이파리, 2006.

유계완(조리연구가), '돼지고기', 여원, 1963.

유애령, '몽고가 고려의 육류 식용에 미친 영향', 국사편찬위원회, 1999.

유전수, '韓國의 對日 本豚肉 輸出', 축산경영, 1974.5.

유전수, '1974년도 日本의 豚肉 價格 動向과 우리나라의 今後 輸出 展望', 축산경영, 1974.9.

유철호·이일형, '豚肉 過剩生産과 對日 輸出上 문제점', 농촌경제, 1987.12.

윤광봉, '12띠의 민속과 상징-돼지띠', 국학자료원 1998.

윤서석, 『한국음식: 역사와 조리』, 수학사, 1990.

윤성재, 〈고려도경에 보이는 고려의 의식주-한국중세사연구〉, 학국중세사학회, 2018.

윤성재, 〈고려시대 식품의 생산과 소비〉, 숙명여자대학교 박사학위 청구논문, 2009.

윤희진, '돼지고기 수출의 문제점과 개선방안(上, 下)', 축산진흥, 1987.11-12.

이광린, 〈한국개화사연구〉, 이화여자대학교 사학회, 1980.

이규진 외, 〈육류조림의 조리모형 분석을 통한 조리법 변화 연구〉, 한국식생활문화학회, 2009.

이규진, 〈근대 이후 100년간 한국 육류구이 문화의 변화〉, 이화여자대학교 박사학위 청구논문, 2010.

이규진, 〈문헌에 나타난 불고기의 개념과 의미 변화〉, 한국식생활문화학회, 2010.

이규진·조미숙, 〈근대 이후 한국 육류 소비량과 소비문화의 변화〉, 한국식생활문화학회지, 2012.

이규태, '한국축산문화사', 축산진흥, 1980.

이성우, 『고려 이전 한국 식생활사 연구』, 향문사, 1978.

이성우, 『고려이전 한국 식생활사 연구』, 향문사, 1978.

이성우, 『식생활과 문화』, 수학사, 1992.

이성우, 『한국식품문화사』, 교문사, 1988.

이성우, 『한국식품사회사』, 교문사, 1983.

이성우, 『한국요리문화사』, 교문사, 1985.

이어령, '용', 생각의 나무, 2010.

이언오, '부산의 음식 생성과 변화', 부산발전연구원, 2010.

이연수, '러브마크', LG 주간 경제, 2007.

이욱, 〈조선왕실의 제향 공간〉, 한국학중앙연구원, 2015.

이용빈, '돼지고기 수출에 대한 육돈의 규격', 축산, 1973.9.

이인철, 〈고구려의 정치와 사회; 고구려의 부여와 말갈 통합〉, 동북아역사재단, 2007.

이종근, 『온고을의 맛 한국의 맛』, 신아출판사, 1995.

이정수, 〈조선 전기의 물가변동 - 미곡 이외의 상품을 중심으로〉, 국사편찬위원회, 1996.

이종수, 〈13세기 고려의 탕 음식문화 변동 분석-개성·안동·탐라 음식문화를 중심으로〉, 한국 전통문화 연구, 2015.

이준정, 〈또 하나의 저장 수단 가축의 이용-한반도지역 가축 이용의 역사〉, 사회평론, 2009.

이준정, 〈사육 종 돼지의 한반도 출현 시점 및 그 사회경제적 상징적 의미〉, 학국고고학보, 2011.

이창복, 『대한식물도감』, 향문사, 1982.

이태우, '홍성두 1933년 10월 12일생', 한국민중구술열전, 2007.

이해림, '알쓸맛돈', 조선일보, 2019.

이효지, 『한국음식의 맛과 멋』, 신광출판사, 2005.

이효지, 『한국의 음식문화』, 신광출판사, 1998.

이효지 외 7명, 『주식방문』, 교문사, 2017.

이희덕, 〈고려 시대 전문사상과 오행설 연구〉, 일조각, 2000.

이희승, 『국어대사전』, 민중서관, 1966.

임민혁, 〈조선 초기 국가의례와 왕권-국조오례의를 중심으로〉, 역사실학회, 2010.

자크 제르네, 『전통 중국인의 일상생활』, 김영제 옮김, 신서원, 1995.

장수현, 〈한국과 일본의 외래음식 수용과정 연구〉, 동북아시아문화학회, 2015.

조선요리협회, 『조선요리전집』, 외국문종합출판사, 1994.

정연식, 〈작제건 설화의 새로운 해석〉, 한국사 연구, 2012.

정연학, 〈중국의 돼지 문화〉, 중앙민속학, 2004.

정숙근, '돈육 수출 증대방안', 월간양돈 89.3.

정재홍, 『아름다운 우리 향토음식』, 형설출판사, 2008.

정진홍, '종교와 음식문화', 종교학연구, 1995.

정혜경, 『한국 음식 오디세이』, 생각의 나무, 2007.

조경련, 『식품재료학』, 파워북, 2015.

조연표, '돼지업의 도둑 퇴치', 한국구비문학대계, 1984.

조선총독부, '조선토지조사사업보고서', 1918.

조신호·정낙원, 『임원십육지: 정조지』, 교문사, 2007.

제주도여성회관, 『향토음식교재』, 재승종합인쇄사, 1987.

제주특별자치도 농업기술원, 『제주전통음식』, 2007.

주선태, 『고기수첩』, 우듬지, 2012.

주선태·정은영, 『인간과 고기문화』, 경상대학교 출판부, 2013.

주선태, '돼지고기 바로 알자', 월간양돈, 1988.

주영하, 『식탁 위의 한국사』, 휴머니스트, 2013.

주영하, 『조선의 미식가들』, 휴머니스트, 2018.

주영하, 『중국 중국인 중국음식』, 책세상, 2000.

주종재, 『전라북도 향토음식 이야기』, 신아출판사, 2002.

차경선, '韓國의 豚肉 輸出 展望-일본의 돈육 수입 분석을 중심으로', 축산경영, 1975.10.

천진기, 『문화의 비밀을 푸는 또 하나의 열쇠; 한국동물민속론』, 민속원, 2003.

최덕경, 『농상집요』, 세창출판사, 2012.

최래옥, 〈돼지 문화 해석론 시고-그 생태와 문헌을 중심으로〉, 비교민속학 제12집, 1995.4.

최승철·김태경, '돼지와 돼지고기의 역사 1-8', 월간양돈, 2019.2-2019.9.

최필승, '자랑스런 민족음식 : 북한의 요리', 한마당, 1989.

최호진, 『근대 한국 경제사 연구』, 서문문고, 1964.

축산업협동조합중앙회, 『한국축산발전사』, 1992.

축산진흥회, 〈한국 축산의 문제점과 진흥 대책에 관한 조사 연구〉, 1978.

韓國農村經濟硏究院, '豚肉의 輸出 促進方案 硏究', 한국농촌경제연구원, 1988.

한국농촌경제연구원, 〈양돈산업의 경쟁력 제고와 돼지고기 수출 증대 방안〉, 한국농촌경제연구원, 1991.

한국문화재보호재단, 『한국음식대관』, 한림출판사, 1997.

한국문화재보호재단, 『한국음식대관2』, 한림출판사, 1999.

한국식육과학연구회, 『식육과학』, 선진문화사, 2018.

한국식품과학회, 『식품과학기술대사전』, 광일문화사, 2008.

한국축산발달사편찬위원회, 『한국축산발달사』, 1998.

한국한의학연구원, 『내 손안의 동의보감』, 수퍼노바, 2017.

한돈협회, '국산 돼지고기 판매점 인증제 본격 추진', The Korea Swine Journal, 2007.

한복려, 『혼례』, 궁중음식연구원, 2009.

한복진, 『우리가 정말 알아야 할 우리 음식 백 가지』, 현암사, 1998.

한식진흥원 한국외식정보, 『맛있고 재미있는 한식 이야기』, 2013.

한형주, 〈조선시대 국가 제사에서의 '犧牲' 사용과 그 운영〉, 역사민속학, 2017.6.

허지나, 〈한국 속담에 나타나는 동물 간의 수직·수평적 관계 연구: 조형적 특성을 중심으로〉, 홍익대학교 석사학위 청구논문, 2013.

홍준기, '우리나라 품종 재래돼지의 역사', 농촌진흥청 국립축산과학원, 2013.

해럴드 맥기, 『음식과 요리』, 이희건 옮김, 이데아, 2017.

허남춘 외, 『할망 하르방이 들려주는 제주음식 이야기』, 이야기섬, 2015.

황광해, '이야기가 있는 맛집; 돼지고기 이야기', 데일리 한국, 2015.

황혜성, 『한국요리』, 대학당, 1993.

황혜성, 『한국요리백과사전』, 삼중당, 1976.

히라타 마사히로, 『우유가 만든 세계사』, 김경원 옮김, 돌베개, 2018.

필립 코틀러, 『마켓 3.0』, 안진환 옮김, 타임비즈, 2010.

다카하시 노부로, 『조선총독부 농사시험장 25주년 기념지』, 농촌진흥청, 2008.

J. C. 블록, 『인간과 가축의 역사』, 새날, 2004.

24군단 보존감실(Conservation Office)(개인서신), '미군 음식찌꺼기를 한국인 업자들에게 판매하는 일의 가능성(Practicability of Releasing Army Garbage to Korean Contractors)', 1947.

고서

『경국대전(經國大典)』, 1485.

『경성어록(京城語錄)』, 1926.

『고려사(高麗史)』, 1451.

『삼국유사(三國遺事)』, 1512.

『선조실록(宣祖實錄)』, 1616.

『성종실록(成宗實錄)』, 1499.

『세종실록(世宗實錄)』, 1450.

『연산군일기(燕山君日記)』, 1509.

『예종실록(睿宗實錄)』, 1472.

『세조실록(世祖實錄)』, 1471.

가사협(賈思勰), 『제민요술(齊民要術)』, 6세기 전반.

고렴, 『준생팔전(遵生八牋)』, 1591.

김부식(金富軾), 『삼국사기(三國史記)』, 1145.

김상헌, 『남사록(南槎錄)』, 1601.

농촌진흥청, 『권업모범장(勸業模範場)』, 1908.

박세당(朴世堂), 『색경(穡經)』, 1676.

방신영, 『고등요리실습』, 장충도서출판사, 1958.

방신영, 『우리나라 음식 만드는 법』, 장충도서출판사, 1957.

방신영, 『조선요리제법』, 한성도서, 1934.

빙허각 이씨, 『규합총서』, 1809.

서긍(徐兢), 『고려도경(高麗圖經)』, 1123.

서영보(徐榮輔), 『만기요람(萬機要覽)』, 1808.

서호수(徐浩修), 『해동농서(海東農書)』, 18세기 후반.

석계부인(石溪夫人) 안동 장씨(安東張氏), 『규곤시의방(閨壺是議方)』, 1672.

승정원, 『승정원일기(承政院日記)』, 숙종 38년, 1712.

신중후(辛仲厚), 『후생록(厚生錄)』, 1767(추정).

오시다 유지로, 『조선 양돈의 현재와 장래』, 1926.

이시진, 『본초강목(本草綱目)』, 1596.

이용기, 『조선무쌍신식요리제법』, 한흥서림, 1924.

이익, 『성호사설(星湖僿說)』, 조선 후기.

이춘자 외, 『혼례음식』, 대원사, 2014.

이행·홍언필, 『신증동국여지승람(新增東國輿地勝覽)』, 1530.

작자 미상, 『거가필용』, 원대(元代).

작자 미상, 『주식방문』, 19세기 후반.

작자미상, 『농정서(農政書)』, 제작 시기 미상.

장계향, 『음식디미방』, 1670.

저자 미상, 『윤씨음식법』, 1854.

전순의(全循義), 『산가요록』, 1450.

조선총독부 식산국, 『조선의 축산』, 1921.

창사문(暢師文), 『농상집요(農桑輯要)』, 1286.

최한기(崔漢綺), 『농정회요(農政會要)』, 1830.

『태종실록(太宗實錄)』, 1431.

한희순 외, 『이조궁정요리통고』, 학총사, 1957.

홍만선, 『산림경제』, 조선 후기.

그라잔제프(Grajdanzev, Andrew), 『현대 한국(Modern Korea)』, New York 1944, Agriculture in Korea, Chap. V.

농무부(개인서신), '축산업과 관찰(Livestock & Observations)', 1946.

농무부, '한국의 축산 생산량과 그것의 문제(Koreans Livestock Production and Some of Its Problems)', 1946.

농무부, '현재 남한에서 축산업의 위치(Present Livestock Position in South Korea)' 1946.

농무부·미군정(개인서신), '긴급한 가축 수요(Critical Livestock Needs)', 1946.

농무부·중앙경제위원회(개인서신), '가축 도살에 대한 규제(Regulating the Slaughter of Livestock)', 1947.

농상국, '불이(不二)농장에 대한 보고와 권고(Report &Recommendations Concerning Bullri Farms)', 1945.

미군정(개인서신), '축우 도살 제한에 관한 건(Limiting the Slaughter of Cattle)(군정법령 제140호)', 1947.

존스(DeWitt Jones), '가축 도살(Slaughter of Cattle)', 1946.

주한 미군 정·농무부(개인서신), '한국의 축산업 개요 및 축산업이 가진 문제(Korean Livestock Production and Some of Its Problems)', 1946.

중앙경제위원회, '한국의 축산업(Livestock in South Korea); 1943년 한국에서 사육 중인 돼지의 수(Number of Hogs in Korea in 1943)', 1945.

웹 사이트

College of Agriculture Food and Evironment, Swine Breeds,
(https://afs.ca.uky.edu/livestock/test/swine/breeds)

JAPAN DISCOVERY, 구로부타·구로우시(흑돼지),
(http://www.japan-tour.jp/ko/kagoshima/regional-cuisine/2364)

トウキョウ·エックス(TOKYO X):トウキョウ·エックス,
(http://www.jmi.or.jp/info/word/ta/ta_102.html)

갑골문은 우리 문화재/말과 어원, 〈돼지 체(彘)의 갑골문과 살찐 돼지 또는 돼지 살코기〉, (https://blog.naver.com/lecheva/221469110550)

경향신문, (http://www.khan.co.kr/)

광고정보센터, (https://www.adic.or.kr/index.waple)

국가법령정보센터, (http://www.law.go.kr/LSW//main.html)

국사편찬위원회, 한국사데이터베이스(http://db.history.go.kr/)

농촌진흥청(www.rda.go.kr)

농촌진흥청, 축종별 품종 해설
(https://www.nias.go.kr:3443/lsbreeds/selectLsBreedsView.do)

다비육종, 다얼팜, (http://doyage.co.kr/brand/wellfarm.html)

대한민국 해양경찰청, '제주도의 해양 역사', (https://blog.naver.com/kcgnmpa/221380295683)

동아닷컴(http://www.donga.com/)

두산백과(https://www.doopedia.co.kr/)

매일경제(http://www.mk.co.kr/)

식품의약품안전처(www.mfds.go.kr)

아시아타임즈(https://www.asiatime.co.kr/)

연합뉴스(https://www.yna.co.kr/)

정부24, '음식점 원산지 표시 제도', (https://www.gov.kr/portal/service/serviceInfo/PTR000050966)

조선왕조실록(www.sillok.history.go.kr)

조선일보(https://www.chosun.com/)

중앙일보(https://joongang.joins.com/)

축산경제신문(http://www.chukkyung.co.kr/)

한겨레(http://www.hani.co.kr/)

한국농촌경제연구원(http://www.krei.re.kr/krei/index.do)

한국민족문화대백과(https://encykorea.aks.ac.kr/)

한국영양학회(www.canpro5.kns.or.kr)

한국육류유통수출협회(http://www.kmta.or.kr/kr/main/main.php)

한국콘텐츠진흥원, 문화콘텐츠닷컴(http://www.culturecontent.com/main.do)

한식재단(www.hansik.or.kr)

Haigh, David, 'Brand Valuation: Understanding, Exploiting and communicating brand values',
Financial Times Retail & Consumer, 1998.

W.R. Carles, 'Life in COREA', Macmillan and Co, 1888.

돼지는 어쩌다가 우리 밥상과 술상에 매일 오르게 되었을까
〈대한민국 돼지 이야기〉

펴낸 날 초판 1쇄 2021년 9월 1일

지은이 최승철·김태경(건국대학교 미트컬처비즈랩)
펴낸이 김민경

편집 아요(pan.n.pen)
디자인 임재경(another design)
교열·교정 배영조
인쇄 도담프린팅
종이 영지페이퍼

펴낸곳 팬앤펜(PAN n PEN)
출판등록 제307-2017-17호
주소 서울 성북구 삼양로 43 IS빌딩 201호
전자우편 panpenpub@gmail.com
전화 02-6384-3141
팩스 050-7090-5303

온라인 에디터 조순진
블로그 blog.naver.com/pan-pen
인스타그램 @pan_n_pen

ISBN 979-11-91739-00-8 03910
값 19,000원